速水　大著

唐代勲官制度の研究

汲古書院

汲古叢書122

前言

魏晋南北朝の動乱期、諸王朝で用いられた様々な制度は、隋に至って整理統合され、それを継いだ唐王朝で完成すると考えられている。それは官制の場合にもあてはまり、唐律令官制は魏晋以来の官制体系を基盤として成立した。律令官制は名前が示す通り、律令格式によって規定されていた。運用においては、臨時に特別任命される「令外の官」たる使職も存在したが、あくまで律令に規定される官職が中心であった。それは玄宗の天宝年間の使職の増加まで続いた。そして安史の乱以後、官制も使職の定着という新たな局面に移行する。

さて、律令官制は、散官・職事官・勲官・封爵の四系統の階官に分かれる。なかでも中心となるのは散官と職事官とである。散官は文散官・武散官の別があり、官人の身分序列・俸禄特典・儀礼服飾などの基準となった。唐ではこれを本品といって重視した。そして、建前上は散官の品階と同等となるべき実際の職務が職事官である。散官は職務遂行後の考課によって昇格するため、さらなる上級職への昇進には、職事官での任務遂行が必要だった。

他方、封爵と勲官はこの二官から独立した形で存在していた。封爵は、皇族や功臣に与えられ、経済的な特典として食封が付与された。勲官は兵士の軍功に対して与えられたことを始まりとし、この官を帯びることで数種の特典が与えられたと考えられている。

これまでの研究では、多くの場合、勲官は功績ある一般民に賜与される称号で、価値が低く社会への影響は少ないものと考えられてきた。そのため、勲官自体は主たる研究対象とはならず、勲官が唐代にどのような役割をはたしたのかは、ほとんど省みられることはなかった。その結果、おおよその見方は一致するものの、詳細な点になると各人各説に終始するという状況に陥っている。しかしながら、律令官制の中心ではないから、おおよそで十分であるとは言えない。勲官制度は官制のみならず身分制や府兵制、さらには税役制度などと深く関わり合い、ないがしろにはできない問題なのである。例えば、授与対象の広さに目を向けると、勲官は官人から賤民にまで与えられ、唐代官制のなかで最も広範な身分にわたって授与された官であることが明らかとなる。しかし、従来の研究では、一般民丁と勲官所得者との関係が重視され、残念ながら、官人や賤民が勲官を取得することの意義を正面から取り上げることはなかった。

また、勲官の軍事的な側面に注目することで、新しい勲官像を発見することができる。これまでの研究では、勲官が一般民にまで広く与えられたことを前提に、白丁と勲官の同質性を強調する傾向があった。それは、勲官が白丁と同等の税役負担を課せられたとの見方に由来する。両者の負担が同じであるから、地位も同程度であるという見方である。しかし、この見方に従うと、勲官は白丁や品子出身の兵士達が昇進する第一の段階であり、白丁以上の身分の者が、白丁と同等の地位に昇格するという撞着をおこしている。これまでは、勲官が直接的な研究の対象でなかったために、このような単純な行き違いさえ問題とされてこなかった。唐代における勲官のとらえ方が曖昧なまま比較された当然の結果である。

では、こうした矛盾から抜け出すにはどうすればいいのだろうか。一度ここで勲官と白丁とが同等であるという視点から離れ、勲官それ自体の負担・特典を、成り立ちや運用の面から問題とするところまで立ち返ってみる必要があるのではないだろうか。まずは、勲官制度そのものを明らかにするのである。その後、再び唐代社会のなかでの勲官というものを位置づけてみる。そうすれば、より正確な勲官像を描くことが可能となるように思われる。さらに言えば、これまで曖昧にされてきた勲官の位置づけを問い直すことで、唐という時代の新たな一面に光を当てる契機となるであろう。

本書では、従来の研究を整理検討して課題を抽出し、個々の課題を解決することを通して新たな勲官像の構築を目指している。第二章から第六章までは、唐代における勲官の成立から玄宗期までの運用を明らかにしている。第七章から第十章までは、玄宗期の規定をもとに制度について検討した。これらの検討を通して、唐代の勲官制度の実態を解明したい。

以下、本書所収論文の初出を記載する。

第一章　唐代勲官制度研究の現状と課題
（同名論文『駿台史学』一二一、二〇〇四年を大幅に改稿）
第二章（新稿）
第三章　唐武徳年間の法律について
（同名論文『國學院大學大學院紀要――文学研究科――』四三、二〇一二年）
第四章（新稿）
第五章（新稿）
第六章　唐代古爵考
（同名論文『中国石刻資料とその社会――北朝隋唐期を中心に――』明治大学東洋史資料叢刊4、汲古書院、二〇〇七年）
第七章　唐代勲官の昇進と降除の規定
（「唐代勲官の昇進降叙に関する令文の再検討」『文学研究論集』（明治大学大学院）一八、二〇〇三年）

第八章　勲官の上番規定と迴授規定の関係
（「唐代勲官の上番規定と迴授規定の関係」『明大アジア史論集』一一、二〇〇七年）
第九章　勲官内の分類と納資額
（「唐代の勲官納資に関する一考察」『明大アジア史論集』一〇、二〇〇五年）
第十章（新稿）
終　章（新稿）

目次

唐代勲官制度の研究

第一章　唐代勲官制度研究の現状と課題

はじめに

唐代の勲官は、勲転という独自の等級を増すことで昇進する一二等級の官階であり、官階は貞観十一年（六三七）に成立した。その官階を示せば表一―1「唐の勲官の品階」となる。もちろん、唐の勲官もは魏晋南北朝以来の種々の官位制度の流れを受けて完成したものである。そして、唐朝を通じて不変であったわけではない。時間の経過とともに、取り巻く状況や制度内容は異なり、社会における位置づけも時に応じて変化したと考えるべきであろう。しかし、画期ごとの勲官の特質を詳しく追っていけば、唐代を貫く勲官像を再構築することができるのではないか。このように考えると、勲官制度の成立過程と制度改編の意味が問題となる。

従来の研究では、西魏の柱国を含む官階から隋の散実官・散職・唐の勲官を一括して勲官ととらえてきた。広義の勲官ととらえることができよう。そう考えれば、唐代の勲官は、狭義の勲官ということになる。そこで本章では、まず従来の通説に沿って隋までの広義の勲官制度官階の変遷、唐代の勲官の成立、そして唐代における画期について整理する。つぎに、先行研究を官制研究と税役制度に関わる研究とに分類し、それぞれの研究が唐代の勲官の流れをどのようにとらえてきたのか紹介しながら、それぞれの研究がいつを勲官の画期ととらえ、画期によって制度がどのよ

表一－1　唐の勲官の品階

官品	名前	転
正二品	上柱国	十二転
従二品	柱国	十一転
正三品	上護軍	十転
従三品	護軍	九転
正四品	上軽車都尉	八転
従四品	軽車都尉	七転
正五品	上騎都尉	六転
従五品	騎都尉	五転
正六品	驍騎尉	四転
従六品	飛騎尉	三転
正七品	雲騎尉	二転
従七品	武騎尉	一転

『旧唐書』巻四二・職官志二・勲官条をもとに作成。

うに変わったと考えたのか、また、各研究がそのように区分した理由はどこにあるのか、ということを整理する。その作業を通して、勲官研究に残された新たな課題を提示したい。

第一節　勲官制度の成立過程とその画期

勲官の成立過程を考える場合、中心となる史料は、『旧唐書』巻四二・職官志・勲官条に見える制度の記述である（以下『旧唐書』職官志を『旧志』と表記する）。この条文にみえる官制の系統的な変化が、勲官制のおおまかな流れをあらわすと考えられ、勲官制度の淵源は勲官条の沿革とそれを補足する史料との比較から求められてきた。

そこで、少し煩雑になるが以下関連記事を年代順に引用してみよう。以下に引用する他史料との関係から、便宜上『旧志』勲官条を〔史料一〕とし、その上で年代順にａ～ｇに細分する。そして、その記事に関係する他史料を逐一併記し、従来の研究が明らかにしてきた勲官の画期を追っていくことにしよう。

一　北周までの流れ

組織化された勲官の淵源について『旧志』は、以下のように記す。

〔一－ａ〕勲官者、出於周・斉交戦之際。本以酬戦士、其後漸及朝流、階爵之外、更為節級。周置上開府儀同三司・開府儀同三司・上儀同三司・儀同三司等十一号。

勲官は、周・斉交戦の際に出づ。本もと以って戦士に酬い、其の後漸やく朝流に及び、階爵の外、更に節級を為す。周は上開府儀同三司・開府儀同三司・上儀同三司・儀同三司等十一号を置く。

〔史料一－a〕によれば、勲官が北周北斉の戦の中から戦士の功績を讃えたものに端を発し、やがて、散官（階）や封爵以外の朝廷の品官として整備された。それが北周では十一等級であったとする。一方で、『唐六典』巻二・尚書吏部・司勲郎中員外郎条の「十二転為上柱国、比正二品」の原注では、柱国の官名が春秋戦国時代の楚の官であったことを説明した後に西魏の八柱国へと繋げる〔史料二－a〕。

〔史料二－a〕至西魏之末、始置柱国、用旌戎秩。時隴西郡公李諱・広陵王元欣・趙郡公李弼・河内郡公独孤信・南陽公趙貴・常山公于謹・彭城公侯莫陳崇与周太祖為八柱国。

西魏の末に至りて、始めて柱国を置き、用て戎秩を旌す。時に隴西郡公李諱（虎）・広陵王元欣・趙郡公李弼・河内郡公独孤信・南陽公趙貴・常山公于謹・彭城公侯莫陳崇と周太祖を八柱国と為す。

この条文では、西魏八柱国の記述の後、北周の建徳四年（五七五）の官制改革による改変を記している。そのことは『北史』巻六〇の論にも見える。先行研究では、一般に『北史』の記述によって、西魏の宇文泰が創始した府兵制の統兵官の官職系統に勲官の源を置く。大統十六年以前、すでに府兵統兵官が六柱国―十二大将軍―二十四開府儀同三司―四十八儀同という統属関係を持っていたとされるのである。この序列は、実職を表わすだけでなく身分の高低をも表す等級となっていたが、その後統兵の実権が失われ散官化したとされる。そのことを『北史』では「散秩」と記す。それが北周武帝の建徳四年に改変された。その改革は、『唐六典』巻二・尚書吏部・司勲郎中員外郎条の「十二転為上柱国、比正二品」の原注に先の〔二－a〕に続けて以下のようにある〔二－b〕。

〔史料二－b〕至後周建徳四年、初置上大将軍・上開府儀同三司・開府儀同三司・上儀同三司・儀同三司・上柱国・

柱国之秩、以賞勤労。始以斉王憲・蜀公尉遅迥為上柱国是也。

後周建徳四年に至りて、初めて上大将軍・上開府儀同三司・開府儀同三司・上儀同三司・儀同三司・上柱国・柱国の秩を置き、以て勤労を賞す。始め斉王憲・蜀公尉遅迥を以て、上柱国と為すは是れなり。

さらに、『北史』巻三〇・盧辯伝の北周の品秩を列挙した部分により詳しい記述がみえる〔史料三〕。

〔史料三〕柱国・大将軍、建徳四年増置上柱国・上大将軍也、正九命。驃騎大将軍・開府儀同三司、建徳四年改為開府儀同大将軍、仍増上開府儀同大将軍、車騎大将軍・儀同三司、建徳四年改為儀同大将軍、仍増上儀同大将軍、雍州牧、九命。

柱国・大将軍、建徳四年上柱国・上大将軍を増置するなり、正九命。驃騎大将軍・開府儀同三司、建徳四年改めて開府儀同大将軍と為し、仍ち上開府儀同大将軍を増し、車騎大将軍・儀同三司、建徳四年改めて儀同大将軍と為し、仍ち上儀同大将軍を増す、雍州牧、九命。

すなわち、上柱国大将軍・上儀同大将軍などを増置したほか、開府儀同三司と驃騎大将軍を一つにまとめて開府儀同大将軍とし、儀同三司と車騎大将軍を合わせて儀同三司大将軍とする措置などをとった。そしてその結果、「戎秩」の等級が成立するのである。

二　隋代の改変

隋代に入って、戎秩の流れを汲む官階が、朝廷の中心的な等級となっていく。その官制について『旧志』は以下のように記す〔史料一—b・c〕。

〔史料一—b〕隋文帝因周之旧、更増損之。有上柱国・柱国・上大将軍・大将軍・上開府儀同三司・開府儀同三司・

上儀同三司・儀同三司・大都督・帥都督・都督、起正二品、至七品、総十一等、用賞勲労。

隋の文帝、周の旧に因り、更にこれを増損す。上柱国・柱国・上大将軍・大将軍・上開府儀同三司・開府儀同三司・上儀同三司・儀同三司・大都督・帥都督・都督有り、正二品より、七品に至る、総て十一等、用て勲労を賞す。

〔史料一－c〕煬帝又改為左光禄大夫・右光禄大夫・金紫光禄大夫・銀青光禄大夫・正議大夫・朝請大夫・朝散大夫・建節〔尉〕・奮武尉・宣恵尉十一等、以代都督已上。又増置綏徳・懐仁・守義・奉誠・立信等五尉、以至従九品。(1)

煬帝また改めて左光禄大夫・右光禄大夫・金紫光禄大夫・銀青光禄大夫・正議大夫・朝請大夫・朝散大夫・建節尉・奮武尉・宣恵尉の十一等と為し、以て都督已上に代う。また綏徳・懐仁・守義・奉誠・立信等五尉を増置し、以て従九品に至る。

これらの記述によれば、隋の文帝は、北周の戎秩を継承して、上柱国以下の十一等級に改編した。そして、煬帝は文官風の官号に変更した。文帝の改編を、『隋書』巻二八・百官志下は以下のように伝える〔史料四〕。

〔史料四〕高祖又採後周之制、置上柱国……都督。総十一等、以酬勤労。……凡上柱国已下、為散実官。

高祖又た後周の制を採り、上柱国……都督を置く。総て十一等あり、以て勤労に酬ゆ。……凡そ上柱国已下、散実官と為す。

この〔史料四〕から、文帝期の十一等級の官階は、散実官と呼ばれていたことがわかる。そして戎秩から散実官への改編の結果、散実官と散官・散号将軍という三系統の階官が並立することになった。『唐六典』巻二・尚書吏部・司勲郎中員外郎条の「十二転為上柱国、比正二品」の原注では、〔史料二－b〕に続けて以下のように文帝の官制を記す

〔二－c〕。

〔史料二－c〕隋高祖受命、又采後周之制、置上柱国為従一品、柱国為正二品、上大将軍従二品、大将軍正三品、上開府儀同三司従三品、開府儀同三司正四品、上儀同三司従四品、儀同三司正五品、大都督正六品、帥都督従六品、都督正七品、総十一等、以酬勤労。皇朝改以勲転多少為差、以酬勲秩。

隋高祖受命し、又た後周の制を采り、上柱国を置きて従一品と為し、柱国を正二品と為し、上大将軍を従二品、大将軍を正三品、上開府儀同三司を従三品、開府儀同三司を正四品、上儀同三司を従四品、儀同三司を正五品、大都督を正六品、帥都督を従六品、都督を正七品とし、総十一等、以て勤労に酬ゆ。皇朝改めて勲転の多少を以て差を為し、以て勲秩に酬う。

十一等級の官は同じであるが、この等級を改変して唐は勲秩に報いる官としたと記す。このことは、唐朝が勲官の淵源を散実官に求めていたことを表していよう。『旧唐書』職官志の記述とは異なり、『唐六典』の記述の特徴とすることができよう。

〔史料一－c〕にみえる煬帝の官制改革は、大業三年（六〇七）に行われた。そのことを『隋書』巻二八・百官志下〔史料五〕は以下のように記述する。

〔史料五〕旧都督已上、至上柱国、凡十一等、及八郎・八尉・四十三号将軍官、皆罷之。并省朝議大夫。自一品至九品、置光禄・左右光禄・金紫・銀青光禄・正議・通議・朝請・朝散等九大夫、建節・奮武・宣恵・綏徳・懐仁・守義・奉誠・立信等八尉、以為散職。（原注略）

旧との都督已上、上柱国に至るまで、凡そ十一等、及び八郎・八尉・四十三号将軍の官は、皆之を罷む。并びに朝議大夫を省く。一品より九品に至り、光禄・左右光禄・金紫・銀青光禄・正議・通議・朝請・朝散等九大夫、

建節・奮武・宣恵・綏徳・懐仁・守義・奉誠・立信等八尉を置き、以て散職と為す。（原注略）

煬帝は、文帝の時に使用されていた三系統の階官を統廃合して散職の一官にまとめた。単純にこの記述だけによれば、散職は先に分立していた三つの官制の全ての性質を引き継いだようにも考えられる。だが、散職は、後述する各研究では、散実官を直接受け継いだものとされる。その根拠となるのが〔史料一〕なのである。また、〔史料一－c〕と〔史料五〕とを比較すると、〔史料一－c〕では、散実官を左光禄大夫以下の十一等級で代替したと記すが、十等級しか記されていない。〔史料五〕に従って、最上位に光禄大夫を補足した十一等級が使用されていたと考えるべきであろう。

三　唐代における勲官の官制の推移

唐が成立すると、はじめ隋制に従った後、武徳七年令で隋代の官名を改めて十二等級の勲官が成立し〔史料一－d〕、ついで、貞観十一年令の制定にともなって一部の改称が行われた〔史料一－e〕。

〔史料一－d〕武徳初、雑用隋制。至七年頒令、定用上柱国・柱国・上大将軍・大将軍・上軽車都尉・軽車都尉・上騎都尉・騎都尉・驍騎尉・飛騎尉・雲騎尉・武騎尉。凡十二等、起正二品、至従七品。

武徳初め、隋制を雑用す。七年に至りて令を頒ち、定めて上柱国・柱国・上大将軍・大将軍・上軽車都尉・軽車都尉・上騎都尉・騎都尉・驍騎尉・飛騎尉・雲騎尉・武騎尉を用う。凡そ十二等、正二品より起り、従七品に至る。

〔史料一－e〕貞観十一年、改上大将軍為上護軍、大将軍為護軍、自外不改、行之至今。

貞観十一年、上大将軍を改めて上護軍と為し、大将軍を護軍と為し、自外改めず、これを行いて今に至る。

貞観十一年〔六三七〕の改変は勲官名の一部改称で、以後唐代を通じてここで確定した官号が用いられ続けた。しかし、実態はすぐに変化したとされる。すなわち、咸亨五年〔六七四〕三月の詔勅〔以下この詔勅を「咸亨五年詔」と略記〕(2)の発布により、勲官制度が大きく変更されたと考えられているのである。『旧志』は前条eにつづいてこう記す。

〔史料一―f〕永徽已後、以国初勲名与散官名同、年月既久、漸相錯乱、咸亨五年三月、更下詔申明、各以類相比。武徳初光禄大夫比今日上柱国、左光禄大夫比柱国、右光禄大夫及上大将軍比上護軍、金紫光禄大夫及将軍比護軍、銀青光禄大夫及上開府比上軽車都尉、正議大夫及開府比軽車都尉、通議大夫及上儀同三司比上騎都尉、朝請大夫及儀同比騎都尉、上大都督比驍騎尉、大都督比飛騎尉、帥都督比雲騎尉、都督比武騎尉。

永徽已後、国初の勲名は散官と名同じく、年月すでに久しく、漸やく相い錯乱するを以て、咸亨五年三月、更めて詔を下して申明し、各々類を以って相い比す。武徳初めの光禄大夫は今日の上柱国に比す。左光禄大夫は柱国に比す。右光禄大夫および上大将軍は上護軍に比す。……大都督は飛騎尉に比す。帥都督は雲騎尉に比す。都督は武騎尉に比す。

詔の内容についての詳しい解釈は後述するとして、官名の比等を行ったのが、この時の改革であった。『旧志』は続けて、この詔の発布以後の状態を記すが〔史料一―g〕、この文言によって「咸亨五年詔」が画期と位置づけられるのである。

〔史料一―g〕自是已後、戦士授勲者動盈萬計。毎年納課、亦分番於兵部及本郡当上省司、又分支諸曹。身応役使、有類僮僕。拠令乃与公卿斉班、論実在於胥吏之下、蓋以其猥多、又出自兵卒、所以然也。

これ〔咸亨五年〕より已後、戦士の勲を授かる者動もすれば萬計に盈つ。毎年課を納め、また兵部及び本郡の当に上るべき省司に分番し、また諸曹に分支す。身は役使に応じ、僮僕に類する有り。令に拠ればすなわち公卿と班を斉しくするも、実を論ずれは胥吏の下に在り。蓋しその猥多にして、また兵卒より出づるを以って、所以に然るなり。

この項は、まず、詔が発布された後、万で数えるほどの勲官授与者が生まれたことを記す。つづいて、資課の納入・首都（兵部）または地方（州郡）への輪番制の任務（番上）という勲官の義務が示される。その上で、令の規定では公や卿という高貴な身分と同じ品階となるが、実際は胥吏よりも低い身の僮僕のような実態にふれ、その理由は勲官所有者が多かったこと、また兵卒から出身したことにあったとの見解が示されている。

以上をまとめてみると、〔史料二〕は北周・北斉の時期を出発点として、唐代までの勲官制度における官名の変更を概述しているようにみえる。この〔史料一〕については、先にみたように、勲官の原点が西魏宇文泰時代の将軍号の秩序まで溯れることや、煬帝期の官名記述に誤りがあることなどの不備を指摘できる。しかし、それらの問題点にも関わらず、〔史料一〕は、広義の勲官制度を考える際に中心的な役割を果たしてきた。その官名の改編が、勲官制度の画期とみなされた結果である。すなわち、従来の研究は、〔史料一〕を時間軸として利用し、各時期の史料を補足しながら、その時々の広義の勲官の性質とその変化を明らかにしてきたのである。ここまで引用した記事に基づいて従来考えられてきた広義の勲官制度の変遷を区切ると次のようになろう。

（1）西魏宇文泰の府兵統兵官の秩序〔史料2－a〕〔史料3〕〔『北史』巻六〇〕
（2）大統十六年（五五〇）以後の府兵統兵官の散秩化〔『北史』巻六〇〕
（3）北周建徳四年（五七五）の改革で成立した武帝の戎秩〔史料一－a〕〔史料二－b〕〔史料三〕
（4）隋文帝の開皇の散実官〔史料一－b〕〔史料四〕
（5）隋煬帝の大業三年（六〇七）以後の散職〔史料一－c〕〔史料五〕

（6）唐初の隋制の雑用〔史料一―d〕
（7）武徳七年令による唐代勲官の成立〔史料一―d〕
（8）貞観十一年の官名の一部改称〔史料一―e〕
（9）「咸亨五年詔」の発布以後の状況〔史料一―f・一―g〕

そしてこれらの官階の変遷を〔史料一〕から〔史料五〕をもとにまとめると、表一―2「広義の勲官号の変遷」となる。

ここまでみてきた通り、唐代の勲官に流れ着くこれらの官階は、それぞれ固有の名称が存在していた。それでは、章をあらためて先行研究が広義の勲官と唐の勲官との関係をどのようにとらえていたのか。そして、いつ勲官制度が成立したと位置づけたのかを整理することにしよう。

第二節　官制研究から見た唐代の勲官

一　先行研究の整理と紹介――宮崎・王・陳・高橋・金・閻・頼各氏の所説から

近年、南北朝官制と唐代官制の関係に注目した論考が多数発表されている。宮崎市定氏・王徳権氏・陳蘇鎮氏・高橋徹氏・金鐸敏氏・閻歩克氏・頼亮郡氏の官制研究である。これらの研究は、唐代律令官制の成立過程の解明を試み、そのなかで広義の勲官にも触れるものである。これらの研究は勲官制度の解明を主目的としたものではないが、広義の勲官について詳細に考証しており、参照すべき点が多い。

本節では、各氏の研究から広義の勲官に就いて考察した部分を取り出して順に整理する。またその際、隋から唐へ

表一-2　広義の勲官号の変遷

北周建徳四年		隋				唐代勲官			
戎秩		散実官		散職		武徳七年まで	武徳七年令	貞観十一年令	
上柱国	正九命	上柱国	従一品	光禄大夫	従一品	隋制の雑用	上柱国	上柱国	正二品
柱国	正九命	柱国	正二品	左光禄大夫	正二品		柱国	柱国	従二品
上大将軍	正九命	上大将軍	従二品	右光禄大夫	従二品		上大将軍	上護軍	正三品
大将軍	正九命	大将軍	正三品	金紫光禄大夫	正三品		大将軍	護軍	従三品
上開府儀同大将軍	九命	上開府儀同三司	従三品	銀青光禄大夫	従三品		上軽車都尉	上軽車都尉	正四品
開府儀同大将軍	九命	開府儀同三司	正四品	正議大夫	正四品		軽車都尉	軽車都尉	従四品
上儀同大将軍	九命	上儀同三司	従四品	通議大夫	従四品		上騎都尉	上騎都尉	正五品
儀同大将軍	九命	儀同三司	正五品	朝請大夫	正五品		騎都尉	騎都尉	従五品
				朝散大夫	従五品		驍騎尉	驍騎尉	正六品
大都督	八命	大都督	正六品上	建節尉	正六品		飛騎尉	飛騎尉	従六品
帥都督	正七命	帥都督	従六品上	奮武尉	従六品		雲騎尉	雲騎尉	正七品
都督	七命	都督	正七品下	宣恵尉	正七品		武騎尉	武騎尉	従七品

『旧唐書』巻四二・職官志一を中心に『北史』巻三〇・盧辯伝、『隋書』巻三八・百官志下等を勘案して作成

の流れの中で唐初の勲官の位置を探るために、隋代の官階については、少し詳しく見ていくことにしたい。

A　宮崎市定氏の見解

宮崎市定氏は『九品官人法の研究』のなかで、北魏以来の重要な官制として広義の勲官について言及した[3]。その中で特に注目すべき点が二つある。その一つは、広義の勲官成立の背景について言及したことであり、もう一つは広義の勲官を武官の予備員と位置づけたことである。

宮崎氏は広義の勲官成立の契機を北魏末の六鎮の乱(五二四~五三〇)のなかに見る。それは、孝明帝期(五一五~五二七)の内乱続発により、朝廷の貴族が浮上った存在となり、世の中は武人横行の時代に突入し、実際に軍隊を握っている者の地位が高まり、その発言権も強くなったという歴史的背景であった。そのような状況が現役隊長への尊敬を高め、隊長の職名が官位の上下を計る標準となった。そして、朝廷の官品表に

載せられない部隊長の職務の等級がそのまま武人の地位を表すこととなり、この職名が官名のように固定した。すなわち、この固定した職名の序列が広義の勲官の始まりであった。

その広義の勲官の性質は、北周で散官化して戎秩と名付けられたことで変化した。戎秩になったことで、それまで有していた実職を失い、武官の予備員としての性質が強まった。戎秩は、実職の権限は失ったとはいえ、いつでも実職に横滑りできるもので、実権に近かった。そのために、戎秩は尊崇をたもっていたのである。このように、武力中心の世の中で、官名と統兵権との距離によって価値が決められたと考える所に、宮崎氏の見方の特徴があるように思われる。

B　王徳権氏の見解

王徳権氏は、「試論唐代散官制度的成立過程」(『唐代文化研討会論文集』文史哲出版社、一九九一年)において、唐代散官が本品として確立されるまでの官制の流れを考察した。王氏が問題とする本品とは、その等級が官人の身分の高低を表す指標となった品階を意味する。本品については『旧志』の序言に以下のように見える〔史料六〕。

〔史料六〕凡九品已上職事、皆帯散位。謂之本品。……散位則一切以門蔭結品、然後労考進。

凡そ九品已上の職事、皆散位を帯ぶ。之を本品と謂う。……散位は則ち一切門蔭を以て品を結び、然る後労考もて進む。

また同巻の職事の条にも以下のようにある〔史料七〕。

〔史料七〕武散官旧謂之散位、不理職務、加官而已。後魏及梁、皆以散号将軍記其本階、自隋改用開府儀同三司已下。貞観年、又分文武、入仕者皆帯散位、謂之本品。

武散官は旧と之を散位と謂う、職務を理めず、加官するのみ。後魏及び梁、皆散号将軍を以てその本階を記し、隋より改めて開府儀同三司已下を用う。貞観の年、又た文武に分かち、入仕する者は皆散位を帯び、之を本品と謂う。

すなわち、〔史料七〕によれば、「本階」の性質が北魏や梁の散号将軍から隋代の開府儀同三司（散職）へと移り、その後、貞観年間には「本品」と名を代えて文武散官に継承されたことになる。王氏は、この本品（＝本階）の性質こそ唐代散官の主たる機能であったとし、その淵源を探求した。その結果、北周以後隋までは広義の勲官が本階の性質をもっていたとの結論に至ったのである。それでは、王徳権氏の隋以後の勲官に関する見解を見ていくことにしてみよう。

隋の文帝は、北周の戎秩を継承して散実官を創始した。王氏は、北周の戎秩は基本的に領兵権を有していたととらえる。それに対し、散実官は府兵統兵官の職権を一部喪失し品位を低下させて、形式上の官名序列だけを保持したものと位置づける。散実官における大将軍以上の四等級は、領兵権を奪われて尊栄の意義のみが拡大して散官と化した。一方、開府儀同三司以下の諸官は、なお統兵の職権を保有していた。つまり、上位四等級の「散」と下位七等級の「実」が合わせられた序列が散実官であった。散実官・散官・散号将軍が並立した開皇・仁寿の官制において、散実官の等級が最も重要なものであったとする。

煬帝は大業三年令の改編で、開皇以来の三系統の官階を散職に統合した。王氏は同年以後、散実官と散職が同官品で取り替えられた事実を挙げ、散実官の延長上に散職が位置づけられることを確認する。だが、煬帝の尚武から崇文への政策転換が、広義の勲官に影響を与えることになった。大業八年（六一二）の詔（『隋書』巻四・煬帝本紀下）によって、勲叙の官人が職事官に就任することを禁止したのである。詔の内容から発布以前の状態を推測すれば、大業八年まで官員の任命基準は「散実官―散職」系統に関係していたことがわかる。すなわち、〔史料七〕に記される通り、隋において散実官と散職とが、本階として機能していたことが確認される。王氏は、この詔の意義を府兵系官僚の官界進出を抑制したことにあると考え、ここに見える文治への転換が府兵系統の官僚の不満をあおり、彼らが唐の挙兵に参加した原因の一つであったとする。

李淵が起兵した時は、官階として大業の散職を使用していた。来降者に高品の散職を賜与し人心を収攬した。このことが元来厳格だった官の授与基準を緩和し、広義の勲官の価値低下を招く遠因となった。王氏は、唐が建国後の武徳元年（六一八）に新格を発布し、散職に代えて散実官の官号を採用し、同品階で散職から散実官に改授したと考える。

武徳七年令では、正式な官制の名称として勲官が採用され、勲官は都督制や府兵制などから別立されて統兵権を失い、完全に栄誉的な官銜になってしまった。そのため柱国等の価値が下落していくことになる。このように、王徳権氏は統兵官としての実権に繋がることに広義の勲官の価値を見い出したのであった。また、王氏は、武徳令によって、広義の勲官が有していた本品の機能が文散官に移動したと見ているようである。

また、王徳権氏は、「咸亨五年詔」について、唐初の勲官との関係で独自の説を提示する。「咸亨五年詔」の発布の原因は、李淵の挙兵から武徳元年まで大業の散職を採用し、武徳元年から七年は開皇の散実官が使われ、それら両種と貞観の散官の官名が混淆を起こしやすかったことにあったとする。具体的には、武徳初に雑用されていた開府儀同三司と武徳年間から最高位の文散官とされた開府儀同三司が混在している状況を解消しようとしたのである。詔書の目的は個別の官名を比較対照することで、唐初の広義の勲官が有していた名前と位階を取り戻すことにあった。そのために、唐代における勲官の品階の低下にあわせて、唐初の散実官・散職を貞観の勲官に改叙したと考えたのである。

この王氏の「咸亨五年詔」に関する見解は、後述する西村元佑説に対する批判であった。西村氏はこの詔の目的は勲官の価値下落の防止にあるとする。一方、王氏は、散官の価値を保つために、勲官との混乱を防止する目的で、この詔勅は発布されたと考えた。

C　陳蘇鎮氏の見解

陳蘇鎮氏は、王徳権氏とほぼ時を同じくして「北周隋唐的散官与勲官」（『北京大学学報・哲学社会科学版』一九九一年第二期）を記し、北周から唐における階官の消長を考察した。その結果、当時の階官制度の変遷は、山東門閥系の散官（本品）と関隴集団系の広義の勲官（本階）が官人の身分称号の地位を争った表れだったとの見解に至った。

陳氏は、北周から唐貞観令までの官制を六段階にわけ、位階の幅や最高位の官品の高さとともに序列の整い方を基準として同じ時期に並立する階官を比較し、中心的な品階の変遷を明らかにした。その結果、隋代までの広義の勲官は、散官などと雑ざり合いながらも、官階の最上位に位置していたと判断した。

隋の散実官・散職に関する陳氏の理解は、王徳権氏とほぼ同じものであった。勲官の直接の祖法を散実官と散職に求めたことや、散実官と散職が官人の身分の基準となっていたこと、さらに両者が同品階で改授されたことも実証した。そして、唐初の勲官の変遷についても王徳権氏とほぼ同様な見解に至った。

しかし、武徳七年令の変化をそれほど重要視しない点が王氏とは異なる。陳氏は武徳七年令について、大部分の勲官名を変更したことと、官制の中で相対的にその地位を低下させたことを指摘するだけである。すなわち、武徳七年以後も引き続いて勲官が本階としての地位を保持していたとみるのである。

陳氏が武徳七年の改変以上に注目したのは、貞観十一年の官制改革であった。ここにおいてはじめて、勲官が散官系統の外に独立した階官となり、文武散官と勲官の並立という唐代の定制が成立した。貞観十一年令の成立により、勲官は官人の身分基準という地位を、文武散官に奪われた。本階の資格を失ったことが勲官の価値を低下させた、ととらえるのである。

陳蘇鎮氏の記す広義の勲官の変遷は以下のように要約することができよう。広義の勲官は、北周以来唐貞観十一年まで官人の身分を表す称号であった。広義の勲官はそのために高い価値を有していた。しかし貞観十一年に文武散官制が成立すると勲官は本階の地位を失い、その価値を低下させていった、と。

D　高橋徹氏の見解

先に紹介した宮崎市定氏の見解に沿いつつ新たな見解を提示したのが、高橋徹氏の「衛官と勲官に関する一試論」(『泃沫集』八、一九九四年)である。高橋氏は唐代の衛官の形成を主題に、それに関わる勲官の成立も検討した。その結果、衛官と勲官とは西魏以来の府兵統兵官の制度からそれぞれの性質が分かれたものと考えた。勲官は功労称号としての性質を、衛官は下級指揮官としての性質をそれぞれ受け継いで成立したとする。

高橋氏は考察の中で、広義の勲官が武官の予備員であり府兵統兵官に横滑りできたとの宮崎氏の指摘にも注目した。氏はさらに一歩踏み込んで、府兵統兵官と同名の官を含むことから、北周の戎秩と比べて散官化が進んだとする隋代の散実官でも、統兵官への横滑りする余地を残していたとみなす。ただし、散職と勲官の関わりについては言及がない。

唐初の広義の勲官の性質について、高橋氏は『旧志』の冒頭にみえる武徳七年の官制改編記事に依拠して言及した(〔史料八〕、読み下しは筆者)。

〔史料八〕高祖発太原、官名称位、皆依隋旧。及登極之初、未遑改作、随時署置、務従省便。武徳七年定令……改上開府儀同三司為上軽車都尉、開府儀同三司為軽車都尉、儀同三司為騎都尉、秦王・斉王下統軍為護軍、副統軍為副護軍、上大都督為驍騎尉、大都督為飛騎尉、帥都督為雲騎尉、都督為武騎尉、車騎将軍為游騎将軍。

高祖太原を発するに、官名称位、皆隋の旧に依る。登極の初めに及び、未だ改作に遑あらず、随時に署置し、務めて省便に従う。武徳七年令を定め、……上開府儀同三司を改めて上軽車都尉と為し、開府儀同三司を軽車都尉と為し、儀同三司を騎都尉と為し、秦王・斉王下の統軍を護軍と為し、副統軍を副護軍と為し、上大都督を驍騎尉と為し、大都督を飛騎尉と為し、帥都督を雲騎尉と為し、都督を武騎尉と為し、車騎将軍を游騎将軍と為す。

この条文は、主に武徳七年に行われた散実官号から勲官号への変更を記す。しかし、一部秦王李世民と斉王李元吉の統属下の指揮官である統軍と副統軍の改名が挿入されている。このことから、高橋氏は、武徳初年に再使用された散実官は、統兵官に横滑りできるという特質を復活させたものだったと位置づけた。そしてその性質は貞観十一年まで残され、貞観十一年令によって勲官が職事等官・衛官・散官と別立されたことで、勲官は完全なる功労称号として形骸化したと高橋氏は理解するのである。

E　金鐸敏氏の見解

金鐸敏氏は「隋煬帝의勳官폐지와唐代의勳官濫授」（『歴史学報』一四九、一九九六年）において、陳蘇鎮氏と王徳権氏の研究を踏まえて、北魏以降の武人と官爵との関係という視点から考察を加えた。北魏孝文帝の官制改革の後、武人達の要求に応えるため官爵は濫授の傾向にあった。その影響は一般民出身の軍士にまで及ぶ。そして、官爵濫授は北斉・北周に至っても歯止めがかからず、上柱国位以下の新しい統兵官の序列にもおよび、戎秩という上位武散官を

形成することになる。

隋文帝は、一部北朝の官爵の保持を容認するが、散官制度を再編成し、戎秩と散官を併置して官僚の膨張を抑えようとした。煬帝はさらに踏み込んで、北周・北斉の官爵を認めず、勲官を廃止して散官に一元化することで武人の官職獲得を抑制しようとした。これらは、中央集権化のための施策であったとする。しかし隋煬帝の急激な改革は武人達の反発を招き、彼らが隋末の反乱に大挙して参加した原因となったとする。唐では、武人の要求に答えるため、建国期は、散職・散実官を広範囲に授与したが、その後、散官を本品とし、勲官からの入仕の遮断という措置をとって、その実権を抑制し、官僚体制から隔離したとする。

唐の建国期の官制については、大業の散官(=散職)を使用し、武徳元年六月の新格発布によって開皇の官品令を採用したため、散実官に移行したとする。また、勲官の本品としての性質は貞観十一年まで続いたとみる。高宗の永徽年間以後、勲官の増加と価値の低下とがあったとする。また、開元二五年の「名例律断巻」の李林甫等の官銜に上柱国が見えることから、当時でも、高位官人が勲官を兼帯することを栄誉としたとするが、入仕経路を絶たれた一般民の勲官とは異なるものとする。

金氏の見解で特徴的なものは、隋煬帝の散職を文散官の性質を持つものととらえて、一度、広義の勲官の流れに断絶があったと見ることであろう。

F　閻歩克氏の見解

閻歩克氏の唐代勲官に関する見解を紹介しよう(『品位与職位——秦漢魏晋南北朝官階制度研究』中華書局、二〇〇二年)。閻氏は、隋代以来の広義の勲官について陳蘇鎮氏・王徳権氏の見解をふまえ、散実官を本階であったと認めた上で、北周の多くの制度を廃止した隋の文帝でも、将士の支持を保つために形を変えて戎秩を残さざるを得なかったと考える。また散職については、形は散官であり文治を志向しているように見えるが、実態は散実官と全く同じく軍功によっていた、とした。

それでは、唐代の勲官についてはどうかというと、武徳初めは〔史料一–d〕に見える「隋制を雑用」した状態であった。「咸亨五年詔」の「国初勲名」が、その「雑用」を表わしており、散実官と散職の官階を同時併用したことを意味していた。武徳七年に散官と散号将軍と勲官が併置される状態となったが、勲官には本階としての性質が残されていた。閻氏によれば、貞観十一年に至って、文武散官が成立し、勲官の一部が改称されたことによって、本階の性質を武散官に引き継ぎ、純粋な勲官となったのであった。

G　頼亮郡氏の見解

頼亮郡氏はその著書『唐宋律令法制考釈』（元照出版社、二〇一〇年）の第四章「唐代衛官制度的成立与衰落」で、唐代までの官階の流れと唐代における衛官と勲官の分離をとりあげ、第五章「唐代勲官与汎勲在軍功的作用」で、唐初における広義の勲官の濫授について考察し、軍功と汎勲の違い軍功による勲官の昇進手続きを明らかにした。

唐初の制度については、墓誌史料等に依拠して、李淵の挙兵から即位までは大業の散職を使用し、武徳元年六月の新格成立によって、散実官の使用に戻ったとする。そして、散実官の統兵官に横滑りできるという特質の復活に注目したことは、高橋徹氏と同様である。ただし、武徳七年に勲官および衛官が成立し、広義の勲官の統兵権は衛官に移り、勲官は栄誉のみの官階となったとする点で異なる。

勲官の増加については、従来の研究を批判し、太宗の頃にすでに濫授が始まり大量の勲官が存在したとする。また、国家の慶事における勲官賜与を汎勲とし、その基準を明らかにした。そして、勲官は軍功による勲官と汎勲による勲官で区別されており、軍事的に獲得した勲官は栄誉であったが、汎勲による勲官は栄誉とされなかったとする。なお、隋唐を通して、勲官のなかでは柱国以上のみが官人のなかで栄誉とみなされたとすることも特徴的である。

二　官制研究から見た唐代勲官のまとめ

唐代官制の成立を問題とした研究から、広義の勲官に関する見解を抜き出して整理した。その結果、唐初までの勲官制度について、多くの知見を得ることができた。以下それを列挙してみよう。

（1）隋代の散実官・散職は官人の身分を表す本階に位置づけられる。

（2）細かい見解は諸氏によって異なるが、唐初は隋の散実官と散職の官制が利用されていた。

（3）「咸亨五年詔」の「国初の勲名」は、唐初に使用された散実官・散職と関係する。

（4）唐初における勲官は、官人の身分称号としての性質、または府兵の統兵官として実職に関わる性質を有していた。その性質が唐初までの勲官の価値を高めていたが、その機能は武徳七年または貞観十一年に消滅した。

さて、先行研究の整理を通して唐初における勲官の新たな価値を見いだすことができたが、逆に、いくつかの問題点も浮かび上がってくる。まず第一に、広義の勲官とした諸官階は全て勲官であったとしてよいのかという疑問が湧いてくる。従来の研究では、先行する諸官階と唐の勲官とは同じ性質のものであったとの暗黙の前提がある。しかし、制度改変のたびに特徴は変化しており、官名を引き継がれることが多いからといって一概に同制度と言うことはできないのではないだろうか。詳細な検討を行う必要があろう。

たとえば、台湾中央研究院漢籍電子文献資料庫（http://hanchi.ihp.sinica.edu.tw/ihp/hanji.htm）で勲官の語を検索してみると、『旧唐書』『新唐書』以前に成立した正史では、わずかに三例の存在を知るのみである。そのうち、勲官の熟語として読む例は二例で、いずれも隋代の用例である。[4] その一つは、『北史』巻六十賀若弼伝の文帝の会話に見える。賀若弼が陳平定戦で陳の後主陳叔宝を捕えた功積を恃んで、宰相の位を求めた時の対応について、文帝が回顧している言葉である。「平陳の後、（賀若弼は）便ち内史を索め、又た僕射を索む。我（＝文帝）頴（＝高頴）に語りて曰わく『功臣は正に宜しく勲官を授くべき、朝政に預かしむるべからず』と（平陳後、便索内史、又索僕射。我語頴曰『功臣正宜授勲官、不可預朝政』）」とあり、功臣には勲官を与えるべきで、政治に参加させるべきではないとする。[5] 賀若弼が平陳の功によって与えられた官は『北史』同伝によれば「加位上柱国、進爵宋国公、真食襄邑三千戸……拝右領軍大将軍。」とあり、散実官の上柱国だけではなく実職の右領軍大将軍も授与されていた。このことから考えて、文帝の会話中の「勲官」とは、散実官に限られたものではなく、軍功によって与えられた権力の伴わない官職という意味でとらえるべきであろう。

もう一つは、『隋書』巻四・隋煬帝本紀下・大業八年九月己丑条に「今より已後、諸授の勲官は、並びに文武職事に回授するを得ず（自今已後、諸授勲官者、並不得回授文武職事）」という一文である。この条文は、功臣が吏職につき、政事の方法を知らないため「政を蠹ばみ民を害する（蠹政害民）」状態となってしまったため、「勲官」を「文武職事官」に就任させないと言っているのである。これを、当時の広義の勲官である散職のことだとしてしまうと、当時一種類しかない散階からの出身が不可能となってしまう。散職は、軍功とは関係なく、恩蔭や労考で出身する場合もあった。やはり、この場合は、「勲官」の語で、軍功によって散職を得た者と限定したと考えるべきであろう。

以上のように考えると、隋以前の正史において勲官の語が、広義の勲官をそのまま指している例は皆無なのである。そうであるにもかかわらず、従来の研究では、ほぼ無批判に広義の勲官を一括して扱ってきた。勲官とはいったいどういう官職であったのか。そのことをもう一度検討し直す必要があろう。

第二に唐政権確立期に使用された官制の変遷について、確たる論証が無く曖昧なまま議論されていることが問題である。すなわち、〔史料一－d〕に「雑用隋制」と記される状態が、どのようなものであったのかという問題である。(6) このことについて、王徳権氏や陳蘇鎮氏さらに閻歩克氏がそれぞれ言及しているが、実態を解明しきれていないように思われる。

諸氏の研究によれば、唐挙兵時に散職の官名が使われていたことは間違いない。さらに、〔史料7〕によれば、武徳七年の官制改革では散実官の官名が勲官に改編されており、武徳七年の直前に散実官の官制が利用されていたことになる。このように、挙兵時に散職が使用され、武徳七年の直前まで散実官が用いられていたことは判明している。しかし、いつどのように散職の官名が廃止され、散実官の官名のみになったのか、という散職から散実官への移り変わりの過程は、論証が不十分である。具体的に言うと、散職から散実官に移行したとしたらそれはいつか、散職と散実官が並立していた時期が有るのか否か、並立していたとしたら散実官のみに統合されたのはいつか、という問題である。

第三の問題点は、ここで整理した研究はあくまで律令官制の成立過程を研究の対象としており、唐代の勲官について深く突っ込んで議論していないことである。そのため、多くの研究では、勲官に注目するのは文武散官制の成立までに止まる。よしんば説明があったとしても、後述する税役との関わりから提出された勲官像をなぞるのみであった。成立過程の議論をふまえた新たな唐代勲官研究が必要なのである。

税役制度からみた唐代の勲官像は、勲官の人数が負担・特典と関わり合いを持つとの視点から導き出された。そのため、税役との関わりからみた勲官研究を整理する前に、勲官の負担と特典について整理することにしたい。

第三節　勲官の負担と特典

一　勲官の負担をめぐる理解

勲官の負担は〔史料一―f〕によれば、京師への番上と郡への番上、およびその代納銭である納課となるが、さらに職掌・色役への差科を付け加える必要がある。[7] 以下、番上と納資、その他の差科に項目を分けて概略を記すことにしよう。

（1）番　上

番上の詳細については、『新唐書』巻二六・百官志・吏部司勲郎中条の記述が注目される〔史料九〕。条文の解釈は後に行うこととし、ここでは筆者なりの書き下し案を提示しておく。

〔史料九〕凡勲官九百人、無職任者、番上兵部、視遠近為十二番。以強幹者為番頭。留宿衛者為番、月上。外州分五番、主城門・倉庫・執刀。上柱国以下番上四年、驍騎尉以下番上五年、簡於兵部、授散官。不第者、五品以上復番上四年、六品以下五年、簡如初、再不中者、十二年則番上六年、八年則番上四年。勲至上柱国有余、則授周以上親、無者賜物。

凡そ勲官九百人、職任無き者は、兵部に番上し、遠近を視て十二番と為す。強幹なる者を以て番頭と為す。宿衛に留まる者は番を為し、月ごとに上る。外州は五番に分け、城門・倉庫・執刀を主る。上柱国以下番上すること四年、驍騎尉以下番上すること五年にして、兵部に簡ばれ、散官を授く。第せざる者は、五品以上復た番上四年、六品以下五年にして、簡ぶこと初めの如し。再び中らざる者は、十二年なれば則ち番上六年、八年なれば則ち番上四年。勲の上柱国に至りて余り有れば、則ち周以上の親に授け、無ければ賜物す。

ここには兵部上番（京上）と地方州への上番（州上・郡上）の期間が遠近によって差がつけられたことと、散官昇格試験の受験資格が勲官の品階と番上年数によって設定されていたことなどが記される。同様の記述は『唐六典』巻五・尚書兵部・兵部郎中条にも存在する（〔史料一〇〕、括弧は原注を表わす）。

〔史料一〇〕凡勲官十有二等（並載於司勲之職）、皆量其遠近、以定其番第（五百里内五番、一千里内七番、一千五百里内八番、二千里内十番、二千里外十二番、各一月上、毎上或分配諸司。上州及都督府、番別各聴留六十人、中州四十五人、下州三十五人、分配監当城門・倉庫。亦量於数内通融配給、当州人少者、任取五十已上、五十九已下、及軽疾丁充、皆一月上）、五品以上四年、七品以上五年、多至八年、年満簡送吏部、不第者如初、無文聴以武選。

凡そ勲官十有二等（並びに司勲の職に載す）、皆その遠近を量り、以てその番第を定む。（五百里内五番、一千里内七番、一千五百里内八番、二千里内十番、二千里外十二番、各おの一月上り、上る毎に或いは諸司に分配す。上州及び都督府、番別に各おの六十人を留めるを聴し、中州は四十五人、下州は三十五人、分配して城門・倉庫を監当せしむ。亦た量りて数内において通融配給し、当州の人少なければ、任せて五十已上、五十九已下、及び軽疾の丁を取りて充つ、皆一月上る）。五品以上四年、七品以上五年、多くは八年に至り、年満つれば簡んで吏部に送る、第せざる者は初めの如し、文無ければ聴すに武選をもってす。

こちらの記事により、郡（州）上の任務にあたった勲官は、郡の等級によって各々定員があったことがわかる。それもまた、京師と同じく五番制であり、その仕事は「監当」、すなわち責任者としての監督業務であった。

なお、勲官の番上年数は昇進と関係すると考えられている。ここで、番上と昇進の関係について、西村元祐氏が〔史料九〕を中心に読み解いた見解を紹介しておこう。[8] 西村氏は、（一）勲官を五品以上と六品以下とに分け、両者とも一定年数番上することで散官選考を受ける資格を得た。（二一）五品以上は番上四年目・八年目に、六品以下は五年目・十年目に試験を受けた。合格すれば、散官を授けられて勲官として番上する必要はなくなるが、落第した場合は、次の試験資格獲得までふたたび番上を続ける。（二二）一度の散官選考に落第しても、五品以上は合計十二年間、六品以下は十六年間番上を続けることで、自動的に最高位の勲官である上柱国に達した。すなわち、五品以上の勲官は合計十二年の番上で、また六品以下は十六年の番上で上柱国に昇進することが保証されていた、とするのである。松永雅生氏や日野開三郎氏もほぼ同じ見解であったようである。

（2）納　資

勲官の中には、実際に番上しない者もいた。在籍不番上者は代償として官司に銭物を納入した。その銭物を資課といい、資課を納入することを納資または納課と呼んだ。一般に勲官の納資が行われるのは濫授以後のことだとされる。勲官の資課額は、『新唐書』巻四六・百官志一・吏部郎中条に記されている〔史料一一〕。

〔史料一一〕（文散官）自四品皆番上於吏部。不上者、歳輸資銭。三品以上六百、六品以下一千、……勲官亦如之。以征鎮功得護軍以上者、納資減三之一。

〔文散官〕四品より皆吏部に番上す。上らざる者は、歳ごとに資銭を輸す。三品以上は六百、六品以下は一千、……勲官も亦たかくの如し。征鎮の功を以て護軍以上を得たる者は、納資すること三の一を減ず。

この条文によって、納資額は護軍以上が六百文、上軽車都尉以下が一千文と規定されていたと考えられている。そして松永氏によれば、〔史料一〕と『新唐書』巻五五・食貨志四の「諸司・諸使は守当及び庁了を有ち、兵及び勲官を以て之と為し、……後に皆納課す（諸司・諸使有守当及庁子、以兵及勲官為之、……後皆納課）」という記事が、諸司・諸使下に配派された勲官が役使の代わりに納課する状態に至ったことを示している。開元年間の初めから中頃にかけて、兵制とともに力役制も転機をむかえ、帯勲者の増加と資課一般化の風潮と相まって、勲官の番役も納課傾向に拍車をかけた。『冊府元亀』巻六三・帝王部・発号令門・開元十九年（七三一）二月乙酉条に「比者天下勲官、加資納課」と有ることから、開元十九年頃には、勲官の資課は増額したと考える。その資課の増額について、松永氏と日野開三郎氏が勲官は一律二千五百文となったとするのに対し、古賀登氏は勲官二品・三品が一千五百文、四品から七品が二千文に増加したとする。(9)

（3）その他の負担

「開元二十五年水部式残巻」（P二五〇七）には勲官の差科に対する規定が見え、「天宝年間敦煌差科簿」（P三五五九、P二六五七、P三〇一八v）には種々の色役に差科された勲官が現れる。これらの文書から、勲官が様々な色役に従事していたことが判明している。

二　勲官の特典

さて、勲官は以上のような義務を負っていたが、白丁と比べていくらかの特典も有していた。勲官の特典については、西村元佑氏の研究に基づいて列挙してみよう。(10)

（1）勲田の賜与。その規定は『唐六典』巻三・尚書戸部・戸部郎中員外郎条にみえる。

（2）刑の減免。『唐律疏議』巻二・名例律二によれば、勲官およびその家族は、流罪以下の犯罪の場合は一等を減じられることになっていた。

（3）資蔭。『唐会要』巻八一・用蔭の記述によれば、散官・職事官よりは低いとはいえ、子供の出身階が規定されていた。

（4）勲官の所有者は優先的に州県の胥吏となれた。『唐六典』巻三〇の里正の任命条件に勲官が見えるほか、差科簿に見える役負担も高級なものに限られていたことから、帰納的に判断される。
（5）征役免除。唐賦役令復原第二一条や『資治通鑑』天宝十載（七五一）夏四月条が根拠となる。
（6）勲官は二人以上の妻妾をもつことを許されていた。『唐律疏議』巻一三・戸婚律によれば、重婚は法律で禁じられていた。それにも関わらず、天宝六載籍などには、二人以上の配偶者をもつ勲官が見える。
（7）税役免除。勲官は不課口であった。不課口とは、戸籍上で租調庸雑徭を免除されたものである。すなわち、勲官は税役免除の特権を有していたことになる。
（8）子供の税役減免。勲官五品以上を取得した者の子は、上柱国子・柱国子・品子として税役の減免を受けた。品子と両柱国子は、規定上散官に出身する時も優遇された。

また、西村氏は明確には述べていないが、勲官の所有は同兵種間や同職役間での統属関係に影響したと考えているようである。たとえば、同じ土鎮兵でも、勲官が上司となり、白丁が部下になると考え、同じ職役の中でも勲官は責任者の位置に立ったと考えているようである。これも一種の特権ということができよう。

このようにまとめた勲官の負担と特権をふまえ、税役制度との関係から勲官を取り上げた松永雅生氏・曾我部静雄氏・西村元佑氏・日野開三郎氏の研究を紹介する。そして、四氏の研究を把握したのち、共通点と相違点について整理することにしたい。

第四節　税役制度との関係から見た勲官

一　先行研究の整理と紹介――松永・曾我部・西村・日野各氏の所説から

Ｈ　松永雅生氏の見解

松永氏は、「唐代の勲官について」（『西日本史学』一二、一九五四年）で勲官制度について言及した。[11]松永氏は、唐代の功績ある戦士への賞与であった「百姓勲官」が時とともに増加することについて、増加の転機は二回あり、それが（1）則天武后聴政（七世紀後半、年代は筆者、以下同じ）の初期と（2）開元二十年代（七三二～七四一）であった、との見通しをたてる。この二つの時期に勲官が激増した理由を解明するために、勲官の恩典と負担について考察した。

松永氏は勲官が増加する前の状態として、〔史料九〕冒頭の「凡勲官九百人」という記述に注目する。ここにみえる九百人という数は、ある時点の唐における勲官の総数をあらわし、朝政に参加した則天武后が「咸亨五年詔」（六七四）によって勲官に小改定を加えると、戦士有功者以外にも授与の対象が拡大し、その結果、「万計」という人数に増加したとする。これが第一の勲官増加の原因である。

松永氏は、勲官の授与対象の拡大について、色役人（職掌人）の受勲を取り上げる。色役人の受勲は開元後半からはじまり、勲官の特典を求める人々が色役人となって安全に勲官を獲得する道を開いた。ここにも、色役に応じるものが武后朝政時代からその数を増す原因があったと考える。

松永氏は、勲官の増加には特典の減少がともなったと考えた。水部式の記載などから、課役免除は開元二十五年（七三七）においても通用していたが、征役免除は顕慶年間（六五六～六六一）までに有名無実化し、勲田の賜与も、武后の初期までに限られた、とする。勲官の恩典が課役免除のみに縮小されたことが、武后以後多数の賜勲が行えた理由の一つであった。もう一つの原因は、勲官の力役的・経済的負担の漸次増加である。

松永氏によれば、勲官の任務は五番制が原則とされた〔史料九・一〇〕。ここから、年間二・四ヶ月の力役負担が導き出される。しかし、色役人で賜勲された者が一律五番の任務に短縮されたとは考えにくい。そのため、濫授以後は、全ての勲官にこの負担率が適応されたとは考え難い。そこで、勲官は、武后以来の激増により徐々に色役人としての傾向を帯び、色役人の納資が賦税化したことに伴って勲官の番役も納資となる。そして、開元十九年頃の納資額の増加は帯勲者に対する国家の財政負担を軽くし、さらなる賜勲を容易にさせたので、勲官はますます増加することとなった。

一方、色役人の特典は課役免除と征役免除であった。勲田がすでに武后のころから実質を喪失したことを考慮すれば、増加以後の勲官と色役人の特典はほとんど同じとなっていたのである。また、力役負担と納資額も勲官と色役人とは同等であったと結論づける。これらのことが、勲官と色役人の同一化の一因となった。

松永氏の見解をまとめてみると以下のようになる。唐代勲官は種種の特典を賦与された反面、力役を課せられた。勲官が激増すると、力役から外れる者が多く発生し、納資勲官が出現した。時代と共に勲官が増加したことは特典の希薄化を伴い、それが勲官の色役人化につながった。さらに勲官と色役人の待遇は接近し、これが色役人の授勲を容易にした。そして遂に内容・形式ともに色役人の勲官化と、勲官の色役人化とが現出した。

Ⅰ　曾我部静雄氏の見解

曾我部静雄氏は、「両魏・北周・隋・唐の勲官と我が勲位について」（同著『律令を中心とした日中関係史の研究』吉川弘文館、一九六八年、初出一九六一年）で勲官と日本の勲位とを比較し、[12]西魏から隋代までの広義の勲官を勲功に対して与える名誉職として位置づける。そして唐代の勲官は、軍功に出身するが、実態は諸官庁の使役人であり、日本における仕丁と同様なものであったとする。

Ｊ　西村元佑氏の見解

西村氏は「唐代前半期における勲官の相対的価値の消長と絶対的価値」（『愛知学院大学文学部紀要』八、一九七八年）で、唐代前半期における勲官の価値の消長を段階的に叙述した。

まず、西村氏は勲官の価値の変遷を玄宗の治世まで段階的に考察した。高祖・太宗朝（六一八〜六四九）の勲官は、顕著な功績があって初めて与えられ、職事官にとっても栄誉として受けとめられるほどの高い評価をえていた。[13]

高宗期（六四九〜六八三）になっても、麟徳元年（六六四）の劉仁軌の上表（『旧唐書』巻八四劉仁軌伝ほか）に、政府が自発的な従軍者の戦功に対して官爵授与で酬い、なかでも勲官の授与が一般的であったと述べられていることから、勲官の価値は高かったとする。

西村氏は、武后期の勲官について、顕慶四年（六五六）の『姓氏録』作成（『資治通鑑』巻二〇〇）を重視する。武后・李義府・許敬宗らのグループが勲官尊重を意図したとみるからである。政治的なバックボーンをもたない武后グループは、閥族を抑えるために唐の官品に基づいて家格の再構築を図った。その際、軍功出身の五品官（勲官を想定）を士流に押し上げようとさえした。このことは、当時の勲官の栄誉が安定していたことを物語る。このような勲官保護政策の流れの中で、政府は「咸亨五年詔」を出して散官と勲官の比定を申明し、士卒の戦闘意欲を高め、積極的に勲官のイメージの低下を防止しようとした。

しかし保護にも関わらず、「是より以後」勲官の地位は低下してしまう。その原因は対外戦争の勃発によって兵役重徴が継続し、それが賜勲の需要拡大に繋がったことにある。勲官が増加したことによって、同時に価値は低下した。価値の低下は、さらなる士気低下と兵役忌避に発展した。政府の勲官保護も空しく、その価値は低落の一途をたどる。勲官の価値の低下は玄宗期まで続き、その現れが、勲官数の増加であった。西村氏も、〔史料九〕にみえる「勲官九百人」という状態が有ったことをみとめる。それが光宅元年（六八四）ごろに賜勲濫発と軍功と無関係な買勲によって徐々に増加しはじめ（「改元光宅赦文」『全唐文』巻九四）、「咸亨五年詔」のあとに「万計」（＝一万人）に至ったと考える。西村氏は、当時見ることができた唐代戸籍を分析し、勲官授与に勲田賜与がともなうのは武后期の初期までに限られ、これ以後は勲田の賜与は行われなかったと考えられることも、このころに勲官が増加した傍証になると考える。

西村氏は勲官の増加の割合を算出している。永徽年間（六四九～六五六）は丁男三千八百人に一人（〇・〇二六％、百分率は筆者）から、咸亨五年以後の万計への増加で約十倍となり（割合は約〇・三％か？）、さらに天宝差科簿によって、当時の敦煌では勲官が全丁数の三五％に達したと推定する。西村氏は、勲官の価値は勲官数に反比例すると考え、十倍に増加したことは、価値が十分の一に低下したいことを意味する。このことから、天宝年間（七四二～七五六）には著しく勲官の価値が低下したと結論づけるのである。西村氏は、則天武后から玄宗期にかけて勲官が変化するのは、当時、兵制・税制・土地制度の改革が行われ、その一環として勲官制度に影響があったためと考えている。

以上の考察から西村氏は、唐初から玄宗期までの勲官について、価値の消長の経過を初期の希少価値から、多重濫発によって次第に価値が低下する過程ととらえた。一方で、勲官が蔑視されたのは、人数が多かったことや軍功・士卒出身という理由だけでなかったのではないかと考え、律令官制の中での勲官の位置づけを探った。その結果、勲官は職事官や散官よりも実権や特典が少なく、制度上の実質的な価値が低かったことがわかり、このことが勲官が蔑まれた根本的な原因であったと考える。

K　日野開三郎氏の見解

日野開三郎氏は、『唐代租調庸の研究・Ⅲ・課輸篇下』（私家版、一九七八年）において、百姓勲官は無品者として官僚身分の外に置かれていたと定義する。日野氏の考え方で特徴的なのは、白丁は勲官取得によって租調庸免除の特権を得たため、その増加は国家収入の減少に繋がったとして重要視したことである。

国家財政の関係に注目した日野氏の見解を勲官を中心にまとめ直すと、①人数の増加とその制度的背景、②負担の変化、③増加に対する財政対策の三つの視点が浮かび上がる。

まず①人数の増加とその制度的背景についてまとめ直してみたい。日野氏は一般の百姓が勲官になることについて検討した。一般に白丁が勲官を得る方法は職役や兵役の代償として授与されることであったとする。

日野氏は勲官の増加の過程を次のように考えた。まず、西村氏らの唐初の勲官総数九百人説受け入れた上で、その後は高宗以後の国際対立の激化と武后・韋后時代の政治の乱れが重なって兵士の授昇条件は頗る甘くなり、勲官数は濫増膨張の急上昇線を辿っていったと考える。さらに、玄宗は人心収攬の手段として勲官を大盤振舞いした。それは国家の慶祝行事において事務役務に参従した禁兵や内職掌人に賜勲に代表され、参従の白丁のみならず官戸などの賤民にまで及んだ。日野氏は、対外戦争という外的要因によって勲官が徐々に増加することを想定し、「咸亨五年詔」を勲官制度の画期とは見ない。「自是已後」に「万計」に達することは、咸亨五年以後は毎年受勲者が一万人に達したという状況を記したものととらえたのである。

さらに日野氏は、兵士や職掌人・色役人の一般任務の功績によって勲官が授与される恒常的な仕組みがあったと考えた。兵募の場合、軍功によって勲官を獲得しただけではなく、在鎮の任務の代償として勲官が授与されたことがそれにあたる（開元十一年南郊赦『唐大詔令集』巻八六・南郊ほか）。また、府兵などは、皇帝の近衛兵という栄誉ある兵種であり、史料には見えない勤務の考課によって勲官を授昇される規定が存在したことを想定した。その根拠は、先にふれた慶祝における大量賜勲にこれらの兵種が含まれ、職掌人共々このような大量授勲があったのは、本来帯勲の資格があったからだと考えることにある。すなわち、禁兵や職掌人には、その勤務の考課による勲官授与があり、加恩の賜勲は規定による授昇に上乗せするものであったとするのである。

その上で、勲官は最長でも勤続十二年で上柱国に達したとする西村氏の見解を承け、これと勲の廻授制度が組み合わされて勲官を再生産させる仕組みになっていたとみる。その解釈は〔史料九〕の「有余則授周親以上親」という条文が根拠となる。日野氏はこの条文の「有余」を上柱国に到達した後も番上を続けている者を指す用語と定義し、「有余」の番上によって得る勲階数は子供などに与えることができたと読み解くのである。すなわち日野氏の見解に沿えば、勲官は番上を続けると自動的に最高位の上柱国に達し、その後も番上を続けることで周親の勲官化を導いたことになる。この見解が正しいならば、日野氏がいうように「勲官の濫増が新たな勲官の濫増を呼んだ」ことになろう。

日野氏の勲官増加に関するとらえ方は、対外戦争や政治的判断による賜与という外的な要因だけでなく、兵士・職掌人・勲官の勤務に対して授勲で報いる規定が存在していたという制度自体の内的な要因をも視野に入れていたことに特徴があるだろう。

さて、つぎに②勲官の負担の変化という面から、日野氏の見解をとらえ直してみたい。日野氏は、京上が唐における勲官の根本的な任務であったと考える。唐初の勲官は九百人しか存在しなかったため、勲官だけでは京上任務すらまかなえなかった。それが高宗の顕慶年間から勲官の濫増傾向があらわれて総数が増加したため、京上要員に溢れた勲官の差科の場として郡上が設けられた。そしてさらなる勲官の増加が、職掌への広範な差科への道を開いたとする。すなわち、勲官の任務は人数の増加にともなってその種類を増やしたのであった。

最後に③増加に対する財政対策についてみてみよう。国家財政の面から見た場合、兵士なかでも兵募の受勲が大きな問題になると考えた。もともと白丁から募取徴発された彼らが不課の特典を得て帰郷することになり、課口の減少に直結するからである。玄宗は勲官濫増の温床となっていた兵力と職役との削減のほか、兵種の変更によって課口の減少を食い止めようとした。そのため最も課口の減少に繋がった兵募は長征健児へ、衛士は団結兵へと変更したのである。長征健児はもともと不課口の浮遊から取られたため課口の減少には繋がらず、団結兵は地方防備を主任務とする民兵で、出征することもなく授勲に縁遠い兵種であった。そして、資課額を白丁と同じ二千五百文に引き上げたという松永氏の見解をとる。勲官を色役にも従事させ、租調庸全免という財政面での特権を実質的になくすことで、勲官の増加に対処したと考えたのであった。

二　税役制との関連から見た勲官先行研究の集約

以上、四氏の見解を整理したが、見解の共通点をまとめ直してみよう。

①勲官の人数の推移を〔史料九〕に基づき勲官九百人の定数を起点とし、そこから〔史料一－g〕にみえる「万計」の状態へ激増すると考えることである。

②松永氏と西村氏は、人数の多少に基づいて勲官の価値が決定したとする。すなわち勲官の価値と人数は反比例し、勲官の人数が十倍（九百人↓「万計」）になったことは価値が十分の一に減少したことだと考える。

③松永・西村・日野の三氏とも、勲官の増加にともなって、特典の減少または負担の増大が進行していくととらえた。

④松永氏と日野氏は、勲官の負担が時代が降るにつれ白丁に近づいていくと考える点で共通する。どちらも、不課である勲官の増加が国家財政に与えた影響を考え、国家が勲官の実質的な税役上の特権を徐々に削り最終的には消滅させたと考えている。その結果、松永氏は、開元年間以降に勲官と色役人が同質化していくという結論に行き着く。その背景には、松永・日野両氏が認める勲官資課額が二千五百文に増額したという想定がある。これにより勲官の納資は白丁が担う色役の納課と同額となり、勲官の経済的特権は失われたとする。

⑤唐代の勲官は、一貫して功績に酬いる官としてのみ存在したと位置づける。そのために、勲官の価値の変遷は、数の多少や付加価値の変化が問題となった。

⑥天宝年間の勲官の情況から溯って唐初の勲官を位置づける。価値の低い大宝年間は数が多く、価値の高い唐初は九百人と数が少ない。だからこそ、人数が少ないことを価値の高さに結びつける視点がでてくるのであろう。

小　結――本書の課題

以上、十一氏の研究を二つの視点から分類し、それぞれにおいて共通点を整理した。その整理をふまえて勲官の見解を時代ごとに整理し直したのが、表一-3「唐代勲官先行諸説対応表」である。この表にも多くの相違点が見えるが、以下、ここまでの整理からみえてきた唐代勲官研究に残されている問題点を列挙してみたい。

1　広義の勲官を一括して勲官としてよいか

西魏以来の上柱国を含む官階を全て勲官としてよいのか検討する必要がある。なぜならば、隋以前の正史にみえる「勲官」の語は、広義の勲官を指すものではないからである。『旧唐書』職官志を中心にして、官名の継承関係だけで判断された系譜を受け入れてよいかどうか、個々の官階の特徴に即しながら検討する必要があろう。

2　唐初における勲官の価値はどこにあったのか

税役制度からみた研究では、勲官の価値を希少性に求めている。それに対し、官制面からの研究では、唐初に有していた実権にこそ勲官の本来の価値があったとする。改めて、勲官の価値について考える必要がある。

3　唐の勲官制度がどのように成立したのか

官制面から見た研究では、唐の勲官制度の成立過程に言及しているものが多い。しかし、細かい点では食い違いがあり、どの見解に従うべきなのか判然としない。「雑用隋制」の詳細を明らかにする必要がある。

4　「咸亨五年詔」はどのような内容を持っていたのか

唐代における勲官制度の画期とされる「咸亨五年詔」の解釈が一定していない。詔勅の内容については言及がない場合すらある。これでは、詔を理解しているとは言い難いのではないだろうか。

王徳権氏らは、詔勅の内容にまで踏み込んで、「国初勲名」が唐政権によって利用された隋代の散実官・散職の官名であったと解釈した。また、王氏によるこの詔に関する西村元佑説に対する批判も妥当なものと考えられる。しか

表一−3　唐代勲官先行諸説対応表

<table>
<tr><td rowspan="2">氏名</td><td rowspan="2">唐初の隋制雑用</td><td colspan="3">唐代勲官の性質</td><td rowspan="2">咸亨五年詔の目的</td></tr>
<tr><td>武徳令まで</td><td>武徳令</td><td>貞観令以後</td></tr>
<tr><td>宮崎市定</td><td></td><td></td><td></td><td>功労に酬いる官号</td><td></td></tr>
<tr><td>王徳権</td><td>散職から散実官へ</td><td>統兵の実権（本階）</td><td colspan="2">功労に酬いる官号</td><td>散官保護</td></tr>
<tr><td>陳蘇鎮</td><td>散職から散実官へ</td><td colspan="2">本階</td><td>功労に酬いる官号</td><td></td></tr>
<tr><td>高橋徹</td><td>武徳元年散実官採用</td><td colspan="2">武官の予備員</td><td>功労に酬いる官号</td><td></td></tr>
<tr><td>金鐸敏</td><td>散職から散実官へ</td><td colspan="2">本品</td><td>功労に酬いる官号</td><td></td></tr>
<tr><td>閻歩克</td><td>散実官と散職の並立</td><td colspan="2">本階</td><td>功労に酬いる官号</td><td></td></tr>
<tr><td>頼亮郡</td><td>武徳元年散実官採用</td><td>統兵の実権</td><td colspan="2">栄誉としての官号</td><td></td></tr>
<tr><td>松永雅生</td><td></td><td colspan="3">功労に酬いる官号</td><td>制度の小改定</td></tr>
<tr><td>曾我部静雄</td><td></td><td colspan="3">身分の高い使役人</td><td></td></tr>
<tr><td>西村元佑</td><td></td><td colspan="3">功労に酬いる官号</td><td>勲官保護</td></tr>
<tr><td>日野開三郎</td><td></td><td colspan="3">功労に酬いる官号</td><td></td></tr>
</table>

し、王氏のいう詔勅の目的については納得することができない。王氏は、唐初の広義の勲官の名前と位階を取り戻すことが詔勅の目的だったとするが、そのことがなぜ、その後の増加に繋がったと考えられるのか説明がない。すなわち、咸亨五年詔の内容の解釈およびその位置づけも残された課題となる。

5　唐初における勲官の九百人定員制度は存在したのか

九百人という極めて少数といっていい定員が勲官の価値の根源とされ、人数が増加していくなかで、それに対応して制度が改変されたとの考えが通説となっている。すなわち、唐初の定員制が勲官研究の大前提となっているのである。しかし、一方で金鐸敏氏や、頼亮郡氏の言うように、太宗以前にも勲官の増加に繋がる動きがあった。具体的に言えば、貞観年間における、高昌国征服後に行われた勲官授与であり、[14]またこれまであまり注目されてこなかった貞観十九年の太宗高句麗遠征時の勲官授与である。[15]これらの勲官授与数はいくら少なく見積もっても九百人を超えることは確実である。このように考えた場合、唐初の勲官数を九百人とすることが正しいのかどうか再度検討を加える必要がある。

6　番上による勲官の昇進や、勲官が再生産される仕組みが用意されていたのか

もしこのような仕組みが制度に内在していたとするならば、価値を減少させることと人数を激増することが勲官制度成立から約束されていたことになる。再三言及されるように、勲官は租調庸が免除され、財政面でも重荷となる存在でもあった。為政者は、勲官が自然に増加する仕組みを容認していたのだろうか。疑問とせざるを得ない。

7　資課額の増加により勲官と白丁の負担が同等となったのか

敦煌から出土した天宝年間に通用していた「兵部選格」と考えられる断片（P四九七八）には、開元七年（七一八）に定められた上柱国子と柱国子の納資額が一千五百文と記されている。この両柱国子は勲官の両柱国の子供が蔭を与えられたものであり、もちろん勲官よりも低い身分に置かれた。一般に資課額は身分が高いほど少額になると考えられている。その柱国子が一千五百文の納資額であるのに、それより身分の高い勲官が一般民と同じ負担を担うことがありえるのだろうか。松永氏らが勲官の資課額が二千五百文になったとする根拠は開元十九年の詔であるが、それは勲官に納課が課されたと記すのみで、金額は記されていない。その他の傍証も、勲官と白丁が同じ差科を担うことは負担が同じであったことを意味することを前提にして論証されたものであり、直ちには納得できない。

次章以降、これらの問題点について、それぞれ検討することにしたい。

注

（1）　原文では「建節奮武尉」と記されるが、意を以て「尉」字を補った。

（2）『唐会要』巻八一・勲にほぼ同じ条文が有る。

（3）宮崎市定『九品官人法の研究』宮崎市定全集六、岩波書店、一九九二年（初出は、一九五六年、頁数は全集版による）五八頁に要約があり、三八七～三八九頁および四〇七～四一三頁により詳細に述べられている。

（4）三例中の一例は『南斉書』巻三〇の薛淵伝であり、「元徽末、勲を以て官は輔国将軍、右軍将軍、驍騎将軍・軍主に至り、竟陵侯に封ぜらる。（元徽末、以勲官至輔国将軍、右軍将軍、驍騎将軍・軍主、封竟陵侯）」と「勲」と「官」とを分けて読むべきものである。

（5）ほぼ同文を載せる『資治通鑑』巻一七九・隋紀開皇二十年条では、「功臣正宜授勲官、不可預朝政」の「勲官」には、胡三省が「隋は上柱国より帥都督に至る凡そ十一等を置き、勲官と為す（隋置上柱国至帥都督凡十一等、為勲官）」と注をつけている。胡三省はこの「勲官」を散実官であるととらえたのだが、それには賛成できない。

（6）松永雅雄氏は、唐初において、上護軍以下の四等級は隋の勲官をそのまま転用し、それに上騎都尉以下の六等級を隋の文散官から転入して十等級とし、これを勲官として利用したとする。つまり、〔史料一―d〕に見える勲官の「雑用」は隋代の勲官と文散官を雑えて唐の勲官の階級を作ったことを表わすと考えた。また、唐初は十等級であった勲官は武徳七年に上柱国と柱国が加えられ十二等級になったとする。この松永氏の見解は、武徳七年から上騎都尉以下の官号の使用が始まること（〔史料一―d〕）、貞観十一年に上護軍と護軍の官名の使用が始まること等の理由で退けられる。松永氏は、『通典』の条文を誤読したことにより、この見解に至ってしまったようである。松永雅生「唐代の勲官」（『西日本史学』一二、一九五四年）参照。

（7）勲官の負担については、注（6）所掲松永論文および、西村元佑「唐代敦煌差科簿を通じてみた唐均田制時代の徭役制度」（同著『中国経済史研究』東洋史研究会、一九六八年、初出は一九六〇年）を参照。

（8）注（7）所掲西村元佑論文、六一四～六一五頁参照。

（9）松永雅生「両税法以前における唐代の資課」『東方学』一四、一九五七年、八～一三頁および、日野開三郎『唐代租調庸の研究Ⅲ・課輸篇下』（私家版、一九七八年）七六～七七頁、古賀登「品子・蔭免子孫・勲官・散官の負担」（同著『両税法成

（10）立史の研究』雄山閣、二〇一二年、前編緒論第二章、初出は一九八六年）三八～四一頁参照。
（11）注（7）所掲西村論文、六一九～六三二頁参照。
（12）この論文は松永氏の「唐代の資課」研究の一支論として書かれたものである。氏の資課研究は、「唐代の課」（『史淵』五五、一九五二年）や「両税法以前における唐代の資課」（『東方学』一四、一九五七年）を参照。
（13）他に唐の勲官と日本の勲位を比較した論考として、野村忠夫「律令勲位制の基本問題――その性格と機能を中心に――」（同著『律令官人制の研究』増訂版、吉川弘文館、一九七〇年、三五六～三七〇頁、初出一九六六年）および、渡辺直彦「律令官人勲位制の研究」（同著『日本古代官位制度の基礎的研究』、吉川弘文館、一九七二年、七九～九一頁）などがある。
（14）西村氏の考察は、貞観以後の勲官名にもとづいて考察している。「隋制の雑用」時期に散実官と散職の官名が使用されたことを考慮していないことに注意する必要が有る。
（15）西州支配における勲官授与については、白須浄眞「唐代吐魯番の豪族――墓磚より見た初期・西州占領策と残留豪族の考察を中心として――」（『東洋史苑』九、一九七五年）参照。
（16）太宗の高句麗親征と勲官授与の関係については、本書第五章参照。

第二章　唐代勲官制度の成立

はじめに

唐代の勲官の官階は貞観十一年に固定された。これまでの研究によって、勲官制度の成立過程はある程度まで明らかになっている。しかし、成立の時期や原因などの細部の説明については、現在、三つの説が並立している。まず一つ目は、李淵の挙兵時は隋煬帝期の官階である散職を使用し、武徳元年になると隋文帝が整備した散実官に変更した上で「上大都督」を増やし、武徳七年に至ってさらに勲官に変更したとする説である。この考え方は陳蘇鎮氏と王徳権氏がそれぞれ同時期に提示した。(1) 後に、金鐸敏氏と頼亮郡氏がこの考え方を採っている。(2) なかでも、王氏が武徳元年に格（武徳新格、五十三条格）が発布されたことによって、散職から散実官へ変化したと考えたことは、法律と官制の関係という観点から注目に値する。二つ目は、閻歩克氏の見方である。閻氏は、武徳初めの官職は「隋制を雑用」した状態であったとの『旧唐書』職官志の記載に注目し、その「雑用」を「咸亨五年詔」の「国初勲名」に見える散実官と散職との同時併用であると解した。(3) 更に第三の考え方として馬志立氏の見解を挙げることができる。馬氏は、唐の挙兵から武徳四年まで唐は散実官と散職とを併用し、武徳四年から散実官に一本化したとする。(4)

いったい、当時の官制はどのように推移したのであろうか。その答えを見つけるために、見解の分れる当時の官階の変化を具体的に追求し、勲官制度の成立理由と当時の性質とを明らかにする必要がある。そのためには、まず、武徳七年以前の官名記述に関する問題に注目しなければならない。

武徳七年以前の官名記述の問題とは、史料に関わる問題である。通常、官制の変化を考察する場合、ほぼ同時代の記録である墓誌等の石刻史料に見える官職名を主とし、新旧唐書等の編纂史料の記述を従として考察すべきだと考えられる。しかし、唐初の散職・散実官・勲官に関しては、その方法をとることはできない。なぜならば、唐初の散職および散実官に関わる墓誌の記述は、後述するように、官を授与された時の官名をそのまま記す場合だけでなく、死亡時までの制度変更を踏まえて官名を記した場合や、墓誌作成時の事情によって官名を選択した場合まであったからである。[5] そこで、注目したいのが、ほぼ同時期に書かれたと考えられる『大唐創業起居注』等の編纂史料である。ほぼ同時に書かれているため、当時の官名をそのまま残していると考えられるからである。本章ではこれらの史料を主な史料とし、石刻等の史料で補いながら論を進めていくことにしたい。

第一節　唐建国期の「散官」

一　李淵挙兵から唐建国までの「散官」

大業十三年（六一七）五月甲子、太原留守唐国公李淵は太原で挙兵する。[6] 六月癸巳、大将軍府を開いて南下を開始し、十一月丙辰、長安を攻略。同月癸亥に至って、隋の代王侑を擁立し（恭帝）、義寧と改元する。同月甲子、李淵は唐王、隋の大丞相として丞相府を開き、恭帝朝において実権を握った。明けて義寧二年三月戊辰になると、恭帝は李淵を隋の相国とする。李淵は禅譲の階段を一つのぼった。暦の上では挙兵から丁度一年目に当たる五月甲子、ついに李淵は皇帝に即位し唐を建国する。その後、六月甲戌（一日）に大業律令を廃止し開皇律令を採用した。この時期の官職については、『旧唐書』巻四二・職官志一の冒頭条に、

高祖発太原、官名称位、皆依隋旧。及登極之初、未遑改作、随時署置、務従省便。

高祖太原を発するに、官名称位は、皆隋の旧に依る。登極の初めに及び、未だ改作の遑あらず、随時の署置は、務めて省便に従う。

とあり、李淵は挙兵以来、隋の官名を使用していたことが記述される。そこで挙兵から唐の建国まで、時系列に沿って代表的な官爵授与記載を拾い上げてみたい。まず、挙兵当初の事例として劉世龍の授官を取り上げてみよう。劉世龍は、隋から監視役として派遣されていた高君雅と王威の内情を探った功績で、挙兵直後に官を授けられた。『旧唐書』巻五七・劉世龍伝には以下のようにある。

劉世龍者、……義兵将起、威与君雅内懐疑貳、世龍輒探得其情、以白高祖。及誅威等、授銀青光禄大夫。

劉世龍者、……義兵将に起たんとするに、威（王威）と君雅（高君雅）、内に疑貳を懐《いだ》くに、世龍輒ち探りて其の情を得、以て高祖に白す。威等を誅するに及び、銀青光禄大夫を授く。

銀青光禄大夫は従三品の散職であり、挙兵時に隋煬帝期の散職を使用したとが確認できる。李淵の長安入城時の官爵は「光禄大夫・大将軍・太尉・唐公」であり、それが、入城直後に「大丞相・唐王」に昇進した（『隋書』巻五・恭帝本紀・義寧元年十一月甲子条）。そして、李淵の即位時に皇帝璽綬を奉じた蕭造の官爵は、兼太保・刑部尚書・光禄大夫・梁郡公（『旧唐書』巻一・高祖本紀・義寧二年五月戊午条）であった。両者の帯びる「光禄大夫」は、大業律令に規定されていた従一品の散職であり、これに先立つ隋文帝の開皇と後の唐武徳七年の官制には見えない官名である。これらの事例から太原挙兵から唐建国まで李淵政権は散職を中心的な官階として利用していたことがわかる。これは、当時使

用されていた大業律令に則ったものと考えられよう。では、李淵は挙兵から唐建国までどのように散職を利用していたのだろうか。次に史書に見える散職授与について整理し、その傾向を明らかにしたい。

二　李淵の散職の利用

太原挙兵から長安平定までの間、李淵が散職を濫授したことはすでに王徳権氏によって明らかにされている。[7]それは李淵自身の考えに基づくものであった。李淵は、霍邑攻略後、官爵の椀飯振る舞いを諫める者に答えて、功績と官爵授与に関する持論を展開する。それは『大唐創業起居注』巻中に次のように見える。

人或以授官太高諫帝者、帝曰「不吝爵賞、漢氏以興。比屋可封、唐之盛徳。吾方稽古、敢不遵行。天下之利、義無独饗。率土皆貴于我、豈不益尊乎。且皇隋敗壊、各帰於此。雁門解囲之効、東都援台之勲、在難即許授大夫、免禍則惟加小尉。所以士無闘志、将有惰心、版蕩分崩、至于今日。……又加官慰撫、何如用兵殺戮、好生任賞、吾覚其優。当以不日而定天下、非卿等小見所及。

人或いは授官太だ高きを以て帝を諫める者あり、帝曰く「爵賞を吝しまず、漢氏以て興る。比屋封ず可きは、唐の盛徳なり。吾方に古に稽《なら》い、敢えて遵行せざらんや。天下の利、義は独りで饗する無し。率土皆我を貴ぶ、豈に尊を益さざらんか。且つ皇隋の敗壊、各おの此に帰す。雁門解囲の効、東都援台の勲、難に在れば即ち大夫を授くるを許し、禍を免れれば則ち惟だ小尉を加う。所以に士に闘志無く、将に惰心有り、版蕩分崩し、今日に至る。……又た加官もて慰撫するは、兵を用いて殺戮するに何如れぞ。生を好みて賞に任す、吾れ其の優を覚ゆ。当に日ならざるを以て而して天下を定むべし、卿等の小見の及ぶ所にあらず。

李淵は漢の興隆の要因を賞賜を惜しみなく与えたことにあるとし、隋の滅亡の原因を賞賜を惜しんだことにあると言い、領土拡大にとっては、戦闘による征服よりも、官爵授与による人心収攬の方がより良い方法であると述べる。この発言からも、李淵が官爵授与を領土拡大の重要な手段であると認識していたことがわかる。本条の「雁門解囲の効、東都援台の勲、難に在れば即ち大夫を授くるを許し、禍を免れれば則ち惟だ小尉を加う」の語は、隋煬帝の行為を批難した言説である。少々回り道となるが、煬帝の破約について考えてみたい。

大業十一年（六一五）八月、煬帝は北塞巡幸中の雁門で始畢可汗率いる数十万の突厥軍に包囲され、籠城を余儀なくされた。煬帝は諸将の議論のなかから、可汗の妻であり隋から出嫁している義成公主への働きかけを行うべきという蕭瑀の発案を採用し、危機を脱する。だが一方で、籠城戦における破格の賞与を約束し、準備中の遼東遠征の断念を表明することで将士の士気を上げ、危機を乗り切るべきという樊子蓋と虞世基の上言にも従った。そのことは『資治通鑑』巻一八二・隋煬帝紀中・大業十一年九月条に以下のようにある(8)。

民部尚書樊子蓋曰「陛下乗危徼幸、一朝狼狽、悔之何及。不若拠堅城以挫其鋭、坐徵四方兵使入援。陛下親撫循士卒、諭以不復征遼、厚為勲格、必人人自奮、何憂不済」……虞世基亦勧帝重為賞格、下詔停遼東之役。帝従之。帝親巡将士、謂之曰「努力撃賊、苟能保全、凡在行陳、勿憂富貴。必不使有司弄刀筆破汝勲労」乃下令「守城有功者、無官直除六品、賜物百段、有官以次増益」。使者慰労、相望於道、於是衆皆踊躍、昼夜拒戦、死傷甚衆。甲申、詔天下募兵。守令競来赴。

民部尚書樊子蓋曰わく「陛下危に乗じて幸に徼い、一朝狼狽すれば、之を悔むこと何ぞ及ばん。堅城に拠りて以て其の鋭を挫き、坐して四方の兵を徵し入援せしむるに若かず。陛下親ら士卒を撫循し、諭すに復び遼を征たずして、厚く勲格を為すことを以てすれば、必ず人人自ら奮い、何ぞ憂い済まさざらんや」と。……虞世基亦た帝に重く賞格を為し、詔を下して遼東の役を停めんことを勧む。帝之に従う。

帝親ら将士を巡り、之に謂いて曰く「力を努めて賊を撃ち、苟くも能く全きを保てば、凡そ行陣に在りしもの、富貴を憂うることなかれ。必ず有司をして刀筆を弄び汝の勲労を破らせしめざらん」と。乃ち令を下す「城を守りて功有る者、官無ければ直ちに六品に除し、賜物百段、官有れば次を以て益を増さん」と。使者慰労すること、道に相い望む。是において衆皆踊躍して、昼夜拒戦し、死傷甚だ衆し。

甲申、天下に詔して兵を募め。守（＝太守）・令（＝県令）競いて来たり赴く。

樊子蓋と虞世基の意見を受け入れた煬帝は、自ら将士を巡撫し、無官の者でもこの籠城戦で勲功を上げれば六品官に叙し、さらに物百段を賜うこと、すでに官を有している者は基準によって昇進することを約した。このことによって、士気は向上した。しかし、危機を脱し、洛陽に帰還した後、煬帝は蘇威の言葉を受けて前言を撤回し、賞与を惜しんだ。『資治通鑑』はそのことを以下のように記す。

冬、十月、壬戌、帝至東都、顧眄街衢、謂侍臣曰「猶大有人在」。意謂曏日平楊玄感、殺人尚少故也。蘇威追論勲格太重、宜加斟酌、樊子蓋固請、「以為不宜失信」。帝曰「公欲收物情邪」。子蓋懼、不敢対。帝性吝官賞、初平楊玄感、応授勲者多、乃更置戎秩、建節尉為正六品、次奮武・宣恵・綏徳・懐仁・秉義・奉誠・立信等尉、遞降一階。将士守雁門者萬七千人、得勲者纔千五百人、皆準平玄感勲、一戦得第一勲者進一階。其先無戎秩者、止得立信尉。三戦得第一勲者至秉義尉。其在行陣而無勲者四戦進一階、亦無賜。会仍議伐高麗、由是将士無不憤怨。

冬、十月、壬戌、帝東都に至り、街衢を顧眄し、侍臣に謂いて曰く「猶お大いに人在る有り」と。意は曏日楊玄感を平らぐも、人を殺すこと尚お少きが故を謂うなり。蘇威の勲格太だ重く、宜しく斟酌を加うべきと追論するに、樊子蓋「以為えらく宜しく信を失うべからず」と固く請う。帝曰く「公は物情を収めんと欲するか」と。子蓋懼れ、敢えて対えず。帝の性官賞を吝しみ、初め楊玄感を平らぐに、応に授勲すべき者多く、乃お更めて戎秩を置き、建節尉を正六品と為し、奮武・宣惠・綏徳・懐仁・秉義・奉誠・立信等の尉を次ぎ、一階ごと逓降す。将士雁門を守りし者萬七千人、勲を得し者は纔かに千五百人、皆平玄感の勲に準ず。一戦して第一勲を得し者は一階を進め、其の先戎秩無き者、立信尉を得るに止む。三戦して第一勲を得る者秉義尉に至る。其の行陣に在りて勲無き者四戦して一階を進め、亦た賜無し。会たま仍りに高麗を伐たんことを議す、是によりて将士憤怨せざるなし。

煬帝は、先に無官の者でも功績が有れば六品官を授けることを約束していたが、それを反故にした。官品のない者は、戦功があったとしても従九品の立信尉を得るに止まった。三たび戦闘に参加し全てにおいて高い戦功をあげて、ようやく従八品の秉義尉に到達した。戦闘に参加した一万七千人のうち、報賞を受けたのは一割にも満たない一千五百人のみで、九割以上の人々には何も与えられなかったのである。顧江龍氏によれば、この楊玄感の乱と雁門籠城戦の酬勲規定は、当時の一般の規定よりも大幅に厳しい基準であった[9]。煬帝の破約は報賞の過小評価だけに止まらなかった。雁門の籠城時に中止を宣言した高句麗遠征の再開について、議論をはじめたのである。これらの度重なる違約に対し、将士は怒りと恨みを覚えたとされる。この恨みが軍府関係者の離反を招き、各地の叛乱へと繋がっていったとの見方もある[10]。いずれにせよ煬帝は、状況の好転によって前約を破棄して報賞を惜しんだ。李淵はそれが国の滅亡に繋がったと考えたのである。李淵は、漢の興隆に倣い煬帝を反面教師として散職を広く与えたのである。

　このような意図による李淵の濫授には一定の傾向があった。次に各史料に見える授官事例を検討して、その傾向を明らかにする。その際、個人を対象とした官爵授与ではなく、集団を対象とした官爵授与に注目する。なぜなら、個別の授官は枚挙に暇がないうえ、その時々の特殊事情が大きく作用する。李淵の官爵授与の在り方を考える場合、むしろ、一括した授与を検討する方が適当なのである。よって、唐建国までの李淵による一括した官職授与を検討し、散職濫授の傾向を明らかにしたい。

1　挙兵時の兵士への授官

まず、李淵は太原挙兵に参加した兵士を「義士」と呼び、散職の宣恵尉と綏徳尉を与えた。『大唐創業起居注』巻中は以下のように記す。

帝性簡質、大度豁如。前代自矜遠嫌之事、皆以恕実行之、不為欺紿、自然反経合義、妙尽機権、類皆如此。其義士等、各以名到先後為次第、汎加宣恵・綏徳二尉官。帝謂行之等曰「吾特為此官、示宣行以恵、綏撫以徳。使遠者知有征無戦、見我心焉」。

帝性は簡質にして、大度豁如たり。前代は嫌を遠ざけるの事を矜《たっと》ぶに自り、皆実を恕するを以て之を行い、欺紿《きたい》を為さず。自然と反経は義に合い、妙えて機権を尽くし、類すること皆此くの如し。其の義士等、各おの名到るの先後を以て次第を為し、汎く宣恵・綏徳二尉の官を加う。帝之を行う等《ともがら》に謂いて曰く「吾れ特に此の官を為し、宣行するに恵を以てし、綏撫するに徳を以てするを示す。遠き者をして征有りて戦無きを知らせ、我が心を見せしむ」と。

このように、李淵は兵士達に散職の宣恵尉（正七品）と綏徳尉（従七品）を与えた。しかも李淵自身の言によって、この授与には兵士の戦意高揚だけでは無く、諸地域の人々に対する政治的な宣伝をも意図したものであったことが判明する。

2　李淵の西河郡入城後の官爵賜与

七月丙辰（八日）に、李淵は西河郡に入城した。先に李建成と李世民の二人の息子を将として派遣していたのである。そこで李淵は、現地の人々を慰労し官爵を授けた。その様子は『大唐創業起居注』巻中・大業十三年（六一七）七月景辰（丙辰）条に以下のように見える。

景辰、至于西河、引見民庶等、礼敬耆老、哀撫労独、賑貸貧窮、擢任賢能、平章獄訟。……仍自筆注、授老人七十已上通議・朝請・朝散三大夫等官、教曰「乞言将智、事属高年、耄耋杖郷、礼宜優異。老人等年余七十、匍匐塁壁、見我義旗、懽踰撃壌。筋力之礼、知其不為、肉帛之資、慮其多欠。式加栄秩、以賙其養。節級並如前授」。自外当土豪儁、以次除授各有差。

（七月）景辰、（李淵）西河に至り、民庶等を引見し、耆老を礼敬し、労独を哀撫し、貧窮を賑貸し、賢能を擢任し、獄訟を平章す。……仍ち自から筆もて注し、老人七十已上に通議・朝請・朝散の三大夫等の官を授け、教に曰く「将の智を乞言するは、事高年に属し、耄耋・杖郷、礼は宜しく優異すべし。老人等、年は七十を余らせ、塁壁を匍匐し、我が義旗を見、懽び踰りて撃壌す。筋力の礼、其の為さざるを知り、肉帛の資、其の欠多きを慮る。式て栄秩を加え、以て其の養を賙す。節級すること並びに前授の如し」と。自外の当土の豪儁は、次を以て除授すること各おの差有り。

当地の老人たちに従五品から従四品の散職を与え、そのほかの豪俊（おそらくは在地の有力者）たちにも官を授けた。『資治通鑑』巻一八四・隋恭帝紀下・義寧元年七月丙辰条の記述では、この時の授官者数が千人にのぼったとする。

丙辰、淵至西河、慰勞吏民、賑贍窮乏。民年七十以上、皆除散官、其餘豪俊、随才授任、口詢功能、手註官秩、一日除千餘人、受官皆不取告身、各分淵所書官名而去。

丙辰、淵（李淵）は西河に至り、吏民を慰勞し、窮乏を賑贍す。民の年七十以上は、皆散官に除し、其の餘の豪俊は、才に随いて任を授け、口もて功能を詢い、手ずから官秩を註し、一日に千餘人を除す。官を受けるもの皆告身をとらずして、各おの淵の書く所の官名を分かちて去る。(11)

この時点の李淵は、いまだ太原を中心とした一地方勢力に過ぎず、千人規模の官人機構を備えていたとは想定しがたい。この時の授官も散職が中心となっていたと考えられよう。

3　霍邑と臨汾郡における授官

李淵は次に霍邑県の攻略に取りかかるが、長雨と守将宋老生の籠城作戦のため二十日間の立ち往生を強いられる。八月三日（辛巳）にようやく霍邑を落とし、翌四日（壬午）霍邑県に入城する。続く八日（丙戌）には、隋の臨汾郡を下して入城した。李淵は霍邑県と臨汾郡の官民に対して同じ基準で慰労と任用を行った。『大唐創業起居注』巻中・八月壬午条と景戌（丙戌）条はその情況を次のように記す。

壬午、帝引霍邑城内文武・長幼見而労之曰「老生之外、孤無所咎。縦卿不誠孤、亦当以赤心相仰」仍節級授官、与元従人斉等。……其有関中人欲還者、即授五品散官放還。内外咸悦、咸思報効。仍命葬送老生以本官之礼。自是以后、未帰附者、無問郷村堡塢、賢愚貴賤、咸遣書招慰之、無有不至。其来詣軍者、帝並節級授朝散大夫以上官。……景戌、入臨汾郡、労撫任用郡内官民、一如霍邑。

（八月）壬午、帝霍邑城内の文武・長幼を引き見えて之を労いて曰く「老生（＝宋老生）の外、孤は咎する所無し。縦い卿の孤に誠ならざるとも、亦た当に赤心を以て相い仰ぐべし」と。仍お節級し授官すること、元従の人と等を斉しくす。……其れ関中人還らんと欲する者有れば、即ち五品の散官を授け放還す。内外咸な悦び、咸な報効せんと思う。仍お命じて老生を葬送せしむるに本官の礼を以てす。是れ自り以后、未だ帰附せざる者、郷村・堡塢、賢愚・貴賤を問う無く、咸な遣書して之を招慰し、至らざる有る無し。其の来たりて軍に詣る者、帝並びに節級し朝散大夫以上の官を授く。……景戊、臨汾郡に入り、郡内の官民を労撫任用すること、一に霍邑の如くす。

両所では降伏者に対して、太原以来付き従ってきた将士と同じ基準で官を授けた。降伏者にとっては破格の待遇である。今後の関中侵攻の戦力として活用するための方策であったと考えられる。また、関中出身の軍人で故郷に帰ろうとする者には帰還を許した。その際、彼らに五品の散職である朝請大夫か朝散大夫を与えた。協力に消極的な者にまで官爵を与えて故郷へ帰すことは、敵対しない限り彼らの身分を保障するものであり、そのことで唐の大度を宣伝する意図があったと認められる(12)。これも関中侵攻の布石の一つであった。そして、各地の勢力に書簡を送って合流を促した。唐は招きに応じて帰属した勢力の指導者層に、朝散大夫（従五品）以上の散職を与え、政権内部に取り込むと同時に政権内での序列化を図った。

当時の状況を知る上で注目すべき李淵の教がある。それは、「薛君繡墓誌」に引用される。薛君繡は、墓誌の記述によれば、隋朝の崩壊にあたって、宗族を率いて唐の挙兵に馳せ参じ、泰州録事参軍となった。その後、汾陰郡主簿に転じている。そのことを記した後、大業十三年の李淵の教を引用している(13)。

大業十三年教曰、惟裴与薛、河東の豪右、異人奇士、斯焉取斯。授正議大夫。凡歴常平・綿水・彭城三県令、加上軽車都尉。（傍線部は則天文字）

大業十三年教して曰く、「惟れ裴と薛とは、河東の豪右、異人奇生、斯焉《ここ》に斯れを取らん」と。正議大夫を授く。凡そ常平・綿水・彭城三県令を歴て、上軽車都尉を加う。

とある。李淵の教の形で「河東の勢族」である薛氏と裴氏とから才能がある人物を採用することを明らかにし、その結果として薛君繡に正議大夫を与えている。教に見える薛氏は、薛君繡の一族のことであることは間違いなく、裴氏とは、墓誌原文に見える薛君繍の夫人の裴氏の一族であり、両者が一定程度結びついていた可能性がある。もちろん、薛氏や裴氏の一族が特別な功績を挙げたかどうかに関わりなく、有力氏族を唐側に引き入れる目的で広く官爵を与えた事例の一つだと考えられる。このような働きかけは薛氏と裴氏に限ったものでは無かったと考えるべきであろう。唐は散職を用いて征服地の官民や帰附者を慰撫し、唐の支配に組み込んだのである。

なお、この時の論功行賞で、李淵は軍功による報奨に関する身分規定を一部撤廃する。『大唐創業起居注』巻中・大業十三年八月条に霍邑を破った時のこととして以下の教が記される。

其破霍邑、攻戦人等有勲者、並依格受賞(14)。事不逾日、惟有徒隷一色、勲司疑請、教曰「義兵取人山蔵海納、逮乎徒隷、亦無棄者。及著勲績、所司致疑、覧其所請、可為太息。豈有矢石之間、不弁貴賤、庸勲之次、便有等差。以此論功、将何以勧。黥而為王、亦何妨也。賞宜従重、吾其与之。諸部曲及徒隷征戦有功勲者、並従本色勲授」。

其の霍邑を破るや、攻戦の人等の勲有る者、並びに格に依りて賞を受け、事日を踰えず、惟だ徒隷の一色有り、勲司疑い請う、教曰く「義兵は人の山に蔵れ海に納れるを取り、徒隷に逮ぶまで、亦た棄てる者無し。勲績を著わすに及び、所司疑を致す、其の請う所を覧るに、太息を為すべし。豈に矢石の間、貴賤を弁ぜざる有り、庸勲の次、便ち等差有らんや。此を以て功を論じれば、将た何を以てか勧めん。黥して王と為る、亦た何んぞ妨たげんや。賞は宜しく重に従うべし、吾れ其れ之を与えん。諸部曲及び徒隷の征戦に功勲有る者、並びに本色に従いて勲授せよ」と。

この条文によれば、賤民である部曲や徒隷に区分される人々の戦功に対して、李淵は、「本色」すなわち隷属化する前の身分の基準に照らして報奨することを命じた(15)。従軍している隷属民の士気を上げることを目的とした命令であると考えられる。結果として、「皇家隷人」のなかから、銭九隴と樊興という後に十二衛の大将軍にまで栄達する者が現れた（『旧唐書』巻五七・銭九隴伝、同樊興伝、『新唐書』巻八八同伝）。霍邑での授官は、降伏者を支配に組み入れるだけでなく、長安侵攻の推進力となる将士の士気を上げる目的もあったと推測できる。

4　長安攻略の論功行賞

唐は将士の軍功に対する褒賞にも散職を利用した。李淵は、十一月に長安を攻略し代王侑を帝位に即けて義寧と改元し、自らは大丞相となり実権を握る。長安攻略の論功行賞は翌義寧二年（六一八）正月癸亥に行われた。『冊府元亀』巻七・帝王部・創業・唐高祖条（巻一二八・帝王部・明賞二によって校勘）に次のように見える。

癸亥、論功行賞。其登京城第一勲、授光禄大夫・開国郡公・物一千段、雖第一勲而身死者、亦准此、其官迴授於子、第宅・奴婢仍並量給。第二勲人、各授三輔（転）、物二百段。第三勲人、従朝散加。

癸亥、功を論じて賞を行う。其の登京城の第一勲、光禄大夫・開国郡公・物一千段を授く、第一勲と雖も而して身死する者、亦た此に准り、其の官は子に迴授す、第宅・奴婢は仍お並びに量りて給う。第二勲の人、各おの三転、物二百段を授く。第三勲の人、朝散従り加う。

この論功行賞の規定の第一勲から第三勲の区別は、各戦闘における各人の勲功の等級のことで、敵の首級や捕虜の数、奪い取った武具の数などを勘案して決定された[16]。戦闘の報酬については、前掲した『資治通鑑』巻一八二・隋紀六・煬帝中・大業十一年冬十月条に、隋煬帝の楊玄感の乱平定時と雁門包囲の規定が見える。また、唐開元年間の規定が『唐六典』巻五・尚書兵部・兵部郎中員外郎条に、「勲獲之等級」として掲載される[17]。両条とも、戦闘のたびに「勲」の等級を決定しており、現存する唐の告身が、各戦闘の勲功をまとめる形で勲官が授与されることと共通する[18]。それらを勘案すれば、本条文の勲等の分類は一般的な将士の勲功の基準であったと考えられる。

長安攻略における勲功の分類を第三等から順に見ていくと、まず、第三勲は、散職を持たない者に朝散大夫（散職従五品）を授与したと考えられる。さらに、すでに散職を所有していた者には、「従……加」とあることから一等級の昇進を与えたと解することができよう。第二勲は絹二百段とともに「三転」が与えられた。この「三転」は、唐制で「加某転」と記載されれば勲官を「某」等級昇進することを意味したことと[19]、この規定の第一勲および第三勲に対する報賞が散職の賜与であったこととを考慮すると、散職を三等級分昇進することであったと考えられる。散職未所有者については、第三勲の朝散大夫の授与を基準とし、そこから三転昇進した正議大夫を与えられたと想定できよう。そして第一勲には光禄大夫（散職従一品）と開国郡公の官爵を授け、絹一千段を賜与したのである。『文館詞林』巻四五九・「洺州都督竇軌碑銘」に「平城の日、功実は先登にして、光禄大夫を進授す、即ち上柱国なり（平城之日、功実先登。進授光禄大夫、即上柱国也）」とあり、竇軌は長安城を平定したときに、「先登《さきがけ》」の功績で光禄大夫に進級した。これが、「登京城第一勲」に該当する可能性が高い。なお、碑文の「即ち上柱国なり」とあるのは、後に改授されて、碑を作成したときの上柱国に相当するという意味である。この文言から、武徳元年の改授をうかがい知ることができる。この解釈に誤りがなければ、長安攻略の勲功の報酬は散職の賜与を核としていたことを確認できる[20]。

ここまでの検討をまとめると、まず、李淵が長安入場までにかなり広範囲に散職を与えたことがわかる。挙兵時の将士に始まって、征服地の古老や官吏、近隣からの帰属者、霍邑においては降伏者の中で関中に帰還する者にまで散職を与えている。その規模については、西河郡では李淵が官爵を授けた者は「日ごとに千人」に上ったと記され、朝邑では授官を求めて李淵に会いに来た者達が市を成すほどであったと伝える[21]。当然、李淵の人気を誇張した表現であるだけでなく、散職に限った授官記事ではないが、それでも、職事官にはある程度の定員があったことを考慮すれば、大量に与えられた官職の大部分は散職であったと推測できる。

つぎに、官爵授与においてある程度の基準があったことが見えてくる。挙兵時の尉官の授与以外は、「五品」・「朝散」の語が散見する。このほかにも、「嘉禾」という瑞祥を献上した興平里の孔善楽に対しても朝散大夫を授与したとの記事（『大唐創業起居注』巻中・大業十三年八月辛丑条）もある。また、李淵は、先述の隋の衰亡原因の説明のなかで、煬帝のことを批難して「難に在りては即ち大夫を授けるを許し、禍を免れれば則ち唯だ小尉を加うるのみ、士に闘志無く、将に惰心有り、版蕩分崩し、今日に至る所以なり」と言い、大夫と小尉とを対比して論じた。大夫は当時通用していた散職の官名では五品以上の官に用いられ、尉は六品以下の官名であった。すなわち、大夫の地位には人々が命を賭して戦う価値が有ると、李淵は考えていたのである。後の唐代の規定でも五品とそれ以下では待遇に大きな違いがあったことを考慮すれば(22)、李淵は五品官の地位の重要性を認識し、その位の官を与えることで人心の収攬と士気の高揚とを図ったということができる。

しかし、一点、留意しておかなければならないことがある。それは、李淵は挙兵から唐の建国まで大業の散職を用いてはいたが、煬帝が構築した官位秩序に則って運用したわけではなく、唐独自の基準によって授与したということである。たとえば、すでに煬帝によって光禄大夫を与えられた隋の官僚が唐政権に降服した場合、当然のことであるが、唐側が授与する散職の位は李淵の意志によって決定された。多くの場合は、官人達の歓心を買うためにより高位の散職を与えたと想定できるが、必ずしも煬帝朝の官位が保障されたわけではない。一見、連続するように見える隋唐の散職であるが、煬帝の与えた正統な散職と、李淵が用いた唐の散職との間は、断絶していたのである。

第二節　唐武徳年間の「散官」と勲官

一　武徳元年から七年令成立までの「散官」

唐は、武徳元年六月の大業律令廃止から武徳七年四月の武徳律令頒布まで、隋の開皇律令を基本法典とし、その散階を使用した[23]。開皇律令の散階は、散官・散実官・散号将軍の三種に分かれるが、散実官がその中軸であった。武徳元年六月の李淵の挙兵以来使用していた散職は、同品階の散実官に改授されたと考えられる[24]。この改授に対応するため、武徳の散実官は開皇の官階を小改訂した。元々開皇の散実官は上柱國以下十一等級からなり、従五品の官は設けられていなかった。ところが、武徳年間に改授するにあたって、従五品の散職である朝散大夫に相当する官が必要となった。そこで、従五品の散実官として上大都督を増置した。その結果、武徳年間の散実官は全十二等級となり従一品から正七品まで全ての品に散実官が配置されることになったのである（改授の対応については後掲表二―1「隋の散職から武徳借用の散実官・勲官への移行」参照）。

この時の散職から散実官への改授は、官名だけではなく所持者の権限も変化した可能性が高い。そもそも開皇律令の散実官は、官僚の身分を表す本階の機能を有していただけでなく、上位の八等級は開府して府佐を持つ権限を有していた。そして、開府儀同三司以下の諸官は統兵権との結びつきも指摘されている[25]。武徳年間の散実官についても、一部に統兵権の所持が推定され、開府権限も復活していた。一方で、光禄大夫以下の散職には、開府の権限や統兵権との結びつきは見えない。すなわち、それまでの散職所有者は、改授を期に権限を増したのである。この開皇律令採用期は、散実官の個別の授与はあるものの、大量授官の記事はない。官爵授与の方針が変化した可能性もあるが、史料が不足しており判断できない。

二　武徳七年令による官制改革

武徳七年四月、武徳律令が成立する。唐自身が制定した初の律令である。この武徳七年令によって散階は散官・散号将軍・勲官の三種となる。武徳七年令から上柱国以下の官階が勲官と呼ばれるようになったことは、『資治通鑑』巻一九〇・唐紀六・武徳七年三月条に以下のようにある（ただし、三月は四月が正しい[26]）。

三月、初定令、……上柱国至武騎尉十二等、為勲官。

三月、初めて令を定め、……上柱国武騎尉に至る十二等、勲官と為す[27]。

唐の勲官制度はこの武徳七年四月に武徳七年令によって成立するのである。この時成立した官階については『旧唐書』巻四二・職官志の冒頭に、

高祖発太原、官名称位、皆依隋旧。及登極之初、未遑改作、随時署置、務従省便。武徳七年定令……改上開府儀同三司為上軽車都尉、開府儀同三司為軽車都尉、儀同三司為騎都尉、……上大都督為驍騎尉、大都督為飛騎尉、帥都督為雲騎尉、都督為武騎尉、……（以下略）。

高祖太原を発するに、官名称位、皆隋の旧に依る。登極の初めに及び、未だ改作の遑あらず、随時に署置し、務めて省便に従う。武徳七年令を定め、……上開府儀同三司を改めて上軽車都尉と為し、開府儀同三司を軽車都尉と為し、儀同三司を騎都尉と為し、秦王・斉王下の統軍を護軍と為し、副統軍を副護軍と為し、上大都督を驍騎尉と為し、大都督を飛騎尉と為し、帥都督を雲騎尉と為し、都督を武騎尉と為し……。

とある。この条文に見える上開府儀同三司・開府儀同三司・上儀同三司・儀同三司の各官はそれまで使用されていた

散実官であり、それらの官を上軽車都尉以下の諸官に改めたと記す。これは、武徳初の十二等級の散実官を上から順に十二等級の勲官に変更したことを意味する。すなわち、各人の所持した散実官の上柱国から大将軍はそのまま勲官の上柱国から大将軍に移行し、散実官の上開府儀同三司から都督は、勲官の上軽車都尉から武騎尉の改められたのである。この改授についてまず注目すべき点は、同等級の官であっても品階が一等級低下したことである。すなわち、散実官では従一品であった上柱国が、勲官では正二品となり、官名は同じでも官階の変更によって一品低下した。このように、この時の改授では散実官が勲官に切り替わることで、全ての散実官所有者が一等級降格されたのである。なお、これまでの散職・散実官から勲官への改授の等級をまとめたのが表二―1「隋の散職から武徳借用の散実官・勲官への移行」である。

次に留意すべきことは、散実官が有していた種々の権限が、勲官に移行することで大幅に削減されたことである。最も重要なのは、勲官は散実官が有していた本階の性質を引き継がなかったことであろう。『旧唐書』巻四二・職官志一は、武徳七年令の本品について以下のように記す。

凡九品以上職事、皆帯散位、謂之本品。職事則随才録用、或従閑入劇、或去高就卑、遷徙出入、参差不定。散位則一切以門蔭結品、然後労考進叙。武徳令、職事高者解散官、欠一階不至為兼、職事卑者、不解散官。

凡そ九品以上の職事、皆散位を帯び、之を本品と謂う。職事は則ち才に随いて録用し、或るものは閑従り劇に入り、或るものは高を去りて卑に就く、遷徙出入し、参差定まらず。散位は則ち一切門蔭を以て品を結び、然る後労考もて進叙す。武徳令、職事高き者は散官を解き、一階を欠き至らざるは兼と為し、職事卑き者は、散官を解かず。

本条文は、まず、流内の職事官が散官を帯びると本品と呼ばれることを述べ、職事官は能力によって任じられるため、

表二-1　隋の散職から武徳借用の散実官・勲官への移行

	唐建国まで		武徳初		武徳七年令
	散職		散実官（武徳）		勲官
	開府儀同三司（従一品）				
1	光禄大夫（従一品）	→	上柱国（従一品）	→	上柱国（正二品）
2	左光禄大夫（正二品）	→	柱国（正二品）	→	柱国（従二品）
3	右光禄大夫（従二品）	→	上大将軍（従二品）	→	上大将軍（正三品）
4	金紫光禄大夫（正三品）	→	大将軍（正三品）	→	大将軍（従三品）
5	銀青光禄大夫（従三品）	→	上開府儀同三司（従三品）	→	上軽車都尉（正四品）
6	正議大夫（正四品）	→	開府儀同三司（正四品）	→	軽車都尉（従四品）
7	通議大夫（従四品）	→	上儀同三司（従四品）	→	上騎都尉（正五品）
8	朝請大夫（正五品）	→	儀同三司（正五品）	→	騎都尉（従五品）
9	朝散大夫（従五品）	→	上大都督（従五品）	→	驍騎尉（正六品）
10	建節尉（正六品）	→	大都督（正六品上）	→	飛騎尉（従六品）
11	奮武尉（従六品）	→	帥都督（従六品上）	→	雲騎尉（正七品）
12	宣恵尉（正七品）	→	都督（正七品下）	→	武騎尉（従七品）
	綏徳尉（従七品）				
	懐仁尉（正八品）				
	秉義尉（従八品）				
	奉誠尉（正九品）				
	立信尉（従九品）				

・矢印は改授する方向を表わす。同等級間で改授された。
・綏徳尉以下の散職の改授の有無は不明。
・貞観十一年に上大将軍は上護軍に、大将軍は護軍に改称された。

出入りが激しく不安定であること、それに対し散位は門蔭によって品が与えられ、その後は勤務評定によって昇進するという特性があることを記し、両者の性質の違いを説明する。続いて「武徳令」とあり、武徳七年令を示す。その文から、武徳七年令では、散官と職事官との関係によって官人の身分が決められたことがわかる。職事官が散官よりも高い場合は、散官を解かれるため、職事官の品階がその官人の身分となった。職事官が散官よりも一階だけ低い場合には、職事官の前に「兼」字を附加して散官を省略する。そして職事官が散官よりも二階以上低い場合には、散官と職事官とを併称することで、散官の品階が官人の身分を表すことを示した。すなわち、武徳七年令では、散官か職事官の高い方の品階が官人の地位を表したのである[28]。

　ただし、武徳七年令が施行された時点では、散官所有者はそれほど多くなかったと想定できる。何故ならば、何度も言及してきたように、それまで使用されていた開皇律令では官階の中軸は散実官であり、散官は加官に過ぎなかったため価値は低く、しかもその授与例がほとんど確認できないからである。また、開皇律令の散官が改授等の手続きを経て武徳令の散官として通用したかどうかも定かではない。そのように考えると、武徳七年令制定時点での官人の身分は職事官の品階によって決定されたと考えるのが妥当であろう。

品階の中心が職事官と散官とに移ったことは、身分の高低を視覚的に表示する服飾の面からも確認できる。『旧唐書』巻四五・輿服志所引武徳令は、

諸勲官及爵、任職事官者、〔散官・散号将軍同職事〕正（王）[29]衣本服、自外各従職事服。

諸そ勲官及び爵、職事官に任ずる者は、〔散官・散号将軍は職事と同じ〕王は本服を衣、自外は各おの職事の服に従え。

とある。仁井田陞氏は、本条文を唐衣服令第四八条として復元する。[30] 武徳令においては、王以外の封爵と勲官の職事官就任者は、職事官の品階に基づいた服を着ることが規定されていた。本条文の原注には「散官・散号将軍は職事と同じ」とあり、散官と散号将軍と職事官は同様に扱うべきことを付け加える。散官・散号将軍の品階が官人の服飾を決める基準となったことを意味しよう。先の武徳官品令の条文をふまえれば、服飾は職事官・散官・散号将軍のうち最も高い品階の官を基準としたと想定される。一方、服飾の場合、勲官と封爵とは副次的な基準に過ぎなかったことになる。服飾は「本階」「本品」によって決められることを勘案すれば、このときに、散官・散号将軍が「本品」となったのである。勲官には「本階」の性質が附与されなかったのである。これ以後、「勲官」と散官の価値が逆転し、待遇の差が広がることとなる。

勲官が成立したことにより、それまでの散実官に比べて削減された権限はほかにもある。その一つは散実官の一部に認められていた統兵権であり、もう一つは開府の権限である。下位の散実官の一部が有していたと推測される統兵

権は、衛官が成立することによってそちらに移された(31)。そして、上位の散実官が有していた開府の権限も制限された。規定では勲官の等級を中心として開府するように書かれるが、実態は職事官中心となった(32)。開府制度において、勲官は副次的な基準に後退したのである。

さて、以上のような勲官の成立にはどのような意味があったのであろうか。まず、勲官が本階でも本品でもないため、勲官のみを所有する者は官人ではないと言うことになる。それまでは、散実官が本階であったため、散実官のみの所有によって官人として認められた。それが、勲官へ移行すると同時に、旧散実官のみの所有者は官人の身分を剝奪されたのである。武徳七年令で想定された官人は、職事官の所有者であった。唐は職事官の官品を核として官僚の身分秩序を再構築したのである。

既述の通り唐は挙兵から中国統一にかけて、征服活動の都合上、散職と散実官とを広範囲に賜与した。定員がないことは、統一の過程では大量に授与することで容易に配下の者を増やせるという利点となる。また、散実官に附属した開府や統兵の権限を活用すれば、配下の地方勢力が臨機応変に動けるため、効果的な領土拡大が望める。しかし、統一に近づくと、それまでの利点は一転して内憂の種となる。大量の授官が、官人身分所有者の増加に繋がったことは想像に難くない。また、一定以上の勢力を持つ投降者に対して高位の散実官を与えたことは、地方の実力者が、力を温存したまま朝廷で高位を占めることになる。武徳七年には、引き続き散実官を使用すれば、厖大な官人身分所有者を温存し、分権傾向を助長しかねない状況に陥っていたと考えられる。そこで、ある程度の統一を果たした段階で、穏便に官人身分所有者を削減して、中央集権を達成するために、身分基準の変更に着手したのである。

職事官を中心として身分秩序を構築する場合、定員があるため容易には授与できない。散実官のように人気取りの道具としては使い難いのである。しかし、職事官は定員があることから、その人数を制御しやすい。また、職事官は、中央官の方が地方官よりも官品が高い構造を持っており、それによって官人を序列化すれば、政権の中枢に近い官人が高位から順に並ぶことになり、中央集権を具現化した組織となる。

しかし、一方的に権限を縮小したのでは、それまで散実官として官人の身分と特権とを有した人々の反発を招きかねない。そこで、注目したいのが、勲官に残存した権利である。それは、勲田の規定や蔭による出身の規定、税役の免除などである。特に勲田と蔭の規定に注目したい。残念ながら両規定とも隋代の規定も武徳七年令の規定も残っておらず、開元年間の規定が残されているに過ぎない。しかし、勲官の地位が下落した開元年間に規定が存在することから、制度成立当時でも同程度かそれ以上の規定が存在していたと考えてよいだろう。開元年間の勲田の規定は官人永業田と比べて僅かに少ない程度であった。このことから、官人に準ずる位置づけであったことが読み取れる。勲官を流内官に位置づけ、勲官自身の出身規則や恩蔭の適応などで官人身分との繋がりを残し、勲田規定による本領安堵と、税役免除の特権の保持とで経済的な優遇を示して、官人身分を失った人々の反感を和らげようとしたのではないだろうか。

これまでも唐の官品令が複雑でわかりにくいことが問題となってきた[33]。散実官所有者を勲官に移行する際に、勲官の価値を少しでも高めようとして、流内官に位置づけた結果、複雑な官品表ができあがってしまったと考えると分かりやすい。入り組んだ制度にすることで唐の勲官の実質的な権限の縮小を分かり難くする目的があったのである。そう考えると、勲官の官品と実質とがつり合わないことに説明がつく。元々の制度設計が、反発を逸らしながら散実官の権限を削ることにあったとするならば、勲官が曖昧な存在となってしまったことも納得しやすい。視点を変えれば、唐が中央集権を進めるなかで、建国期に大量に授与された散職・散実官の受け皿として準官人身分とも言うべき勲官を創始したといえるのである。

また、このように考えると、制度成立当初より勲官が大量に存在したことは明らかで、唐初において勲官が少数であったため価値が高かったとの通説は成立しえない。おそらく、唐初の上柱国の価値は、最上の散実官としての権限の大きさにあった。また、当時、唐室の祖の李虎が西魏の八柱国であったとして、柱国の官号を唐朝の権威付けに利用したことも、柱国の印象を高める方向に作用したであろう(34)。服飾の規定からも分かるように、勲官は、成立当初からすでに散官よりも下位の存在として設計されていた。それにもかかわらず、人々が勲官に価値があると感じたのは、この柱国と言う官名が担う印象の良さにあったと考えられる。

小結

唐建国期における散職の濫授は、官僚内部で散職の価値を下落させたと推測する。一方で、多くの在地の散職所有者が存在し、規定上は中央官僚並みの待遇が与えられた。唐建国後、散職は同等級の散実官に改授されるが、一度価値が低下した序列では中の央官僚を格付けるのは難しかったのではないだろうか。そうすると、別の官位秩序が必要になる。ただし、全く新しい官階を作り、それを中心的な秩序とすると、既得権をもつ散職所有者に反発を招く恐れがあった。その予防策として、本階の性質を削った勲官の階官を残し、官僚に準じる待遇を保証することで、建国期の協力者に一定の担保を与えたのではないか。その上で、職事官の品階に基づく新しい官位秩序を再構築したと考えられる。

従来、唐代律令官制を語る時、貞観十一年令が画期とされてきたが、武徳七年令も官制整備に大きな影響を与えたことは間違いない。唐の官制制度は順次段階を踏んで整備されたのである。

注

（1）王徳権「試論唐代散官制度的成立過程」（『唐代文化研討会論文集』文史哲出版社、一九九一年）、陳蘇鎮「北周隋唐的散官与勲官」（『北京大学学報・哲学社会科学版』一九九一年第二期）特に「一　散官・勲官之分合・昇降」、三一頁参照。

（2）金鐸敏「隋煬帝의勲官폐지와唐代의勲官濫授」（『歴史学報』一四九、一九九六年）、頼亮郡『唐宋律令法制考釈』（元照出版社、二〇一〇年）。

（3）閻歩克著『品位与職位——秦漢魏晋南北朝官階制度研究』（中華書局、二〇〇二年）六二四～六二六頁。

（4）馬志立「唐代勲官制度若干問題研究」（武漢大学碩士学位論文、二〇〇五年）七～八頁。

（5）墓誌の官職記述の問題については、本書第五章第五節参照。

（6）唐の建国に関わる動きについては、布目潮渢氏の『隋唐史研究——唐朝政権の形成——』東洋史研究会、一九六八年）所収の各論文を参考にした。

（7）注（1）所掲王徳権論文参照。

（8）ほかに『北史』巻七六樊子蓋伝『隋書』巻六三樊子蓋伝、『北史』巻八三虞世基伝、『隋書』巻巻六七虞世基伝にも同様の記事がある。

（9）顧江龍「周隋勲官的「本品」地位」（『魏晋南北朝隋唐史資料』二六、二〇一〇年）参照。

（10）注（2）所掲金鐸敏論文、および金錫佑「唐代百姓勲官考論」（『東方論壇』二〇〇四年第六期）参照。

（11）「皆除散官」に対して、胡三省は「朝議等八郎、武騎等八尉、皆散官也」と注し、散職六品以下の朝義郎や武騎尉等を与えたと読み取れる注を付けているが、本文で引いた『大唐創業起居注』には、朝散大夫等を与えたことが明記されているので、胡注の誤りである。

（12）この時の授官を『資治通鑑』巻一八四・隋恭帝紀・義寧元年八月壬子条は以下のように記す（括弧内は胡三省注を表す）。
壬午、淵引見霍邑吏民、労賞如西河、選其丁壮使従軍。関中軍士欲帰者、並授五品散官、（煬帝置散職九大夫、朝請大夫正五品、朝散大夫従五品）遣帰（既順其帰志、又以動関中士民之心）。

壬午、淵（＝李淵）は霍邑吏民を引見し、労らい賞すること西河の如し、其の丁の壮にして従軍せしむるものを選ぶ。関中の軍士帰るを欲する者は、並びに五品の散官を授け、（煬帝は散職の九大夫を置き、朝請大夫は正五品、朝散大夫は従五品たり）遣帰らしむ（既に其の帰志に順がい、又た以て関中の士民の心を動かす）。

胡三省もすでにこの散職の授与を人心の収攬にあったことを指摘している。

（13）『隋唐五代墓誌彙編』河南巻第一冊（天津古籍出版社、一九九一年）三七頁の拓本写真をもとに、『唐代墓誌彙編続集』長寿一一の釈文を参考にして録文を作成した。

（14）「並依格受賞」は原本は「並依格賞受」とある。藕香零拾本に拠って改めた。

（15）同様のことを記した『資治通鑑』巻一八四隋恭帝紀義寧元年八月辛巳条では、
淵賞霍邑之功、軍吏疑奴応募者不得与良人同、淵曰「矢石之間、不弁貴賤、論勲之際、何有等差、宜並従本勲授」。

淵（李淵）霍邑の功を賞するに、軍吏奴の募に応ずる者、良人と同じきを得ずと疑い、淵曰く「矢石の間、貴賤を弁ぜず、勲を論ずるの際、何ぞ等差有らん、宜しく並びに本勲に従りて授けるべし」と。

とある。また、布目潮渢氏は、この条文を賤民身分の解放であるとする。布目潮渢「李淵の起義」（注（6）所掲書所収）一三九～一四〇頁参照。

（16）唐代の軍功の記録と論功行賞については、中村裕一「有鄰館所蔵の唐代軍功公験」（同著『唐代官文書の研究』中文出版社、一九九一年）、および、馬志立「唐前期勲官的授与流程及勲的累加」（『魏晋南北朝隋唐史資料』二二、二〇〇五年）、そして、頼亮郡『唐宋律令法制考釈』（元照出版社、二〇一〇年）二七六～二八一頁、さらに、佐川英治「中国古代軍事制度の総合的研究」（宮宅潔編集代表『中国古代軍事制度の総合的研究』（平成二〇～二四年度科学研究費補助金）基盤研究（B）研究成果報告書、京都大学人文科学研究所、二〇一三年）一〇五～一〇九頁を参照。

（17）本書第七章注（19）参照。

（18）大庭脩「唐代告身の古文書学的研究」（同著『唐告身と日本古代の位階制』学校法人皇學館出版部、二〇〇三年、初出は一

九六〇年）同「敦煌発見の張君義文書について」（同書）、朱雷「跋敦煌初出「景雲二年張君義勲告」——兼論「勲告」制度淵源」、同著『敦煌吐魯番文書論叢』、甘粛人民出版社、二〇〇〇年）、および小田義久「徳富蘇峰記念館蔵「李慈芸告身」の写真について」（『龍谷大学論集』四五二、二〇〇〇年）、同「唐代告身の一考察——大谷探検隊将来李慈芸および張懐寂の告身を中心として——」（『東洋史苑』五六、二〇〇〇年）、さらに、注（15）所掲の諸論文を参照。

（19）勲官の昇進と転の関係については、本書第七章参照。

（20）付言すれば、長安攻略の功労者の第一位は「功第一」と記される劉弘基であり、この「登京城」とは別の基準によったと考えられる。劉弘基の功績については『旧唐書』巻五八劉弘基伝に「及破京城、功為第一。（京城を破るにおよびて、功は第一と為る）」とある事からわかる。劉弘基は『新唐書』巻九〇劉弘基伝によれば、「平京師、功第一、授右驍衛大将軍」とあり、光禄大夫と開国公を与えるとする本規定とは合わない。

（21）李淵は、九月十六日（甲子）に朝邑県の長春宮に至った。ここでも大規模な官爵授与を行った。その模様を『大唐創業起居注』巻中・九月甲子条は以下のように伝える。

甲子、舎于朝邑長春宮。三秦士庶、衣冠子弟、郡県長吏豪族、弟兄老幼、相携来者如市。帝皆引見、親労問、仍節級授官。

（九月）甲子、朝邑の長春宮に舎る。三秦の士庶、衣冠の子弟、郡県の長吏豪族、弟兄老幼、相い携えて来たる者市の如し。帝皆な引見し、親ら労い問い、仍お節級し授官す。

（22）池田温「中国律令と官人機構」（仁井田陞博士追悼論文集編集委員会『前近代のアジアの法と社会』仁井田陞博士追悼論文集第一巻　勁草書房、一九六七年）一五一～一七一頁参照。

（23）本書第四章を参照。

（24）注（1）所掲王徳権、陳蘇鎮論文参照。

（25）開皇・武徳の散実官と統兵権の関わりについては高橋徹「衛官と勲官に関する一試論」（『洵沫集』八、一九九四年）および頼亮郡第四章「唐代衛官制度的成立与衰落」（注（16）所掲著書）論文参照。また、開府の権限については本書第三章一を参照。

（26）石田勇作「隋開皇律令から武徳律令へ——律令変遷過程の整理（Ⅰ）——」（『栗原益男先生古稀記念　中国古代の法と社会』汲古書院、一九八八年）。
（27）なお、この原文に付された胡三省の注は『新唐書』巻四六・百官志一尚書省吏部・司勲郎中所の抜き書きであるため、当時の制度との間に齟齬が生じている。
（28）王徳権「唐代律令中的「散官」与「散位」——従官人的待遇談起」（『中国歴史学会史学集刊』二一、一九八九年）参照。
（29）原文は「正」だが、中華書局本の校勘に従い、王に改める。
（30）仁井田陞著『唐令拾遺』（一九三三年、東方文化学院、頁数は以下、復刻版第二刷、東京大学出版会、一九八三年）四五二頁。
（31）統兵権の消失については、注（25）所掲の高橋・頼両氏の論文を参照のこと。なお、勲官と統兵権との関わりについては、『唐六典』巻五兵部・凡兵士隷衛条に、

凡天下諸州差兵募、取戸殷丁多、人材驍勇、選前資官・勲官部分強明堪統攝者、節級権補主帥、以領之。
凡そ天下諸州に兵募を差するに、戸殷にして丁多く、人材の驍勇なるを取り、前資官・勲官の部分強明にして統攝に堪うる者を選び、節級して権りに主帥に補し、以て之を領せしむ。

とある「部分強明にして統攝に堪える」勲官が行軍における兵募の統率者となる規定に、勲官に改授される前の諸官が統兵権を有していたことの名残を認めることができるのである。
（32）本書第四章第三節参照。
（33）宮崎市定「日本の官位令と唐の官品令」（同著『日中交渉』宮崎市定全集二二、岩波書店、一九九二年、初出は一九五九年）参照。
（34）唐朝と西魏の柱国の関係については、前島佳孝「西魏・八柱国の序列について——唐初編纂奉勅撰正史に於ける唐皇祖の記述様態の一事例」（同著『西魏・北周政権史の研究』汲古書院、二〇一三年、初出は一九九九年）、山下将司「唐初における『貞観氏族志』の編纂と「八柱国家」の誕生」（『史学雑誌』一一一—二、二〇〇二年）を参照。

第三章　唐武徳年間の法律について

はじめに

通常、官制は法律によって規定される。第二章で唐建国期の官制の推移について述べたが、その基準となる当時の法律については、詳しく検討しなかった。そこで、本章では、官制を規定する法律の変遷について明らかにしたい。

大業十三年（六一七）六月、太原留守の李淵は、太原から長安へ向け出陣した。殷の伊尹・漢の霍光の故事に準じて長安を守る代王侑を即位させることで、煬帝を太上皇とし、隋室の安定を図るとの大義名分を掲げての挙兵であった（『大唐創業起居注』巻上・大業十三年六月己卯条）。名目上は隋朝を否定したわけではない。したがって、李淵は、当初、隋煬帝の大業の制度を継続使用した。それは、長安を攻略して代王侑を傀儡とした隋義寧年間（六一七～六一八）をはさみ、李淵の即位直後まで続く。そのことは、李淵が唐を建国した後に、大業律令を廃止したとの記述から明らかである。

『旧唐書』巻一高祖本紀・武徳元年六月甲戌条

六月甲戌、……廃隋大業律令、頒新格。[1]

六月甲戌、……隋大業律令を廃し、新格を頒かつ。

この時期まで大業律令が使用されたことは、従来の研究でも異論はない。では、この後の唐の法律はどのように推移したのだろうか。実は、諸説が入り乱れ説得的な見解があるとは言えない状況なのである。

隋唐帝国は律令格式という整った法体系を備えたことが特徴の一つとされる。一般に律は刑法、令は行政法、格は補助法、式は施行細則と位置付けられる(2)。律・令が基本法であり、それを格・式で補助する構造であった。安史の乱(七五五～七六三)によって社会との乖離が顕在化するまで、詔勅等で改変を加えながらも、唐の制度は律令格式に基づいて構成、運用された。律令法とそれに基づく制度は周辺諸国にも影響を与え、特に古代日本ではいわゆる律令制が成立する。

唐の律令法の成立過程は、その性質を考える上で重要な要素であろう。しかし武徳七年律令成立(六二四)以前の法律については不明な点が多く、当時の制度を解明しえない原因ともなっている。唐の建国から武徳七年律令までの制度は、後に見るように諸史料に見える「新格」または「五十三条格」と呼ばれた法律に基づいていたとの見方が有力である(3)。しかし、「五十三条格」自体は散逸し、その内容に関する記述は少ない。そのうえ、「五十三条格」の編纂過程を記した『旧唐書』『通典』『唐会要』等の条文はそれぞれ文言が異なっている(4)。従来の研究では、諸史料の異同についての考察は少なく、当時の法典編纂の過程を正確に把握しているとは言い難いのである。唐初の法律と制度を明らかにするためには、この法典編纂過程を明らかにしなければならないだろう。よって本章では、唐初の制度を明らかにするための準備として、武徳元年(六一八)の法律編纂について検討する。まずは、先行研究の見解を整理しその問題点を指摘することからはじめたい。

第一節　先行研究の見解

武徳元年の大業律令廃止後に使用された法律に対する従来の見解を、使用法律の違いを主な基準として整理すると、A武徳新格中心説とB開皇律令中心説とC大業令継続使用説とに大別することができる。A武徳新格中心説はさらにA1武徳新格単独説とA2武徳新格・開皇律令併用説に分けられる。この分類をもとに諸氏の見解を整理すると表三―1「武徳元年の法典修定に関する先行研究の見解」となる。この分類に従って、先行研究を整理しその問題点を抽出して、本章の具体的な課題を明らかにしたい。

一　A1　武徳新格単独説

浅井虎夫氏[5]をはじめとして、仁井田陞氏[6]・中田薫氏[7]・曾我部静雄氏[8]・馬小紅氏[9]・池田温氏[10]・劉俊文氏[11]をこのグループに分類できる。従来の研究において最も多い見解である。この見方は、『旧唐書』巻五十刑法志に、

及受禅、詔納言劉文静、与当朝通識之士、因開皇律令、而損益之、尽削大業所用煩峻之法。又制五十三条格、務在寛簡、取便於時。

禅を受くるに及び、納言劉文静に詔し、当朝通識の士とともに、開皇律令に因り、而して之を損益し、尽く大業用うる所の煩峻の法を削らしむ。又た五十三条格を制し、務めて寛簡に在りて、便を時に取る。

とあり（『通典』巻一七〇・刑法典八・寛恕・大唐条もほぼ同文）、『唐会要』巻三九定格令条にも、

武徳元年六月一日、詔納言劉文静与当朝通識之士、因開皇律令、而損益之、遂制為五十三条格、務従寛簡、取便

于時。其年十一月四日頒下。

武徳元年六月一日、納言劉文静に詔し、当朝通識の士とともに、開皇律令に因り、之を損益せしむ。遂に制して五十三条格を為し、務めて寛簡に従い、便を時に取る。其の年十一月四日頒下す。

とあることから、武徳元年に大業律令を廃止し、開皇律令に基づく五十三条格を臨時法として発布したと考える。五十三条格の施行時期については、浅井氏が五月制定六月施行とし、曾我部氏と劉氏は十一月施行とする。また、中田氏は五十三条格がこの時期に使用された唯一の法典であることを強調し、法律の重心が律令から格に移る起点であったと位置付ける。中田氏と同様の見解を持つ馬氏は、武徳七年律令編纂時に「格を新律に入れる」（『唐会要』巻三九・定格令）との文言があることから、五十三条格は刑法に偏っていたと見る。

二　A2　武徳新格・開皇律令併用説

この見解は、堀敏一氏(12)・石田勇作氏(13)・高明士氏(14)の三名である。三氏の見解には今後の議論に有益な視点が多い。少し詳しく紹介したい。堀氏は、律令法典の形成を概観的に述べたなかで、武徳初の法律は「隋の開皇律令を損益したものともいわれている」などと五十三条格の性質に対する定説を紹介する。その一方で、後述する武徳四年（六二一）の「平王充竇建徳大赦詔」（『文館詞林』巻六六九、『資治通鑑』巻一八九では武徳四年秋七月丁卯のこととする）の一部を紹介し、武徳初年から開皇律令が使用された可能性を示唆した。

石田勇作氏は、開皇律令から武徳律令までの律令の編纂について諸史料を比較しながら詳細に検討した。従来使用されていた史料のほかに、『玉海』巻六六所引の「旧史」に注目し、独自の史料として評価した。武徳初めの法律編纂については、五月十四日の「受禅」時に法律編纂の命令を下した可能性が高いと考える。施行日は、『唐会要』と

『玉海』所引「旧史」（ともに後述）という二系統の史料がともに十一月頒下とするのを重視し、六月一日を格成立の日とし、十一月四日を頒布の日とする。五十三条格の性格については、臨時法として機能したが不十分な内容であったため、武徳四年の「平王世充詔」によって開皇律令が沿用されたと考えた。

高明士氏は律令法及びそこに規定される制度を含めて、全体的に唐の武徳年間（六一八～六二六）から貞観年間（六二七～六四九）への制度の変化を考察した。法典編纂については、石田氏の議論をふまえつつ、各史料の表記に着目し、武徳元年に二種類の格が段階的に発布されたと考える。すなわち、五月二十八日に律令編纂の命令が出され、それを受けて六月一日に大業律令の廃止と同時に「新格」が発布されたが、期間不足で内容が不十分であったため、十一月四日に再度「五十三条格」が頒布される。しかしそれでも、十分ではなかったため、開皇律令を準用したとする。A2武徳新格・開皇律令併用説では、法典編纂の日程に注目し、史料間の矛盾を合理的に解釈しようとした点が特徴的である。

三　A　武徳新格中心説の問題点

武徳新格中心説は、武徳元年の新格が開皇律令を改変して作ったものであるとの見方で共通している。そして一時期であっても律令の代替法として機能したと見る点も同じである。しかし、五十三条格で国政の一切が処理できたとは考え難い。隋・唐の律だけで五百条有り、令の場合、貞観令は一五九〇条（『通典』巻一六五ほか）あった。その他に格と式が備えられていたのである。五十三条格が名前通りに五十三条で構成されていたとすると、それだけで国政全般を担うことは不可能であったと考えるのが自然であろう。

また、臨時法であるならば、なぜ「格」と名付けられたのかという点も問題である。もともと格は、詔勅から法律として引続き遵守すべき要素を抽出して編成した副次法典であり、その効力は律令に勝り、律令の文言を変えずに現実の法律を変えていくものだと考えられる(15)。言い換えれば、格は律令を補足し一部改定することで、時勢と調和させるものであった。律令格式の形式は、すでに隋の開皇年間（五八一～六〇〇）に成立していた(16)。当時から格はすでに上記の特質を備えていたと考えられる。そのような段階で、律令の代替法を「格」としたとの見方には違和感を覚えざるをえない。

さらに、開皇律令を簡略化して五十三条格を作ったとの考えにも賛同できない。その考えに従うと、後の武徳七年律に関する記述との間に齟齬が生じるからである。前述のように武徳七年律は開皇律に五十三条格を附して成立した。そのことは、『旧唐書』巻五〇・刑法志に、

尋又敕尚書左僕射裴寂……等、撰定律令、大略以開皇為準。于時諸事始定、辺方尚梗、救時之弊、有所未暇、惟正五十三條格、入於新律、余無所改。至武徳七年五月奏上。

尋いで又た尚書左僕射裴寂……等に敕し、律令を撰定せしむるに、大略開皇を以て準と為す。時に諸事始めて定まり、辺方尚お梗、時の弊を救うに、未だ暇あらざる所有り、惟だ五十三條格を正し、新律に入れるのみにして、余は改むる所無し。武徳七年五月に至たりて奏上す。

と見える。五十三条格が開皇律令を簡易化したものだとすると、当然、五十三条格は開皇律とほぼ同じ内容であったことになる。そうであれば、武徳七年律は開皇律の条文とその要約を列記したものであったことになる。すなわち、武徳七年律は同じ内容の条文を重複させたことになり、開皇律よりもさらに煩雑な法典となったと想定せざるを得ない。それでは武徳七年令が高祖の法律編纂方針から逸脱してしまうのである。なぜなら後述するように、高祖は簡略と寛容を旨とすべきとの方針を明らかにしていたからである。以上のような問題点を踏まえ、次に開皇律令中心説を

表三−1　武徳元年の法典修定に関する先行研究の見解

		研究者名	大業律令廃止直後の法律	新格の制定・頒布時期	新格の性質
A 新格中心説	1 新格単独説	浅井虎夫	新格を行う	5月制定 6月頒行	隋の開皇律令に因り損益し遂に新格五十三条を制す 務めて簡寛に従い時に便なるを採る
		仁井田陞	隋開皇律令に基く新格五十三条を行用した	武徳元年	新格五十三条は隋開皇律令に基く
		中田薫	新格五十三条を律に代えて行用	武徳元年	「新格五十三条」は隋開皇律を損益して作った 北斉の麟趾格と同様に律令の代典となった
		曾我部静雄	新格五十三条	武徳元年11月頒行と推断	隋の開皇律令を参考にして新格五十三条を造らせた 臨時法とみる
		馬小紅	五十三条格で律令の代用とした	6月成立 11月頒行か？	内容は刑獄に偏る 武徳格の性質は麟趾格と基本的に同じで、流動的で不安定な局面における臨時の措置
		池田温	実態…開皇と大業の制および唐の新制の混在 名目…新制五十三条が行われた		新制五十三条は開皇律令に基づく
		劉俊文	五十三条格を臨時法とする	6月成立 11月頒行	開皇律令を損益して五十三条格を制定
A 新格中心説	2 新格・開皇律令併用説	堀敏一	五十三条格の性質に対する定説を紹介するが、開皇令の使用の可能性を示唆	武徳元年即位後	
		石田勇作	五十三条格単独使用⇒武徳四年から「開皇律令」を沿用	武徳元年5月～6月に選定を命令し（5月14日受禅日を本命視）11月に発布	律令に代わる臨時法であったが、法律全体をカバーすることにできなかった
		高明士	「新格」使用⇒「五十三条格」の使用 実際は開皇律令に準拠	6月「新格」発布 11月「五十三条格」発布	新格と五十三条格は別の法典。 「五十三条格」は隋の開皇律令を集約し、それに「新格」の内容を加えたもの
B 開皇律令中心説		滋賀秀三	開皇律令を踏襲	武徳元年	五十三条格は開皇律の不便な点を改めるために作られた
		妹尾達彦	基本法を隋初の開皇律令にもどし、武徳新格を施行」	6月	
C 大業律令継続使用説		中村裕一	政治的には大業律令を廃止したと宣言したが、実際は大業律令を使用。		

見ていくことにする。

四　B　開皇律令中心説とその問題点

開皇律令中心説に分類できるのは、滋賀秀三氏と妹尾達彦氏である。滋賀氏は中国法典の概観の中で、唐初の法典使用についてふれる。[17]武徳初の法律について、開皇律令を踏襲し、開皇律の不備を五十三条格で補ったと考えている。妹尾氏は律令の施行を王朝の成立や都城の変更を正統づける重要な政治行為であるとして、三～八世紀の律令施行と王朝・都城の関係を概観的に考察した。[18]そのなかで、武徳初の法律についてはWechsler, Howard.J氏の研究に基づきながら、六一八年六月に大業律令廃止、開皇律令復活、武徳新格施行があったとする。B開皇律令中心説では、新格は開皇律令を補完するものととらえている点が特徴的である。[19]しかし、滋賀氏・妹尾氏とも概説のなかで述べた見解である。そのため、史料の矛盾をどう処理するか、武徳元年にどのような日程で法典が編纂されたかなど、細かい点でどのように考えているのかは詳らかではない。

五　C　大業令継続使用説とその問題点

この説は、最近、中村裕一氏によって提唱された。[20]中村氏は、大業律令廃止の詔勅が発布されたことは認めつつも、それは政治的な建前に過ぎず、実際は大業律令を使用していたと考える。中村氏によれば、『唐会要』や『唐六典』に見える「武徳初」に「因隋旧制（隋の旧制に因る）」、「因隋（隋に因る）」とある語は全て隋大業の制度を継承したことを意味する。したがって、武徳の初めは、制度としては大業律令をそのまま引き継いでいたとするのである。たしかに、『唐六典』では、煬帝の制度改変の記述後、「皇朝因隋」と有り、大業令を引き継いだと見なせる例がある。しかし、その例は多くはない。そもそも中村氏は検討の際、開皇年間の制度が大業律令に引き継がれ、それを唐が使用した場合でも、一括して大業の制度とみなしたことには賛成できない。唐としては主体的に開皇年間の制度を使用したが、大業年間の制度も同じであったという場合もあったととらえることもできるからである。中村氏の見解も鉄案とは言いがたい。

以上のように、先行研究をまとめてみると、武徳元年における法典編纂の経緯の解明が必要であると気づく。この時期の法典編纂の日程については、これまで紹介した見解のほかに、荘昭氏の六月一日を劉文静らの格制定作業の開始日とし、十一月を高祖によって公布された日とする見解もある。[21]五月二十八日、六月一日、十一月四日に、それぞれどのようなことが行われたのかということを明らかにする必要があろう。そのためには、異同の多い諸史料を合理的に取捨選択して解釈しなければならない。法典編纂の経緯が明らかになると、自ずと武徳元年の「新格」の性質も明らかになるだろう。したがって、本章では武徳元年の法律編纂について時系列に従って検討することとする。

第二節　武徳元年五月二十八日の命令

義寧二年五月戊午（十四日）、隋の恭帝は李淵に受禅の詔を下し遜居する。李淵は五月甲子（二十日）に即位し、武徳と改元する（『旧唐書』巻一・高祖本紀、『資治通鑑』巻一八四ほか）。その後、『旧唐書』本紀は「（五月）壬申、命相国長史裴寂等修律令」と五月壬申（二十八日）に最初の律令編纂命令を記す。[22]この条文とほぼ同じ記述が『資治通鑑』巻一八四にも「（武徳元年五月）壬申、命裴寂・劉文静等修定律令」と見える。

この五月二十八日の命令から二日後に、先述した『旧唐書』刑法志・『唐会要』に見える六月一日の詔が出されており、両者の関係が問題となる。この問題に関して、『冊府元亀』巻六一二刑法部定律令・武徳元年条に注目したい（傍点は筆者）。

武徳元年既受隋禅、詔納言劉文静、与当朝通議之士、因開皇律令、而損益之、尽削大業所用煩峻之法。是時、大理少卿韓仲良言于高祖曰「周代之律、其属三千、秦法以来、約為五百。若遠依周制、繁紊更多。且官吏至公、自当奉法、苟若徇己、豈顧刑名。請崇寛簡、以允惟新之望」。高祖然之。于是採定開皇律行之、時以為便。

武徳元年既に隋の禅を受け、納言劉文静に詔し、当朝通議の士とともに、開皇律令に因り、而して之を損益し、尽く大業用うる所の煩峻の法を削らしむ。是の時、大理少卿仲良、高祖に言いて曰く「周代の律、其の属三千、秦法已来、約して五百と為す。若し遠く周制に依れば、繁紊更に多し。且つ官吏は至公にして、自ら当に奉法すべし、苟にも若し己を徇らさば、豈に刑名を顧ん。請うらくは寛簡を崇び、以て惟新の望を允せ」と。高祖之を然りとす。是において開皇律を採定し之を行い、時に以て便と為す。

この記事は、前半で武徳元年に劉文静らに詔を下して開皇律令に因ること、そしてそれを損益することで大業年間の煩雑で厳峻な法律を削ることを命じている。「是時」以後の文では、その時に大理少卿の韓仲良が「繁乱な古法を復活するのではなく、寛大と簡略を貴ぶことで内外に「惟新」を示してほしい」と進言し、高祖がその進言を納れて、開皇律の採用を決定したと記す。

この『冊府元亀』の条文の構造は、前半部は前述した『旧唐書』刑法志からの引用文であり、内容から見て、六月一日のことを記している。後半部分の「仲良言」から以後は、『旧唐書』巻八〇韓瑗伝中の父韓仲良に関わる条文（「韓仲良条」と省略）からの引用である。すなわち、『冊府元亀』の記事は、両文を「是時」以下の七文字で繋げたものなのである。では何故「是時」の語を用いて両文を繋げたのだろうか。『冊府元亀』の編者が韓仲良の進言を六月一日に出された開皇律令の損益の詔と関わるものとして配列したからであろう。その場合、条文の配列とは反するが、韓仲良の進言を受けて六月一日の詔が発布されたと考えるべきである。なぜならば、六月一日の詔では、「開皇律令に因る」ことが宣言されており、その詔勅の発布後に、開皇律令の採定の決断を行うと順序が逆になるからである。もともと「韓仲良条」では『冊府元亀』の引用文の前に、

父仲良、武徳初為大理少卿、受詔与郎楚之等掌定律令。

父仲良（＝韓仲良）、武徳の初め大理少卿と為り、詔を受け郎楚之等と律令を定るを掌る。

とある。この条文が、五月二十八日の命令の「相国長史裴寂等に命じて律令を修めしむ」の文言と対応するのではないだろうか。(23) すなわち、五月二十八日に大業律令に代わる律令の編纂が命じられ、それに対して韓仲良が「寛簡」を旨とすべきと進言した。高祖はその進言を受け納れて「開皇律（令）」の採定を決定した。そして、六月一日の詔が劉文静らに発布されたと考えたいのである。この開皇律令採定の決断が、どのように六月一日の詔に反映されたのかは、六月一日詔の内容を検討することでより鮮明になるであろう。

第三節　六月一日詔の内容

まず、六月一日詔の内容を解釈するために、各史料が六月一日詔の内容をどのように伝えているのかを確認する。その際、特に開皇律令と五十三条格との関係について如何に記しているかという点に留意して解釈する。本章で既出の条文もあるが、各史料の解釈を比較することを重視して重複を妨げずに各史料を整理する。

a 『旧唐書』巻五〇 刑法志

及受禅、詔納言劉文静与当朝通識之士、因開皇律令、而損益之、尽削大業所用煩峻之法。又制五十三条格、務在寛簡、取便於時。

禅を受くるに及び、納言劉文静に詔し、当朝通識の士とともに、開皇律令に因り、而して之を損益し、尽く大業用うる所の煩峻の法を削らしむ。又た五十三条格を制し、務めて寛簡に在りて、便を時に取る。

すでに内田智雄氏の指摘にあるとおり、「又制五十三条格、務在寛簡、取便於時」の「又」字の存在によって、開皇律令を損益して大業の煩峻の法律を削る作業と同時に、別の作業として五十三条格を制定したと読みうる(24)。

b 『旧唐書』巻五七 劉文静伝

時制度草創、命文静、与当朝通識之士、更刊隋開皇律令、而損益之、以為通法。

時に制度草創にして、文静(＝劉文静)に命じ当朝通識の士とともに、更めて隋開皇律令を刊り、而して之を損益し、以て通法と為さしむ。

開皇律令の刊定と損益を記すのみで、その作業と五十三条格との関係を明示しない。

c 『新唐書』巻五六 刑法志

及受禅、命納言劉文静等損益律令。武徳二年、頒新格五十三条、……。

禅を受くるに及び、納言劉文静等に命じて律令を損益せしむ。武徳二年、新格五十三条を頒かち、……。

新格五十三条の発布を武徳二年とする紀年の間違いがある。しかし、かえってそのために「損益律令」と「新格五十三条」との間に因果関係を想定していないことがはっきりとする。

d　『通典』巻一七〇　刑法典八　寛恕　大唐

因開皇律令、而損益之、尽刪大業苛惨之法、制五十三条、務存寛簡、以便於時。(25)

開皇律令に因り、而して之を損益し、尽く大業苛惨の法を刪り、五十三条を制す、務めて寛簡に存り、以て時に便たり。

「開皇律令によって損益することで大業の煩峻の法律を除いて、五十三条格を作った」ととらえることができるようにもおもえるが、そうであるならば、「因開皇律令、而損益之」と「制五十三条」の間に「尽刪大業苛惨之法」の語が入ることが説明できない。a条と同様に開皇律令の踏襲と損益の結果、大業苛惨の法を尽く削り、別に寛簡で時宜に適った五十三条を制したと並列にとらえる方が妥当であろう。

e　『唐会要』巻三九　定格令

武徳元年六月一日、詔劉文静、与当朝通識之士、因隋開皇律令、而損益之。遂制為五十三条。務従寛簡、取便于時。其年十一月四日、頒下。

武徳元年六月一日、劉文静に詔し、当朝通識の士とともに、隋開皇律令に因り、而して之を損益し。遂に制して五十三条と為し。務めて寛簡に従い、便を時に取る。其の年十一月四日、頒下す。

「因隋開皇律令、而損益之。遂制為五十三条」と句読点を打ち、開皇律令を踏襲して損益し、その結果、五十三条格を制定したと解釈するのが妥当である。

f 『冊府元亀』巻六一二

武徳元年、既受隋禅……因開皇律令、而損益之、尽削大業所用煩峻之法。

武徳元年、既に隋禅を受け……開皇律令に因り、而して之を損益し、尽く大業の用うる所の煩峻の法を削る。

前述のように『旧唐書』刑法志の引用文であるが、この文の後に「是時」を挟んで「韓仲良条」を続けるため、五十三条格については言及がない。

g 『太平御覧』巻六三八 刑法部 律令下所引『唐書』

受禅、又用開皇律令、除其苛細。五十三条格、務存寛簡、取便於時。

禅を受け、又た開皇律令を用い、其の苛細を除く。五十三条格、務めて寛簡に存し、便を時に取る。

「開皇律令を用いてその苛細を除く」こと、五十三条格が寛簡で時宜に適していたことを列挙している。このg条の解釈を踏まえれば、dについても開皇律令の踏襲と五十三条格の成立を列挙している蓋然性が高まる。

上述の如く整理すると、開皇律令の損益と五十三条格の成立の間に積極的な因果関係を記していると評価できる史料はe『唐会要』のみとなる。ほかの六条には、明確な因果関係を認めることはできない。

また、開皇律令の損益に関わる動詞に注目してみると、「因」（a・d・e・f）以外に「刊」（b）「用」（g）が使われる。「刊」は刊定の意味であると推測でき、「用」は採用、使用の意味であろう。そうであるならば、「因」も従来のような単なる「基づく」「参考にする」という意味とは異なり、より「刊」や「用」に近い解釈が成り立つ可能性がある。そこで、「因開皇律令、而損益之」の典拠に遡って、「因」の字義について考えてみたい。

六月一日の詔の「因開皇律令、而損益之」の典拠は『論語』第二・為政篇子張問条であろうと推測できる。

子張問「十世可知也」。子曰「殷因於夏礼。所損益、可知也。周因於殷礼。所損益、可知也。其或継周者、雖百世可知也」。

子張問う。十世知るべきや。子曰く、殷は夏の礼に因る。損益する所、知るべきなり。周は殷の礼に因る。損益する所、知るべきなり。その或いは周に継ぐ者は、百世と雖も知るべきなり。

邢昺の疏では、孔子の「殷因於夏礼。所損益」という答えを、

言殷承夏后因用夏礼、謂三綱五常、不可変革、故因之也。所損益者、謂文質三統、夏尚文、殷則損文而益質。

殷は夏の后を承け夏礼を因用すると言うは、三綱五常を謂う、変革すべからず、故に之に因るなり。損益する所とは、文質三統、夏は文を尚び、殷は則ち文を損い而して質を益すを謂う。

と解釈している。ここでは「因」を「因用」と読み替え、変えなかったことが「因」であるとしている。この場合、「因」は「基づく」や「参考にする」という従来主流の意味ではなく、「用いる」「踏襲する」と解すべきだろう[26]。したがって、問題の六月一日の詔の「因開皇律令、而損益之」という文言は、開皇律令を踏襲した上で損益すると解釈できる。そもそも、五月二十八日に「修(定)」が命じられたのは「格」ではなく、「律令」であった。その命令に対して、韓仲良が「寛簡」である法律を使うことを進言し、高祖が「開皇律(令)」の採用に踏み切ったとの史料がある。これらのことを勘案すれば、六月一日詔によって、大業律令が廃止され開皇律令が復活したと解することができよう。そして同時に「而損益之」と開皇律令の改変を命じたのである。

開皇律令の「損益」については、『旧唐書』巻五八・劉文静伝にその内容が伝わっている。

時制度草創、命文静、与当朝通識之士、更刊隋開皇律令、而損益之、以為通法。高祖謂曰「本設法令、使人共解、

而往代相承、多為隠語。執法之官、縁此舞弄。宜更刊定、務使易知」。時に制度草創にして、文静（＝劉文静）に命じて、当朝通識の士とともに、更めて隋開皇律令を刊り、而して之を損益し、以て通法と為さしむ。高祖謂いて曰く「本もと法令を設くるに、人をして共に解さしむ。而るに往代相い承け、多く隠語と為り、執法の官、此に縁りて舞弄す。宜しく更めて刊定し、務めて知り易からしむべし」と。

この条文によれば、高祖は開皇律令の分かりにくい文言をわかりやすくするよう改めることを命じたのである。この条文からも法律自体は、開皇律令を採用したことが判明する。

以上のように「因開皇律令而損益之」の文言は、武徳元年六月一日に大業令律令廃止と同時に開皇律令が使用されたと解釈することができる。ただし、開皇律令の復活だけでは、当時の状況に対応できなかったことであろう。また、開皇律令に唐の政策を反映させる必要もあった。そのための「損益」こそが、新たな「格」の役割であったと考えられる。

では編纂の日程はどのように考えるべきだろうか。六月一日の段階では、開皇律令採用の決定から時間もなく、「新格」が完成していたと見なすのは難しい。六月一日の詔によって「新格」の作成が命じられ、その後完成し、十一月に「五十三条格」として頒布されたと考えたい。このように考えれば、「五十三条格」の名称と性質について矛盾なく説明できる。つまり、六月一日の詔によって開皇律令の使用が始まり、それと同時に「新格」の制定が命じられたのである。格は完成後、十一月に五十三条格として頒布され、開皇律令の不備を補ったと解することができよう。このように考えると、懸案であった武徳七年律と五十三条格の関係についても矛盾無く説明できる。開皇律令を補完するものとして制定された五十三条格は、開皇律と併記しても文言が重複しなかった。むしろ、補完するものであったために、武徳律編纂時に開皇律と組みわせられたと考えられるからである。

第四節　武徳元年六月の官制の変化

李淵は挙兵以来、武徳元年六月一日の大業律令の廃止まで、「寛大の令」等を布告しているものの、基本的には隋の大業律令の制度を使用した。官制も大業の制度に準拠していたと考えられる。しかし、六月一日の大業律令廃止と開皇律令の復活を境に官制は一変する。そのことは、六月一日に大業律令を廃止したという記述だけではなく、散官の制度からも裏付けることができる。

まず、六月一日以前の状況について、隋の恭帝朝の事例から確認したい。『隋書』巻五・恭帝本紀・義寧元年十一月甲子条によれば、長安入城時の李淵の官職は光禄大夫・大将軍・太尉・唐公であり、そこから大丞相・唐王に昇進している。そして、李淵即位時に皇帝璽綬を奉じた蕭造の官爵は隋の兼太保・刑部尚書・光禄大夫・梁郡公（『旧唐書』巻一・高祖本紀・義寧二年五月戊午条）である。両者が帯びる光禄大夫は大業律令に規定される従一品の散職であり、これに先立つ隋文帝の開皇年間の官階や後の唐武徳七年の官制には見えない官名である。挙兵から唐建国まで李淵政権が散職を利用していたことがわかる。[27] 大将軍府・大丞相府・相国府の官員など、李淵独自の官の設置や、開皇律令の爵位制度を使用するなどの例外もあるが、[28] 隋恭帝朝では建国直後まで基本的に大業律令が官制を規定していたと考えられる。

そして、五月二十日の李淵の即位以後も、六月一日までは大業律令に基づいた隋恭帝朝の官制が暫定的に使用された。ゆえに、五月二十八日の詔で、律令の修訂を命じられた裴寂の官職は未だに相国府長史のままなのである。それ

が、六月一日を境に開皇律令に則った官職に変化する。『旧唐書』巻一高祖本紀・武徳元年六月庚辰（七日）条は、

庚辰、立世子建成為皇太子。封太宗為秦王、斉国公元吉為斉王。封宗室蜀国公孝基為永安王、柱国道玄為淮陽王、長平公叔良為長平王、鄭国公神通為永康王、安吉公神符為襄邑王、柱国徳良為長楽王、上開府道素為竟陵王、上柱国博乂為隴西王、奉慈為渤海王。

庚辰、世子建成を立てて皇太子と為す。太宗（＝李世民）を封じて秦王と為し、斉国公元吉を斉王と為す。宗室の蜀国公孝基を封じて永安王と為し、柱国道玄を淮陽王と為し、長平公叔良を長平王と為し、鄭国公神通を永康王と為し、安吉公神符を襄邑王と為し、柱国徳良を長楽王と為し、上開府道素を竟陵王と為し、上柱国博乂を隴西王と為し、奉慈を渤海王と為す。

と皇太子任命と皇族への封爵授与を伝える(29)。この条文に見える「上柱国」「柱国」「上開府」の官は、すべて隋の開皇律令に規定される散実官であり、大業の官制には見えない（『隋書』巻二八・百官志下）。すなわち、六月七日には、開皇律令の官制が使用されていたことが確認できるのである。一方、散実官の登場と入れ替わるように、これ以後、大業の散職を帯びる事例は見えなくなる。開皇律令の採用にともなって、六月一日に官制を一変させた可能性が高い。

この唐初の官制の変化に関連して、六月一日の開皇律令の採用と同時に、唐の百官が任命されていることに注目したい。先に引用した『旧唐書』巻一・高祖本紀・武徳元年六月甲戌条は、大業律令の廃止の記述の直前に以下のように記載する。

六月甲戌、太宗為尚書令、相国府長史裴寂為尚書右僕射、相国府司馬劉文静為納言、隋民部尚書蕭瑀・相国府司録竇威並為内史令。

六月甲戌、太宗（＝李世民）を尚書令と為し、相国府長史裴寂を尚書右僕射と為し、相国府司馬劉文静を納言と

為し、隋の民部尚書蕭瑀・相国府司録竇威を並びに内史令と為す。

この組閣は開皇律令の復活と同時に行われ、開皇の制度と合致することから、開皇令に基づいた官職が使用されたと考えられる。唐は開皇の制度に基づいた諸官の設置を発表することで、「開皇の旧制」の復活を目指していることを内外に標榜したのである。これは、当時の群雄がその地域に根ざした「前王朝の故事」に因んで制度を整え、それを喧伝したことと軌を一にしよう。隋末に江陵に割拠した蕭銑は、後梁の子孫であるため、その正統性を南朝梁に求めた。『旧唐書』巻五六・蕭銑伝に以下のようにある。

義寧二年、僭称皇帝、署置百官、一準梁故事。

義寧二年（六一八）、皇帝を僭称し、百官を署置すること、一に梁の故事に準ず。

河北の群雄竇建徳は、その正統性を隋開皇の故事に求めている。『新唐書』巻八五・竇建徳伝には以下の記事がある。

始都楽寿、号金城宮、備百官、準開皇故事。冬至、大会僚吏、有五大鳥集其宮、賤鳥従之。……改元五鳳。

始め楽寿に都し、金城宮と号す、百官を備えるは、開皇の故事に準ず。冬至、大いに僚吏を会するに、五大鳥其の宮に集り、賤鳥之に従う有り。……五鳳と改元す。

河西地方を領有した李軌も、もともと隋の軍府の役人であったためか、開皇の故事を持ち出している。『旧唐書』巻五五・李軌伝にその記述がある。

軌自称河西大涼王、建元安楽、署置官属、並擬開皇故事。

軌（＝李軌）河西大涼王を自称し、安楽と建元し、官属を署置するは、並びに開皇の故事に擬す。

いずれも煬帝政権を否定するために旧時の故事に倣うと宣言したと考えられる。「律令の施行が、新たな王朝の成立や都城の交代を正統づける重要な政治行為だった」という妹尾達彦氏の見解をふまえれば(30)、これら群雄の事例と同様に、唐も李淵が隋の帝室の楊氏に近い関係であることや、文帝が都とした長安を根拠地と定めたことなどに因み、「開皇之旧」の復活を宣伝することで煬帝の政治を否定し、民衆や地域の指導者層に自身の正統性を主張したと考えられる。政治的な宣伝の意味も大きかったのである。これが「格」の発布であったならば、内向きの宣言としてはいくばくかの効力を期待し得たとしても、外向きの効力を発揮することはなかったであろう。このように、政治的正当性の宣伝という観点から考えても、六月一日に開皇律令が採用された蓋然性が高い。

第五節　開皇律令の適用時期

建国当初に採用された開皇律令はいつまで使用されたのだろうか。先にふれた武徳四年（六二一）の「平王充竇建徳大赦詔」の中では、当時の法律について以下のように表現される。

末代澆浮、条章弛紊、革命創制、方垂憲則。律令格式、即宜修定、未頒之前、且用開皇旧法。

末代の澆浮は、条章弛紊す、革命の創制は、方に憲則を垂れんとす。律令格式は、即ち宜しく修定すべし、未だ頒たざるの前、且く開皇の旧法を用う。

この詔勅は、隋末の法律の弛緩から革命を起こしたので新たな制度を広げたいのだが、唐独自の律令格式の修訂が終わっておらず、「開皇旧法」を用いると述べる。傍線部の記述から、武徳四年（六二一）でも、開皇律令の使用を続けていたことが判明する。

そして、武徳七年律令制定時（六二四）の官制改編に関わる官名の変化を『旧唐書』巻四二・職官志一・冒頭条は以下のように記す。

高祖発太原、官名称位、皆依隋旧。及登極之初、未遑改作、随時署置、務従省便。武徳七年定令……改上開府儀同三司為上軽車都尉、開府儀同三司為軽車都尉、儀同三司為騎都尉、……上大都督為驍騎尉、大都督為飛騎尉、帥都督為雲騎尉、都督為武騎尉、車騎将軍為游騎将軍。

高祖（＝李淵）太原を発するに、官名称位、皆隋の旧に依る。登極の初めに及び、未だ改作の遑あらず、随時に署置し、務めて省便に従う。武徳七年令を定め、……上開府儀同三司を改めて上軽車都尉と為し、開府儀同三司を軽車都尉と為し、儀同三司を騎都尉と為し、……上大都督を驍騎尉と為し、大都督を飛騎尉と為し、帥都督を雲騎尉と為し、都督を武騎尉と為し、車騎将軍を游騎将軍と為す。

太字で表した官は開皇律令で規定される散実官であり、傍線部は武徳七年令による勲官である。本条文は、武徳七年令の成立により、開皇律令の官階（散実官）から、武徳七年令の勲官に移行したことを説明しているのである。これは、武徳七年律令成立まで、開皇律令が使用されたことの裏付けといえよう。

以上の事例を勘案すれば、武徳元年六月の大業律令廃止から武徳七年四月の武徳律令頒布まで、唐は一貫して開皇律令を基本法典としたと言うことができる。

小　結

武徳元年の法典編纂の経過について、本章の考察の結果明らかになったことをまとめ直してみると以下の通りとなる。武徳元年五月二十日に即位した唐の高祖李淵は、暫定的に隋煬帝が制定した大業律令を使用する。二十八日に至って、高祖は最初の律令編纂を命じるが、臣下の発言に促されて隋文帝期の開皇律令の復活を決意する。そして、六月一日、大業律令の廃止と開皇律令の復活を宣言、開皇の制度に則った組閣を行う。同時に格の制定を命じ、開皇律令の不備を修正することとした。その結果として五十三条格が成立し、十一月四日に発布されたと考えられる。
唐初の法律は、従来通説となっていた「五十三条格」中心ではなく、隋開皇律令を使用し、「五十三条格」で補足する構造であったことが判明した。唐による開皇律令の使用は、令に基づく官職の使用状況から見て、武徳七年律令の制定まで続くことも明らかとなった。もちろん、個別の詔勅等で法律や制度に改変が加えられたことが推測される。その場合でも、改変の内容が分かれば、開皇の制度を基準に毎回の変更点を比較することで制度の変遷が明らかとなろう。

注

（1）『資治通鑑』巻一八五・武徳元年六月条に「廃大業律令、頒新格。（大業律令を廃し、新格を頒つ）」と、ほぼ同様の記事がある。
（2）律令格式の性格については、滋賀秀三著『中国法制史論集　法典と刑罰』（創文社、二〇〇三年）、七一～八八頁を参照。
（3）唐初の制度の実態については、池田温「唐令」（滋賀秀三編『中国法制史――基本資料の研究――』、東京大学出版会、一九九三年）において、隋の文帝・煬帝の制度と唐独自のものが混在していたとの指摘がある。また、高明士「唐代武徳到貞観律令的制度」（同著『律令法与天下法』第二章、五南図書出版、二〇一二年、初出は一九九三年）および同「従律令制論開皇・大業・武徳・貞観的継受関係」（中国唐代学会編集委員会編『第三届中国唐代文化学術研討会論文集』、中国唐代学会、一九九七）が詳細な研究を行っている。
（4）内田智雄氏は『旧唐書』と『新唐書』刑法志の訳注を行った際、武徳元年の法典編纂に関する諸史料に異同があることを指摘する。（内田智雄編『続中国歴代刑法志訳註』（創文社、一九六四年）一二六頁、注一六）。なお、内田智雄編・梅原郁補

『訳注続中国歴代刑法志（補）』（二〇〇五年、創文社）の補註（梅原氏執筆）では、この注釈を不要とする。
（5）浅井虎夫『支那ニ於ケル法典編纂ノ沿革』（汲古書院、一九七七年影印版、初版は一九一一年）一四一～一四六頁。
（6）仁井田陞「唐令研究序説」（同著『唐令拾遺』東京大学出版会一九九三年再版、初版は一九三三年）。
（7）中田薫「「支那律令法系の発達について」補考」（同著『法制史論集』四、岩波書店、一九六四年、初出は一九五三年）二三二～二三五頁。
（8）曾我部静雄『日唐律令論』（吉川弘文館、一九六三年）、第一　中国律令「四　隋唐の律令」参照。
（9）馬小紅「「格」的演変及其意義」（『北京大学学報』哲学社会科学版一九八七年第三期）。
（10）注（3）所掲池田論文参照。
（11）劉俊文『唐代法制研究』（文津出版社、一九九九年）。
（12）堀敏一「中国における律令法典の形成――その概要と問題点」（同著『律令制と東アジア世界――私の中国史学（二）』汲古書院、一九九四年所収、初出は一九八四年）八五～八六頁参照。
（13）石田勇作「隋開皇律令から武徳律令へ――律令変遷過程の整理（Ⅰ）――」（『栗原益男先生古稀記念　中国古代の法と社会』汲古書院、一九八八年）二二九～二三三頁。
（14）注（3）所掲高明士「唐代武徳到貞観律令的制度」一一二～一一九頁。
（15）注（2）所掲滋賀書七七頁参照。
（16）注（12）所掲堀論文八五頁および注（2）所掲滋賀二書八二頁注二参照。
（17）注（2）所掲滋賀書七二頁参照。
（18）妹尾達彦「都城と律令制」（大津透編『日唐律令比較研究の新段階』山川出版社、二〇〇八年）一〇六頁。
（19）五十三条格の性質については、五十三条格の性質は隋律の重刑（主として死刑）を軽減する勅命を集めたものと梅原郁氏の見解もある（梅原郁「唐宋時代の法典編纂」梅原郁編『中国近世の法と社会』一九九九年）。
（20）中村裕一「唐初の「祠令」と大業「祠令」」（『汲古』六〇、二〇一一年）と同著『唐令の基礎的研究』（汲古書院、二〇一

二年）参照。また、『唐令の基礎的研究』の書評として、榎本淳一「唐代法制史の「不動の定説」に挑む――中村裕一著　唐令の基礎的研究――」（『東方』三八五、二〇一三年）がある。

（21）荘昭「「武徳新格」并非制定于武徳九年」（『史学月刊』一九八二年第二期）。

（22）この条文については、『旧唐書』とほぼ同じ文が、『玉海』巻六六詔令・律令下所引「旧史」にも見える。石田勇作氏は注（13）所掲論文で、高明士氏は注（3）所掲「唐代武徳到貞観律令的制度」で、この「旧史」を独自の史料として評価して論を展開した。ここで、この「旧史」の史料性について検討しておきたい。

問題の「旧史」条文を原文で示せば以下の通りである。比較のために、番号を付し改行を行う。

①武徳元年五月壬申、命相国長吏※（史）裴寂等條律令。（※元至正本は「吏」、光緒修定本は「史」とする）

②六月甲戌、廃隋大業律令、頒新格。

③十一月、詔頒五十三条格、以約法緩刑。

これに対応する『旧唐書』巻一高祖本紀の記事は以下の通りである。

①（武徳元年五月）壬申、命相国長史裴寂等修律令。

②六月甲戌、……廃隋大業律令、頒新格。

③（十一月）乙巳、……詔頒五十三条格、以約法緩刑。

この両条文は、日付の表記法と①五月壬申条の「條」と「修」字以外全て一致する。「旧史」の「條」字では意が通じないので、高氏の指摘の通り「修」字の誤字の可能性が高い。そうであるならば、「旧史」と『旧唐書』本紀は同文であると言ってよかろう。

また、『玉海』巻六六の唐代部分（ここでは「唐約法十二条・武徳律・新格・律令格式・律議・刑法四書」から「唐刑法二十八家」までを指す）では、総計七四の史料が引用される。そのなかで、「旧某」と名付けられる引用史料は「旧史」以外に「旧紀」二ヶ所と「旧刑法志」一ヶ所である。この「旧紀」と「旧刑法志」は全て『旧唐書』からの引用である。一方で、史料名を記さず「某紀」「某志」「某伝」とのみ記す例が四十ヶ所あり、こちらは全て『新唐書』の引用となっている。このことから、『玉海』巻六六の唐代部分では、「旧」字を付すことで『旧唐書』の引用であることを表示したと推定できる。ただし、一般的な例から見れば「旧紀」として引用すべきで、なぜ「旧史」と記載したのかは判然としない。

以上のように、『旧唐書』からの引用を示す「旧」字を冠し、その内容が『旧唐書』高祖本紀と同文であることから、「旧史」は『旧唐書』巻一高祖本紀の律令編纂記事を集約引用したものであると言うことができる。したがって、「旧史」には特別な史料価値は見いだせない。そのため、以後、「旧史」については引用史料として特記しない。なお、石田氏と高氏は、『旧唐書』の十一月乙巳条を見落としていたようで、その結果、「旧史」を独自史料と評価してしまったのであろう。

(23)「韓仲良条」は武徳初とあるのみで厳密な日付がない。高明士氏は、『唐会要』巻三九定格令に武徳元年十一月四日の記事の後に、

　仍令尚書令左僕射裴寂・吏部尚書殷開山・大理卿郎楚之・司門郎中沈叔安・内史舎人崔善為等、更撰定律令。

　仍お尚書令左僕射裴寂・吏部尚書殷開山・大理卿郎楚之・司門郎中沈叔安・内史舎人崔善為等をして、更めて律令を撰定せしむ。

とあることから、韓仲良の律令修訂への参加を武徳元年十一月四日の「五十三条格」発布以後の記述だと判断した。だが、高氏の見解に沿えば、開皇律令を改変して作られた「五十三条格」が通用している期間に、開皇律の採用が決定されたことになる。これでは、抜本的な変革ではなく「惟新」とは言い難い。本文で述べた如く、武徳元年に韓仲良の進言があったと考えたい。

(24)注(4)参照。

(25)『通典』三(中華書局、一九八八年)校点本四四三四頁の校訂(四三)に従った。

(26)論語の解釈については、主に吉川幸次郎著『論語』(上)(朝日新聞社、一九九六年、初出は一九七一年)学而篇の解釈を参考にした。

(27)当時の散官に変化については、王徳権「試論唐代散官制度的成立過程」(『唐代文化研討会論文集』所収、文史哲出版社、一九九一年)八五七~八六一頁、陳蘇鎮「北周隋唐的散官与勲官」(『北京大学学報・哲学社会科学版』一九九一年第二期)

三一頁等を参照。また、本書第一章第一節参照。

(28) 隋の爵位について、『隋書』巻二八・百官志下は大業三年のこととして、
開皇中、置国王・郡王・国公・郡公・県公・侯・伯・子・男為九等者、至是唯留王・公・侯三等、余並廃之。

開皇中、国王・郡王・国公・郡公・県公・侯・伯・子・男を置きて九等と為すは、是に至りて唯だ王・公・侯三等のみを留め、余は並びに之を廃す。

と記す。開皇年間の九等爵が三等に削られたのである。その場合、大業年間の公は国公である。李淵は挙兵時に大将軍府を開くが、その時に長子の李建成を隴西公、次子の李世民を敦煌公、四子元吉を姑蔵公としている(『新唐書』巻一・高祖本紀)。この三子の爵位が郡公であったことは、『旧唐書』巻六四・李元吉伝に「義師起、授太原郡守、封姑蔵郡公(義師起こり、太原郡守を授け、姑蔵郡公に封ず)」とあることから明らかである。すなわち、爵位については、李淵の挙兵時に開皇の制度を復活させていたことになる。なお、この時の三子に対する封建の意味については、石見清裕「唐の建国と匈奴の費也頭」(同著『唐の北方問題と国際秩序』汲古書院、一九九八年、初出は一九八二年)を参照。

(29) この時に、各皇族に与えられた「王」号のなかには、多数の「郡王」が含まれていた。そのことについてはすでに、李奉慈に与えられた「渤海王」が正しくは「渤海郡王」であったとの金子修一氏の指摘がある。同氏「唐朝より見た渤海の名分的位置」(同著『隋唐の国際秩序と東アジア』名著刊行会、二〇〇一年)二九三頁注9参照。その他に、李神通も「李寿墓誌」(『隋唐五代墓誌匯編』(天津古籍出版社、一九九一年)陝西巻一、九頁他所収)では、この時に「永康郡王」が与えられたとする。李神符も『旧唐書』巻六〇に依ればこの時に与えられたのは「襄邑郡王」である。李道素も『新唐書』巻七〇上・宗室世系表・譙王房に「竟陵郡王道素」と見え、この時に与えられたのは郡王号であった可能性が高い。

(30) 注(18)所掲妹尾論文、特に一〇二~一〇八頁参照。

第四章　唐武徳年間の散階と属官

はじめに

唐では、建国から玄宗の開元十年まで、官僚は爵位や一定以上の官職を所持することで府を開き、属僚を設置することが許されていた。その属僚は封爵に基づいて設置する国官と、散階に準拠する府佐の二系統に分類できる。この場合、国官や府佐に対してその主を府主と呼ぶ。「唐永徽二年東宮王府職員令残巻」（P四六三四A、S一八八〇A・B、S三三七五、S一一四四六）には国官と府佐の規定が存在し、属官の組織が職員令に規定されたことがわかる。唐ではこれら属官を視品官と位置づけ、陪臣としてあつかった。

属官の設置基準となる封爵とは王公侯伯子男のことであり、散階とは広義の散官と同義で特定の職務を持たない官階のことである。散階には封爵を含む用法もあるが、本章では唐政権によって使われた封爵を除いた散官や勲官を指す用語として使用する。散階の中には官僚の序列を表わすものがあり、その官階を本階・本品と呼び特に重視した(1)。

いわゆる律令官制では、令外の官と呼ばれる使職や臨時の変更を除き、官職は律令に規定される。臨時の変更も直後の法典編纂で律令に取り込まれることで普遍的な制度となった。すなわち、官制の変更は律令に反映されるのである。ゆえに律令改編が官制の画期として重視される。

唐の法律や制度は、建国当初から隋開皇律令を踏襲し、武徳七年になって始めて独自の律令（武徳七年律令）を制定した。[2] 一般に武徳七年律令は開皇律令を小改定したもので、当時の官制も隋文帝の制度に強い影響を受けたと考えられている。唐独自の官制は、次の太宗の貞観十一年律令で確立するとの考え方が有力である。[3]

本章で取り上げる散階の属官の設置基準について、隋から唐初における制度の変遷をたどると、律令の改変と制度の改変との間に相関関係を見いだすことができる。そのため、散階の属官を考察することで、唐代律令官制の成立過程を解明する一助となる。また、属官の考察は、官職に付随する権限の変化を検討することに繋がる。魏晋南北朝では属官の選任は府主の権限であり、府主の転任に属官も従うなど、府主と属官との結びつきが強かったが、隋文帝の改革により、府主の属官に対する任命権は中央に回収された。[4] ただし、属官の設置自体は唐まで引き継がれたのである。

西魏以来、属官の設置は広義の勲官と深く結びつくと考えられてきた。それでは、武徳七年に成立する唐代の勲官と属官との間にはどのような関係があったのだろうか。そのことを明らかにするためには、隋開皇年間に遡って制度を通覧し、諸制度と比較する必要がある。

当時の属官については、すでに李錦繡氏の詳細な研究がある。[5] さらに近年では、会田大輔氏や石野智大氏の言及がある。[6] 李氏は開皇年間と武徳初期の散実官の開府についても取り上げており、李氏の論考に教えられる点が多い。しかし、いまだ検討の余地は残されている。隋開皇令から唐永徽令までの属官設置を通覧することで、武徳七年におけるの属官制度の特質を明らかにし、武徳七年に行われた散階の改革を具体的に明らかにしたい。このことは、勲官と開府制度との関係を知る上でも有益である。なお、本章では、便宜上、武徳元年から武徳七年三月までを武徳初年と表記する。

第一節　開皇令の開府制度

一　開皇年間の散階の情況

当時の散階について『隋書』巻二八・百官志下をもとに概略を記しておきたい。開皇律令では散実官と散官と散号将軍の三種の官階が存在した。散号将軍は戦功ある者に与えられる官だが、六品以下に限られた。散実官の下に接続して下位の本階の機能を担っていたとの意見もある[7]。散官は、特に名声のある者に対する加官であった[8]。散実官は、十一等級の官階で本階として官僚の身分を表示したので、官制の核に位置づけられた[9]。そして後述するように、府佐を持つ権限は上級の散実官に与えられていた。また、開皇年間の散実官を整理すると、表四−１「開皇年間と武徳初年の散実官」にみえる上大都督を除く十一級となる。

表四−１　開皇年間と武徳初年の散実官

官名	品階
上柱国	従一品
柱国	正二品
上大将軍	従二品
大将軍	正三品
上開府儀同三司	従三品
開府儀同三司	正四品
上儀同三司	従四品
儀同三司	正五品
上大都督	従五品
大都督	正六品
帥都督	従六品
都督	正七品

※上大都督は、開皇の制度にはなく、武徳元年に設置された。

二　開皇律令の属官

開皇律令の属官の設置基準とその組織については、『隋書』巻二八・百官志下にその概要が記載されている。まず、制度の概要を整理することにしよう。

１　府佐

開皇律令時代の府佐については、『隋書』巻二八・百官志下・

王公府・散実官府僚佐条に以下の記述がある。府主ごとの変更点が分りやすいように各官職ごとに改行して引用する。

国王・郡王・国公・郡公・県公・侯・伯・子・男、凡九等。皇伯叔昆弟・皇子為親王。置師・友各二人、文学二人、(嗣王則無師・友)。長史・司馬・諮議参軍事・掾・属、各一人、主簿二人、録事、功曹、記室、戸・倉・兵等曹、騎兵・城局等参軍事、東・西閤祭酒、各一人、参軍事四人、法・田・水・鎧・士等曹行参軍各一人、行参軍六人、長兼行参軍八人、典籤二人。

上柱国・嗣王・郡王、無主簿、録事参軍・東西閤祭酒・長兼行参軍等員、而加参軍事為五人、行参軍為十二人。

柱国又無騎兵参軍事・水曹行参軍等員、而減参軍事・行参軍各一人。

上大将軍又無諮議参軍事、田曹・鎧曹行参軍員、又減行参軍一人。

大将軍又無掾・属員、又減参軍事二人。

上開府又無法曹・士曹行参軍、参軍事員。

開府又無典籤員、減行参軍二人。

上儀同又無功曹・城局参軍事員、又減行参軍二人。

儀同又無倉曹員、減行参軍三人。

三師・三公、置府佐、与柱国同。若上柱国任三師・三公、唯従上柱国置。王公已下、三品已上、又並有親信・帳内、各随品高卑而制員。

国王・郡王・国公・郡公・県公・侯・伯・子・男、凡そ九等あり。皇伯叔昆弟・皇子を親王と為す。師・友各二人、文学二人を置く、(嗣王は則ち師・友無し)。長史・司馬・諮議参軍事・掾・属、各一人、主簿二人、録事、功曹、記室、戸・倉・兵等曹、騎兵・城局等の参軍事、東西閤祭酒、各一人、参軍事四人、法・田・水・鎧・士等の曹行参軍各一人、行参軍六人、長兼行参軍八人、典籤二人あり。上柱国・嗣王・郡王は、主簿・録事参軍・東西閤祭酒・長兼行参軍等の員無し、而して参軍事を加えて五人と為し、行参軍を十二人と為す。

柱国は又騎兵参軍事・水曹行参軍等の員無し、而して参軍事・行参軍各一人を減ず。

上大将軍は又諮議参軍事、田曹・鎧曹行参軍の員無く、又行参軍一人を減ず。

大将軍は又掾属の員無し、又参軍事二人を減ず。

上開府は又法曹・士曹行参軍、参軍事の員無し。

開府は又典籤員無く、行参軍二人を減ず。

上儀同は又功曹・城局参軍事の員無く、又行参軍二人を減ず。

儀同は又倉曹の員無く、行参軍参人を減ず。

三師・三公の府佐を置くこと、柱国と同じ。若し上柱国の三師・三公に任ずれば、唯だ上柱国の置に従え。王公已下、三品已上、又並びに親信・帳内有り、各おの品の高卑に随い而して員を制す。

この条文は、冒頭で最大規模の親王府の構成を記し、そこから大きい順に府の構成の変化を述べる。一段上の府と比べて府佐がいかに変化するかを、「加」「減」「無」の字を用いて表現し、定員の増加は「加」、減少は「減」、定員の消滅は「無」で表わす。条文の指示に従って各府の組織を算出すると、次の**表四-2「開皇令の府僚佐」**となる。**表四-2**によって、王・上柱国・柱国（三師三公）・上大将軍・大将軍・上開府儀同三司・開府儀同三司・上儀同三司・儀同三司が府佐の設置を許されたことがわかる。王を除いた上柱国から儀同三司は全て散実官である。王は通常、皇族に限られるため、官僚は自身の散実官の官階に従って府佐を設置したのである。公以下の爵位や三師三公以外の実職には、府佐設置の権限は付与されていなかった。

また、規定によれば、三師三公府は、柱国府と同じ構成であり、上柱国府よりも小規模である。そもそも府を開くことは三公の権限であった[10]。それにもかかわらず、上柱国府の規模が三師三公府を凌駕したことに、開皇の制度における散実官と開府制度の結び着きの深さが見て取れる。これは、北魏末の柱国大将軍や天柱大将軍といった将軍号が三公の上位に設置されていたことの名残であろう。いずれにせよ、隋開皇律令では、王爵と散実官の高低に依拠して府佐が設置されたのである。

ここで府佐の品階上の位置づけについてふれておきたい。『隋書』巻二八・百官志下の官品表では、親王府を除いて、府佐は全て視品官に分類されている。視品官は陪臣の地位を表わしていたと考えてよい。散実官の府佐は、最高でも上柱国府の長史・司馬・諮議参軍事の視従六品であった。北周の府佐が流内官であったことと比べると[11]、著しく地位が低下したことになる。

2 国官

開皇律令の国官は、後述の『隋書』の条文から、爵位と散実官を基準として設置されたことがわかる。爵位の王を別格として、府主を「上柱国・柱国の公」「(同様の)侯・伯」などと記載するからである。ただし、国官組織の構成の記述に齟齬がある。史料として利用するためには、操作を行い論理的な矛盾を無くす必要がある。まずは、齟齬を明確にするために『隋書』巻二八・百官志下・隋開皇国官条を原文のまま引用しよう(傍線・記号・改行等は筆者)。

諸王置国官。有令・大農各一人、尉各二人、典衛各八人、常侍各二人、侍郎各四人(a1)、廟長・学官長各一人、食官、厩牧長・丞、各一人(b1)、典府長・丞各一人、舎人各四人等員。

表四−２　開皇令の府僚佐

	師	友	文学	長史	司馬	諮議参軍事	掾	属	主簿	録事参軍事	功曹参軍事	記室参軍事	戸曹参軍事	倉曹参軍事	兵曹参軍事	騎兵参軍事	城局参軍事	東閤祭酒	西閤祭酒	参軍事	法曹行参軍	田曹行参軍	水曹行参軍	鎧曹行参軍	士曹行参軍	行参軍	長兼行参軍	典籤	計
親王	2	2	2	1	1	1	1	1	2	1	1	1	1	1	1	1	1	1	1	4	1	1	1	1	1	6	8	2	48
嗣王			2	1	1	1	1	1			1	1	1	1	1	1	1			5	1	1	1	1	1	12		2	38
郡王				1	1	1	1	1			1	1	1	1	1	1	1			5	1	1	1	1	1	12		2	36
上柱国				1	1	1	1	1			1	1	1	1	1	1	1			5	1	1	1	1	1	12		2	36
柱国（三師・三公）				1	1	1	1	1			1	1	1	1	1		1			4	1	1		1	1	11		2	32
上大将軍				1	1		1	1			1	1	1	1	1		1			4	1				1	10		2	28
大将軍				1	1						1	1	1	1	1		1			2	1				1	10		2	24
上開府儀同三司				1	1						1	1	1	1	1		1				※1					10		2	20
開府儀同三司				1	1						1	1	1	1	1		1				※1					8			16
上儀同三司				1	1							1	1	1	1						※1					6※2			12
儀同三司				1	1							1	1		1						※1					3			8

『隋書』巻二八・百官志下と『冊府元亀』巻七一六の記述をもとに作成。親信・帳内の人数は不明のため省略。

※１上開府儀同三司以下、儀同三司までの法曹行参軍は、王府官の記述に「上開府又法曹・士曹行参軍、参軍事の員無し」とあり、員数がもうけられていないことになるが、同書同巻の官品表に拠れば「開府府法曹行参軍」が視正九品に、「儀同府法曹行参軍」が視従九品に掲げられる。官品表に基づけば、上開府儀同三司から儀同三司まで全ての府に法曹行参軍が存在したことになる。ここでは判断がつかないため、王府官条にもとづいて表を作成し、官品表の事例を附記するにとどめる。

※2『冊府元亀』巻七一六の記述に従えば、上儀同三司の行参軍は5人となる。

上柱国・柱国公、減典衛二人、無侍郎員（a2）。侯・伯又減典衛二人、食官・厩牧長各一人（b2）。子・男又減尉・典衛・常侍・舎人各一人。

上大将軍・大将軍公、同柱国子・男。其侯・伯減公典衛・侍郎・厩牧丞各一人（a3・b3）。子・男無令、無典衛、又減舎人一人。

上開府・開府公、同大将軍子・男。其侯・伯又無常侍、無食官・厩牧丞（b4）。子・男又無侍郎・厩牧長（a4・b5）。

上儀同・儀同公、同開府子・男。其侯・伯又無尉、無学官長。子・男又無既《ママ》（＝廟）長・食官長（b6）。

諸王は国官を置く。令・大農各一人、尉各二人、典衛各八人、常侍各二人、侍郎各四人、廟長・学官長各一人、食官、厩牧長・丞、各一人、典府長・丞各一人、舎人各四人等の員有り。

上柱国・柱国の公は、典衛二人を減じ、侍郎の員無し。侯・伯は又た典衛二人、食官・厩牧長各一人を減じ。子・男は又た尉・典衛・常侍・舎人各一人を減ず。

上大将軍・大将軍の公は、柱国の子・男と同じ。其の侯・伯は公より典衛・侍郎・厩牧丞各一人を減ず。子・男は令無く、典衛無く、又た舎人一人を減ず。

上開府・開府公は、大将軍の子・男と同じ。其の侯・伯は又た常侍無く、食官・厩牧丞無し。子・男は又た侍郎・厩牧長無し。

上儀同・儀同の公、開府の子・男と同じ。其の侯・伯は又た尉無く、学官長無し。子・男は又た廟長・食官長無し。

国官の記載も府佐の条文と同じ形式で書かれている。始めに最も大きい王の国官組織を記し、順次、府主ごとの官員の減少を記す。定員が減るときには「減」字を用い、定員が無くなる場合は「無」を用いることも同じである。指示通りに減算すれば、各組織の構成を割り出せるはずなのだが、実際に計算すると、四種類の官職において員数を整合的に理解することができない。その四種の官とは侍郎・食官長・厩牧長・厩牧丞である。便宜上、（a）侍郎、（b）食官長・厩牧長・厩牧丞に分けて検討する。

（a）侍郎は、原文のまま読むと、途中から定員が0人を下回るという齟齬がある。「上柱国・柱国の公」の部分（a2）で、「侍郎の員無し」と書かれる。この記述以降、侍郎の員数は0人のはずなのだが、その下位の「上大将軍等の侯・伯」（a3）で、「典衛・侍郎・厩牧丞各一人を減ず」とあり、定員0人からさらなる減少が指示される。そのうえ、さらに下位の「上開府等の子・男」の箇所（a4）で、「子・男は又た侍郎・厩牧長無し」と再度定員の消滅が記述される。

ほぼ同じことが（b）食官長・厩牧長・厩牧丞の記述にも見られる。この三官は、基準となる王府の定員が一人（b1）であり、「一人を減」（b2・3）じれば、0人となる。ここで員数は消滅するはずである。だが、下位の官の場所に「…無し」（b4・5）の文言が存在する。0人となった官職について、後文で改めて定員の消滅を記すという理解し難い構造となっている。

これらの食い違いを合理的に解釈するにはどうしたらよいだろうか。問題の四種の官職のうち、（b）食官長と厩牧長・厩牧丞については、記載の基準となる諸王国官の「食官、厩牧長・丞、各一人」（b1）の「一人」がそもそも「二人」であったと解すれば齟齬は解消する。元来、「一」と「二」は編纂や伝写の過程で書き間違うことが多い。ここでもその可能性は否定しきれないのではなかろうか[12]。よって、諸王の食官長・食官丞・厩牧長・厩牧丞は、それぞれ定員「二人」であったと想定しておく。

一方、侍郎の記述を矛盾無く理解するためには、「上柱国・柱国公、減典衛二人、無侍郎員」（a1）の箇所に、衍

表四－3　開皇令の国官組織

国官名		令	大農	尉	典衛	常侍	侍郎	廟長	学官長	食官長	食官丞	厩牧長	厩牧丞	典府長	典府丞	舎人	計
諸王		1	1	2	8	2	4	1	1	2	2	2	2	1	1	4	34
上柱国 柱国	公	1	1	2	6	2	2	1	1	2	2	2	2	1	1	4	30
	侯・伯	1	1	2	4	2	2	1	1	1	2	1	2	1	1	4	26
	子・男	1	1	1	3	1	2	1	1	1	2	1	2	1	1	3	22
上大将軍 大将軍	公	1	1	1	3	1	2	1	1	1	2	1	2	1	1	3	22
	侯・伯	1	1	1	2	1	1	1	1	1	2	1	1	1	1	3	19
	子・男		1	1		1	1	1	1	1	2	1	1	1	1	2	15
上開府 開府	公		1	1		1	1	1	1	1	2	1	1	1	1	2	15
	侯・伯		1	1			1	1	1	1		1		1	1	2	11
	子・男		1	1				1	1	1				1	1	2	9
上儀同 儀同	公		1	1				1	1	1				1	1	2	9
	侯・伯		1					1		1				1	1	2	7
	子・男		1											1	1	2	5

字錯簡などがあったと見なければならない。その際、侍郎の直前に「典衛」を二人減じる記述が置かれることに注目すれば、侍郎も典衛と同様にこの階層で二人を減じたと考えられるのではないだろうか。このように仮定すれば、下位の侍郎に関する記述も無理なく理解できる。すなわち、「上柱国等の公」から「上大将軍等の公」までの侍郎は二人、「一人を減ず」（a3）とある「上大将軍等の侯・伯」から、「上開府等の侯・伯」までは一人、そして「又侍郎・厩牧長無し」（a4）とある「上開府等の子・男」以下は無員であったと理解できる。この仮説に基づいて、再度、国官組織を整理した表四―3「開皇令の国官組織」である。

以上の検討によって、武徳初めに使われた開皇の属官組織の構造とその設置基準が明らかとなった。属官の構成から見て、府佐と国官の設置、上位の散実官の影響が強かったことがわかる。開府の権限における散実官の重視は開皇の制度の特徴と言えよう。また、属官設置の基準は職事官ではなく、散実官と封爵であるため、職を解かれた後も属官は存置されたと考えられる。

三　大業令の散階の属官

1　煬帝の官制改革

煬帝は大業三年四月に大業律令を頒布し大幅な官制改革を行う。その詳細については内田昌功氏の研究に詳しい。(13)散実官などの官階は以下のように散職に改変統合された。『隋書』巻二八・百官志下（カッコ内は原注）

旧都督已上、至上柱国、凡十一等、及八郎・八尉・四十三号将軍官、皆罷之。并省朝議大夫。自一品至九品、置光禄（従一品）・左右光禄（左正二品・右従二品）・金紫（正三品）・銀青光禄（従三品）・正議（正四品）・通議（従四品）・朝請（正五品）・朝散（従五品）等九大夫、建節（正六品）・奮武（従六品）・宣恵（正七品）・綏徳（従七品）・懐仁（正八品）・守義（従八品）・奉誠（正九品）・立信（従九品）等八尉、以為散職。開皇中、以開府儀同三司為四品散実官、至是改為従一品、同漢・魏之制、位次王公。

旧都督已上、上柱国に至る、凡そ十一等、及び八郎・八尉・四十三号将軍の官は、皆な之を罷める。并びに朝議大夫を省く。一品より九品に至って、光禄・左右光禄・金紫・銀青光禄・正議・通議・朝請・朝散等九大夫、建節・奮武・宣恵・綏徳・懐仁・守義・奉誠・立信等八尉を置き、以て散職と為す。開皇中、開府儀同三司を以て四品散実官と為す、是に至り改めて従一品と為し、漢・魏の制と同じくし、位は王公に次ぐ。（原注略）

この記述に拠れば、官階の改革は散実官等の廃止から散職の整備と開府儀同三司の再設置という二段階の措置が執られたように思われる。諸先行研究は、散実官の位階を同等級の散職に改授することで、既得権益に配慮しつつ新たな官制秩序を再構成したことを明らかにした。(14)以下の『隋書』巻二・煬帝本紀上、大業三年夏四月条の記述もそうした理解を助ける。

『隋書』巻三・煬帝本紀上、大業三年夏四月条

夏四月……甲申、頒律令、大赦天下、関内給復三年。壬辰、改州為郡。改度量権衡、並依古式。改上柱国已下官為大夫。

夏四月……甲申、律令を頒ち、天下に大赦す、関内復三年を給す。壬辰、州を改め郡となす。度量権衡を改むるに、並びに古式に依る。上柱国已下の官を改めて大夫と為す。

この記述は、上柱国以下の官が大夫である散職に改変されたことを端的に記しているといえよう。

2 隋大業年間の開府儀同三司

最近の研究では散職は散実官との連続性が強調され、散職は、官名こそ散官のものを用いているのもの、実質は散実官と変わらない官階であるという理解が主流である(15)。しかし、府官に考慮しながら、開府儀同三司の位置づけを考えてみると、これまで見過ごされてきた興味深い事情が浮かび上がる。

大業令における開府儀同三司は、従一品で光禄大夫と同品階であるが、一般的な散職とは少々異なる性質を備えていたようである。それは、史料に現れる開府儀同三司の記述法から見て取れる。

『隋書』等の記事によると、大業三年以後に開府儀同三司を獲得したものは、贈官を含めても九人しかいない。斉王楊暕・宇文述・牛弘・蘇威・来護児・樊子蓋・宇文協・元文都・段達である。その九人の開府儀同三司と上柱国と光禄大夫との取得時期を整理したものが表四－4「大業三年後の開府儀同三司獲得者」である。

九人の開府儀同三司取得者の中で、開府儀同三司の位置づけを表している表記を残している事例が三例ある。宇文述・宇文協・元文都の事例である。宇文述が死去したときの官職は「(大業十二年)冬十月己丑、開府儀同三司・左翊

表四-4　大業三年後の開府儀同三司獲得者

	獲得者	時期（大業）	A上柱国獲得時期	B光禄大夫獲得時期	典拠・備考 巻のみは『隋書』による
1	楊暕 （斉王）	三年九月壬申			巻三・煬帝本紀上
2	宇文述	三年	北周尉遅迥討伐	（大業三年）	巻六一・宇文述伝 ※大業八年十一月に高句麗遠征失敗の責任を取って庶民に落とされるが、大業九年二月壬戌に官爵を復されている。巻四・煬帝本紀下および『資治通鑑』巻一八二・隋紀六
3	牛弘	六年十一月 （贈官）		大業六年十一月（贈官）	巻四九・牛弘伝
4	蘇威	九年十月壬辰		「遼東之役」 （大業八年）	巻四・煬帝本紀下 巻四一・蘇威伝
5	樊子蓋	十二年七月壬戌 （贈官）		大業九年　楊玄感の乱平定	巻四・煬帝本紀下 巻六三・樊子蓋伝
6	来護児	十二年十二月乙酉	仁寿三年	大業三年	巻四・煬帝本紀下 巻六四・来護児伝 B『北史』巻七六・来護児伝
7	宇文協	不明		不明	巻五・恭帝本紀 死亡時の肩書きとして「光禄大夫・開府儀同三司・行右翊衛大将軍」とある。
8	元文都	十三年 （越王侗政権）		大業十三年 （越王侗政権）	巻七一・元文都伝
9	段達	十三年 （越王侗政権）		不明 ※大業十二年八月の所有を確認。	巻八五・段達伝 ※巻四煬帝本紀下。この時の官職を金紫光禄大夫とする史料もある。（巻六三・越王侗伝）

衛大将軍・光禄大夫・許公宇文述薨」（『隋書』巻四煬帝本紀下）と記述される。宇文化及が江都で反乱を起こし煬帝を殺害したときに、その反乱に巻き込まれて死亡した宇文協の肩書きは、「光禄大夫・開府儀同三司・行右翊衛大将軍宇文協」であった。さらに、元文都らが越王侗を擁立したときの記述に、「（元）文都を署して内史令・開府儀同三司・光禄大夫・左驍衛大将軍・摂右翊衛将軍・魯国公と為す。」（『隋書』巻七一・元文都伝）とある。これら三例は開府儀同三司と光禄大夫を併記していることが特徴的である。また、牛弘は左光禄大夫のまま死去したが（『隋書』巻三煬帝本紀下大業六年十二月条）、贈官として開府儀同三司と光禄大夫が同時に贈られた（『隋書』巻四九牛弘伝）。以上の事例から、煬帝期における光禄大夫と開府儀同三司の間に緊密な関係があったことが確認できる。

普通、散職などの官階は、左光禄大夫から光禄大夫へ昇進するように、階段を昇るたびに官名を代えるものであった。しかし、開府儀同三司は光禄大夫と併記されている。このことから考えて、光禄大夫が昇進して開府儀同三司になるのではなく、一部の特別な光禄大夫に開府儀同三司が加えられたと考えるのが妥当であろう。すなわち、大業三年以後の開府儀同三司は加官として機能していたのである。

そのことは、大業三年発布以後に開府儀同三司を獲得した者の大部分が、それ以前に光禄大夫を所有していたことからもうかがわれる。宇文述・蘇威・来護児・樊子蓋・段達の五人は、開府儀同三司を獲得することに先んじて光禄大夫（または改授のもととなった上柱国）所有の記述がある。そして、牛弘と元文都の二人は光禄大夫と開府儀同三司を同時に与えられた。開府儀同三司となった者で光禄大夫所有の記事がないのは、斉王楊暕のみである。

楊暕は煬帝の第二子であり、開皇年間から文帝の寵愛を受け、豫章王に立てられた後、名目的であったとしても内史令という重要な官に就いている。煬帝の即位時に斉王に遷り、豫州牧・雍州牧などを歴任した。大業二年七月の元徳太子の死から大業四年四月の汾陽宮における大猟において煬帝の不興を買うまでは、煬帝の寵愛を受け自他共に認める皇太子に一番近い存在であった（『隋書』巻五九・斉王暕伝、『資治通鑑』巻一八一・隋紀五・煬帝大業四年夏四月条）。まさにその権勢の絶頂にあった大業三年九月に河南尹と開府儀同三司が授与されたのである。開皇年間から高官を歴任していることや、煬帝の第二子であること、また、弟の趙王杲が十歳ばかりの時に光禄大夫を与えられていること（『隋書』巻五九・趙王杲伝）などから考えて、楊暕が二十三歳であった大業三年の段階で光禄大夫を有していたことはほぼ間違いない。

残る宇文協は史料にほとんど記述が無く、光禄大夫と開府儀同三司の獲得の順序はわからない。ただし、宇文協の父は隋文帝の娘である広平公主を娶っており、宇文協は文帝の外孫で煬帝の甥であった可能性が高い。協の弟の晶が後宮で養育されていたことからも、皇帝家との結びつきの深さを見ることができる（『隋書』巻五十・宇文慶伝）。これまでの八人の事例と死亡時の肩書きに両官が併記されていたことを考え合わせれば、宇文協の場合も、開府儀同三司が先に与えられたとは考えにくく、光禄大夫を先に獲得したか、もしくは両官を同時に与えられた蓋然性が高い。

以上の整理から、隋煬帝の官制改革の後、開府儀同三司に就任した者が、就任の前か遅くとも同時に光禄大夫を得ていたことと、肩書きとして、開府儀同三司と光禄大夫とが併記される場合があったことがわかる。光禄大夫が先に与えられたことは、開府儀同三司が光禄大夫獲得者の中の特別な者だけに与えられる官であったことを意味し、併記されることは散職としての昇進ではなく加官であったことを意味する。

では、光禄大夫が開府儀同三司を有することで何が変わったのだろうか。残念ながら開府儀同三司に関する詳しい規定は見えないので確定的なことは言えない。ただし、開府儀同三司は「漢・魏の制と同じくし、位は王公に次ぐ」とある。漢魏における開府儀同三司の成り立ちと性質については藤井律之氏の研究がある。後漢の開府儀同三司は将軍に加えることで、「公」の身分に到達するものであり、北魏の開府儀同三司は将軍や光禄大夫と結びついて一品に

位置づけられ、属僚と三公待遇を与えられるものであった。(16)

その後、北魏末の混乱の中から新たな動きが出てくる。北魏末に爾朱栄が就任した柱国大将軍や天柱大将軍などの官が発生である。これら二大将軍は最高の実力者に与えられる官であった。西魏・北周は、その中から、柱国大将軍等の官号を受け継ぎ、改名や細分化を通して官階として整備した。その結果、開府儀同三司から、上開府儀同三司（または上開府儀同大将軍）が増置され、それら二官は柱国・大将軍等の下に位置する中間的な官となってしまう。隋の文帝は、この北周の序列をそのまま引き継ぎ、官人を規定する中心的な官階としたのである。

このように西魏・北周・隋の開皇開皇年間と、開府儀同三司は相対的に地位を下落させた。しかし、いくらその地位を下落させようとも、開府儀同三司には一貫して幕府を開く権限が規定され、その官属は歴代の官品表に記載されつづけたのである。

このような官制の推移をふまえて、煬帝が漢魏の制度に戻したということを読み解けば、開府儀同三司を最上級の官職に位置づけ、府を開き属官を置く権限を与えたと考えて間違いない。逆に言えば、開府儀同三司の授与が光禄大夫のみに限定され、それも加官であったことは、光禄大夫以下の散職には幕府を開く権限がなく、公的に自身の属僚を持つことは許されなかったことを物語っていよう。このように、府僚という視点から見てみると、散職は最上位の光禄大夫ですら開府の権限がなく、儀同三司以上に開府の権限が規定されていた散実官とは大きく異なっていた。府佐の保有という権限の面から見れば、大業三年の官階改革は、単なる改称と位置づけることはできない。同等の読み替えであったが、府僚を持てる官から持てない官への変更であったからである。ここには中央への権力の回収と、個々の官僚の権限の縮小が見て取れる。

四　唐武徳初年の散階の属官

唐は、建国直後に隋煬帝以来通用していた大業律令を廃止して、文帝時代の開皇律令を使用した。散階についても、開皇令の制度を用いた。ただし、唐初の散実官は、隋代の制とは違い従五品に上大都督を増置し十二等級の官階となった(17)。開皇の制度が、どのように武徳年間に実施されたのかを考えるうえで格好の史料となるのが、「郎穎碑陰題名」である。「郎穎碑陰題名」の考察を通して、武徳初年の属官制度の実態を明らかにしたい。

1　「郎穎碑陰題名」の概要

「郎穎碑陰題名」と碑陽の「郎穎碑」は、ともに現存しないうえ本文が伝わらず、正確な内容は不明である。しかし欧陽脩の『集古録跋尾』巻五及びその記述を継承した『集古録目』『宝刻叢刊』『河朔訪古記』の金石書にその概略が記載されている(18)。それら金石書の記述によれば、「郎穎碑陰題名」は、郎穎の柱国府と常山郡公府の官員を列挙したものであったらしい。最も具体的な情報を記録する『集古録跋尾』の条文を中心に考察を進める。

「郎穎碑」の建立は貞観五年十月、兄の郎茂（字は蔚之）の墓碑（郎茂碑、貞観五年十一月立、欧陽棐『金石録目』巻六）とともに宋の真定府（唐では定州）の「新楽県東南十五里曲都村」の郎氏の墓林に建てられた(19)。宋の新楽県は、現在の石家荘市新楽県にあたる。碑陽の「郎穎碑」が貞観五年十月の建立であることから、碑陰の「郎穎碑陰題名」はそれと同時かそれよりも後の完成と言うことになる。李錦繍氏は「郎穎碑陰題名」を武徳七年の規定を反映したものとするが(20)、検討の余地があるように思える。ここで、郎穎碑陰の官属について考察を加えたい。

2　郎穎の略歴

郎穎は、正史や『資治通鑑』には字の楚之で見え、新・旧唐書の郎余令伝に、祖父として記載される。[21] 諸史料をもとに隋代以降の事績を要約すれば、郎穎は大業中に尚書民曹郎となり、左丞であった兄の郎茂とともに煬帝の厚遇を受けた。何時どのように唐の官僚となったかは不明だが、武徳元年十一月に大理卿として（武徳）律令の編纂を命じられている。武徳二年（六一九）四月に山東安撫大使に任じられて長安を出発するも、任務中に竇建徳の虜となる。竇建徳平定（武徳四年、六二一）後、唐にもどったが、年老いたことを理由に致仕を許され、貞観四年（六三〇）に八十歳で世を去る。封爵は常山郡公、勲官（散実官）は柱国に至り、「平」と諡された。

3　郎穎の府佐・国官

「郎穎碑陰」には郎穎の柱国府の府佐と常山郡公の国官とが列記されていたらしい。『集古録跋尾』巻五・郎穎碑陰題名条は、その内容を以下のように伝える。

唐郎穎碑陰題名〔元第二十〕

右郎穎碑陰題名。柱国府僚佐三十二人、常山公府国官一百七人、合一百三十九人、為一巻。柱国府長史・司馬・掾・属各一人、諮議・記室・司倉・司功・司戸・司兵・司鎧・司法・司田・司士参軍事各一人、又有参軍事五人、行参軍十人・典籤三人。常山国官、国令・大農各一人、常侍・侍郎・国尉各二人、典衛六人、舎人四人、城局・廟長・学官各一人、食官・厩牧各四人、典府長一人、典府丞二人、親事七十五人。穎以貞観四年卒、此盖唐制也。

唐郎穎碑陰題名〔元第二十〕

右は郎穎碑陰題名。柱国府僚佐三十二人、常山公府国官一百七人、合わせて一百三十九人、一巻と為す。柱国府

長史・司馬・掾・属各一人、諮議・記室・司倉・司功・司戸・司兵・司鎧・司法・司田・司士参軍事各一人、又参軍事五人、行参軍十人・典籤三人有り。常山国官、国令・大農各一人、常侍・侍郎・国尉各二人、典衛六人、舎人四人、城局・廟長・学官各一人、食官・厩牧各四人、典府長一人、典府丞二人、親事七十五人。穎は貞観四年を以て卒す、此れ蓋し唐制なり。

この条文は府佐と国官に分けて郎穎の各属官の人数を伝える(22)。そのなかで、常山郡公府の「城局」には留意しなければならない。「城局」は前後の時代の国官に見えず、常山郡の官とするには収まりが悪いからである。魏晋南北朝以来、「城局」参軍は府佐として史料に散見し、守城を担当したと推定される(23)。柱国府の城局参軍が、何らかの理由で常山郡公国官の列に紛れ込んでしまったと考えるのが妥当であろう(24)。城局の配置をふまえた上で、郎穎の碑陰の属官について整理し、開皇年間の柱国府・柱国の公府とそれぞれ比較すると、表四−5A「郎穎碑陰と開皇の柱国府府佐」と表四−5B「郎穎の常山国と開皇の柱国・公の国官比較」となる。なお、参考のため、府佐は永徽令の最も条件の近似する府の官員も合わせて記した(25)。

表を見れば「郎穎碑陰」の組織と開皇令の制度が近似することは一目瞭然である。開皇の制度と「郎穎碑陰」の組織の相違点は、柱国府の参軍事・行参軍・典籤と郡公の典府丞の人数が一人ずつ違うことのみである。『集古録跋尾』の記述が概要を記した抜き書きであることを前提とし、欧陽脩の記述に曖昧な部分があることを考慮すれば、この程度の差異は制度の改編ではなく史料上の誤差であるというべきだろう。なお、一人程度の人数の違いには、前任者等の名前が入っていた可能性も考えられる。

このように、「郎穎碑陰題名」は、開皇律令の制度に基づいた属官組織を記録していた。それは、武徳初年に開皇律令に準拠した属官制度が実際に運用されていたことの証拠となろう。ではその制度は、武徳七年令の成立によって

表四－５Ａ　郎穎碑陰と開皇の柱国府府佐

府僚佐名	長史	司馬	諮議参軍事	掾	属	功曹参軍事	記室参軍事	戸曹参軍事	倉曹参軍事	兵曹参軍事	城局参軍事	参軍事	法曹行参軍	田曹行参軍	鎧曹行参軍	士曹行参軍	行参軍	典籤	総数
郎穎碑陰官属	1	1	1	1	1	1	1	1	1	1		5	1	1	1	1	10	3	32
開皇令柱国府	1	1	1	1	1	1	1	1	1	1	1	4	1	1	1	1	11	2	32
永徽令柱国帯三品職事府	1					1	1										2	2	7

表四－５Ｂ　郎穎の常山国と開皇の柱国・公の国官比較

国官名	国令	大農	尉	典衛	常侍	侍郎	城局	廟長	学官長	食官長	食官丞	厩牧長	厩牧丞	典府長	典府丞	舎人	計
常山郡公国官	1	1	2	6	2	2	1	1	1	4※		4※		1	2	4	32
柱国公（私案）	1	1	2	6	2	2		1	1	2	2	2	2	1	1	4	30

※食官と厩牧に関しては、『集古録跋尾』巻五の記述に「食官・厩牧各四人」とある。それぞれ、長２人・丞２人の可能性が高い。

どのように変化するのだろうか。次に武徳七年令の属官設置について検討したい。

第二節　武徳七年令の開府制度

一　武徳七年令の成立と散階

武徳七年四月庚子（一日）、武徳律令が頒下される(26)。その武徳七年令で、散階の改編を含む大幅な官制改革が行われた。そのことを『旧唐書』巻四二・職官志・冒頭条文は以下のように記す（〔　〕は原注）。

武徳七年定令、以太尉・司徒・司空為三公、……王公以下置府佐・国官、公主置邑司以下、並為京職事官。……又以開府儀同三司〔従一品〕・特進〔正二品〕・左光禄大夫〔従一品〕・右光禄大夫〔正二品〕……並為文散官。輔国〔正二品〕・鎮軍〔従二品〕二大将軍……十将軍、為散号将軍、以加武士之無職事者。改上開府儀同三司為上軽車都尉、開府儀同三司為軽車都尉、儀同三司為騎都尉、（以下略）

　武徳七年令を定め、太尉・司徒・司空を以て三公と為し、……王公以下は府佐・国官を置き、公主は邑司以下を置く、並びに京職事官と為す。……又た開府儀同三司〔従一品〕・特進〔正二品〕・左光禄大夫〔従一品〕・右光禄大夫〔正二品〕……以て並びに文散官と為す。輔国〔正二品〕・鎮軍〔従二品〕二大将軍……十将軍を、散号将軍と為し、以て武士の職事無き者に加う。上開府儀同三司を改めて上軽車都尉と為し、開府儀同三司を軽車都尉と為し、儀同三司を騎都尉と為す、（以下略）

条文の「定令」の語から、武徳令の成立によって官制を再編成したことが確認できる。(27) 多くの職事官とともに、王府官の再編も記述されている。散階では、武徳初年の散官が文散官となり散実官が勲官に改編された。そこに散号将軍の官階をあわせた三種類が武徳七年令の散階であった。(28) この条文によって散階を整理したものが**表四‐6「唐武徳七年の官階」**である。

　品階の分布を見ると、文散官が全体的にほぼ満遍なく分布しているのに対して、散号将軍は従五品以上に偏在し、しかも職官志の記述に拠れば、職実官の無い者に限られるなど、未だ貞観十一年以後の武散官の機能とは開きがある。勲官は、散実官と比べて、最上位の上柱国の品階が正二品に降格されたことに連動し、全体的に位置づけが下降した。この官階の整備は開府制度に大きな影響を与えたのである。

『旧唐書』の記述にあるように、武徳七年に散実官の諸「儀同三司」を諸「都尉」に、諸「都督」を諸「尉」に改めて勲官の官階が成立する。この変更を具体的に述べれば、武徳初年に上開府儀同三司を有していた者は、武徳七年令以後、上軽車都尉として待遇されたことを意味する。そして勲官から消えた開府儀同三司は、文散官の最上位（従一品）に配置される。これ以後、唐代を通じて開府儀同三司の位置が変わることはない。この勲官の「儀同三司」の消失と開府儀同三司の別立こそが、開府制度と関わって注目すべき改編であった。そのことを考えるために、先に武徳七年の属官設置基準について確認することにしよう。

表四–6　唐武徳七年の官階

品	階	文散官	散号将軍	勲官
正一品				
従一品		開府儀同三司 左光禄大夫		
正二品		特進 右光禄大夫	輔国大将軍	上柱国
従二品			鎮軍大将軍	柱国
正三品			冠軍将軍	上大将軍
従三品		散騎常侍	雲麾将軍	大将軍
正四品	上	太中大夫	忠武将軍	上軽車都尉
	下	通直散騎常侍※	壮武将軍	
従四品	上	中大夫	宣威将軍	軽車都尉
	下	員外散騎常侍	明威将軍	
正五品	上	中散大夫	定遠将軍	上騎都尉
	下	散騎侍郎	寧遠将軍	
従五品	上	通直散騎侍郎	游騎将軍	騎都尉
	下	員外散騎侍郎	游撃将軍	
正六品	上	朝議郎		驍騎尉
	下	承議郎		
従六品	上	通議郎		飛騎尉
	下	通直郎		
正七品	上	朝請郎		雲騎尉
	下	宣徳郎		
従七品	上	朝散郎		武騎尉
	下	宣議郎		
正八品	上	給事郎		
	下	徴事郎		
従八品	上	承奉郎		
	下	承務郎		
正九品	上	儒林郎		
	下	登仕郎		
従九品	上	文林郎		
	下	将仕郎		

『旧唐書』巻四二職官志一より作成。
※『旧唐書』巻四二職官志では文散官正四品に上下階の記述がない。

二　武徳七年令の属官設置基準

武徳七年令の属官については、上述の『旧唐書』職官志が「王公以下府佐・国官を置く」とその設置を記すほかは、規定に関するまとまった記述は無い。しかし、その設置基準については、李靖と魏徴の特進授与時の殊遇から、永徽令との共通性を指摘できる。李靖は貞観八年に、魏徴は貞観十年に、職事官の任を解かれ特進の位を与えられた。ともに貞観十一年令成立以前であり、武徳七年令適用期に含まれる。唐の特進は、武徳七年令以後、正二品の文散官に位置づけられた（表四−5参照）。後述するように、高官を劇務から解放するために与えられ、開府の権限は無いが、俸禄などは職事官と同等の待遇を与えられた。ここで取り上げる魏徴と李靖も、体調不良のため特進が授与された。時期は前後するが説明の都合上、魏徴の例を先に紹介することにしよう。

1　魏徴への特進授与

魏徴は、貞観十年六月（六三六）にそれまでの辞職の願いが聞き入れられ、職事官の侍中を解かれて特進となった。そのことを『旧唐書』巻三・太宗本紀貞観十年夏六月条は、

夏六月、以侍中魏徴為特進、仍知門下省事。

夏六月、侍中魏徴を以て特進と為し、仍お門下省の事を知せしむ。

と伝える。この時に出された太宗の詔には、国官制度に関わる以下のような一文がある（『唐大詔令集』巻五　許魏徴遜位手詔(29)）。

……可特進、封如故、仍知門下事。朝章国典、参議得失、自徒流以下罪、詳事奏聞。其禄賜及国官防閤等、並同職事。

……特進たる可し、封は故の如し、仍お門下省の事を知せ。朝章国典は、得失を参議し、徒流自り以下の罪、事を詳《つまび》らかにして奏聞せよ。其の禄賜及び国官・防閤等、並びに職事と同じくす。

この詔に因れば、魏徴には、特進授与とともに正二品の職事官と同じ禄賜・国官・防閤等の授与が認められた。「国官・防閤等、並びに職事と同じくす」との詔の文章から、当時の制度では、職事官の品階と国官の設置に相関関係のあったことが読み取れる。

2　李靖への特進授与

李靖は、貞観八年（六三四）に足の病を理由に尚書右僕射（職事官従二品）の辞任を許され、代わりに特進を与えられた。その詔勅（『唐大詔令集』巻五五「加李靖特進制」[30]）には、特進授与と府佐国官の関係を以下の如く記す。

可特進、勲如故。并賜帛一千段・尚乗馬両匹。禄賜・国官・府佐及親事・帳内・防閤等、並依旧給。

特進たる可し、勲は故の如し。并びに帛一千段・尚乗の馬両匹を賜う。禄賜・国官・府佐及び親事・帳内・防閤等は、並びに旧給に依る。

ここでの「旧給に依る」とは、身分の変化によって低下すべき給付について、従来通りの支給を保障することと解釈できる。李靖は尚書右僕射から特進へ変わっただけで、封爵・勲官に変化はない。それにもかかわらず、国官・府佐等の保持には詔勅による特別な手配が必要だったのである。やはり、職事官の解任が属官の設置に影響したと考えざるをえない。国官だけでなく府佐の設置にも、職事官の品階が直結していたのである[31]。

武徳七年令において、府佐・国官の設置に職事官が関わることが明らかとなった。武徳七年を境に設置基準が変化したことになる。そのことは、それぞれの属官の構成にも影響したと考えられる。郎穎の属官が武徳七年令に基づいていたとしたら、武徳初年の規定とあれほど合致するはずはない。やはり、「郎穎碑陰」は武徳初年の制度を反映していたと考えるべきであり、武徳七年以後は新たな基準による属官が組織されたと考えるべきであろう。さらに踏み込んで武徳七年令の属官設置基準を考えるために、後の永徽令の規定を見ることとしよう。

3　武徳令と永徽令の属官の共通点

永徽令の王公以下の府佐と国官の組織は「永徽二年東宮諸府職員令残巻」[32]に記載される。永徽令の設置基準を知るために、最新の復元成果を反映した『唐令拾遺補』の録文より府の名称を抜き出して引用してみよう（文書の区分番号・行数も『唐令拾遺補』に従った。〔　〕は原注[33]）。

（Ⅱ）41　王公以下府佐国官親事帳内職員
42　親王府
（Ⅲ）9　三師三公府〔開府儀同三司府准此〕
14　嗣王府〔郡王府准此〕
19　上柱国以下帯文武職事府
51　嗣王国〔郡王及二王後公准此〕
54　国公以下帯文武職事府

ここに見える府の名称から分かるとおり、永徽令では、勲官が府を開く場合や、公以下の封爵が国官を置く場合に職事官を保有する必要があった。この永徽の属官設置規定をふまえれば、武徳七年令前後の武徳初年と永徽令の規定で、散実官（勲官）が府佐の設置に関わり、封爵が国官の設置に関係している。時期的に両者に挟まれる武徳令も、府佐の設置に勲官が関わり、国官の配置に封爵が関わったと想定してよいだろう[34]。そうであれば、永徽令の属官設置基準は武徳七年令のものと類似したことになる。つまり、永徽令が表現する唐の定制もしくはその基盤は、武徳七年令によって整備されたのである。

三　武徳七年令における勲官の成立と開府儀同三司の別立の意味

最後に、再度、武徳七年令の属官設置基準に立ち戻って、勲官の成立と属官設置基準の変化の意味について検討してみたい。先に記したように武徳七年の官制改革により、開府儀同三司が散官の最高位に位置づけられ、勲官には「儀同三司」の官号が存在しないことになった。

第一節において、大業令では、開府儀同三司は散職の最高位（従一品）に置かれ、開府の権限が付与されていたと推定した。唐代の開府儀同三司は、『通典』巻三四・職官典十六・文散官・開府儀同三司条に、

開元以前旧例、開府・特進雖不帯職事、皆給俸禄、得与朝会、班列以本品之次、皆崇官盛徳、罷劇就閒者居之。

開元以前の旧例、開府（儀同三司）と特進とは職事を帯びざると雖も、皆俸禄を給わり、朝会に与るを得、班列は本品の次を以てす、皆官を崇び徳を盛んにし、劇を罷め閒に就く者之に居る。

とあるように、職事官を帯びなくても、同品の職事官並みの俸禄の給付・朝会の参列が許可されるもので、開府儀同三司は特進とともに散官の中では特別な存在であったといえる。

また、永徽令には「三師三公府（開府儀同三司府は此に准る）」とあり、開府儀同三司が散官として唯一属官設置の権限を保持していた。開府儀同三司はこの特権によって特進に優越し、散官の中で突出したのである。しかも、府佐組織は三師三公府と等しく、臣下としては最大規模であった。開府儀同三司と開府制度との強い結びつきを認めることができよう。

このように、開府儀同三司は、武徳七年令の前後の時代においても、開府の権限を有していた。そして、武徳七年の官階の構造の中で、大業令や貞観令（永徽令）と同様に、散階の最高位に位置づけられた。これらのことを考慮す

れば、武徳七年令でも開府儀同三司には開府の権限が付与されていたと考えることができよう。

では一方の勲官の官階の成立は、開府制にとってどのような意味を有していたのだろうか。散実官から勲官へ移行する過程で、散実官の上開府儀同三司が上軽車都尉に、開府儀同三司が軽車都尉に、上儀同三司が上騎都尉に、儀同三司が騎都尉に変わった。この変更によって成立する勲官正四品以下の序列は、貞観以後の定制と変わるところがない。「永徽令残巻」の規定では、開府に関わるのは従三品までの勲官であった。正四品以下の勲官は開府と関わる記述が見えない。儀同三司と開府制に強い結びつきがあったことと、武徳令と貞観令以後の勲官の序列の共通性とを勘案すれば、四品五品の勲官は、すでに武徳七年令において開府との関わりを失っていたと想定できるのではないだろうか。

もしこの想定が正しいものであるとすれば、武徳七年令によって文散官最高位の開府儀同三司と二品・三品の勲官とが開府基準の一端を担うという、永徽令につながる仕組みが完成していたことになる。武徳七年令は、唐代の属官制度の大きな転換点であったと言うことができる。

小結

以上、武徳年間の府佐国官制度について検討した。その結果、武徳七年令の制定により府佐国官の制度が大きく転換したことが判明した。具体的には、府佐の設置基準が封爵と散実官の官品から封爵と勲官と職事官の官品へと変化し、国官の設置基準が封爵と散実官から封爵と職事官へと変化した。また、散実官から分離した開府儀同三司に最上級の開府の権限が与えられたことも推測される。府佐国官制度に関する限り、開元年間まで続く制度の骨幹は、武徳七年に成立したのである。

このように職事官に特権が集中することは、身分標識としての本品が職事官と散官に集約されていく流れの一部だと位置づけられよう。一般に、武徳七年令の制度と開皇の制度との類似性が推測されているが、開府制度においては、武徳七年令と貞観年間以降の制度の類似性が高いことが判明した。本品の制度も、開府の権限の移行と軌を一にしていた可能性がある。散階の中でただ一つだけ職事官と関係なく府を開けた開府儀同三司の位置づけが、それを象徴しているように思える。

ここで注目したいのは、やはり散実官から勲官への移行である。本書第二章で詳述したようにこの移行には、本階の性質の消失か相対的減少のほか、儀同三司系の官名の削除による開府の権限の減少が付随した。たとえば、それまで、上開府儀同三司として、従三品の位に位置し開府の権限を有した人物は、武徳七年を境に上軽車都尉となり、本階と開府の権限を喪失した可能性が高いのである。この散実官所有者の権限の縮小こそが、勲官成立の目的であったと考えられる。

武徳七年は唐の国内平定が一段落した段階である。そのときに分権的な傾向を持つ散実官の権限を削ることに着手した。散実官は軍功に由来するため、唐初に来降した大小軍閥の主などは高位の散実官を所有していた。また、唐創業期に五品以上の散職が濫授され、それを散実官に改授したという経緯から、上位の散実官が多数存在したことが想定できる。全ての散実官が府を開いたとは考えられないが、散実官には定員が無いことから、無制限に開府の権限を持つ者が増える可能性があった。彼らから、辟召などの権限を回収し、府主と府佐のつながりを弱めることがこの改編の一つの目的だったと想定できる。

一方、職事官の官品によって府佐や国官を規定すれば、職事官には定員があり、高位の職事官は中央官に限られることから、任命などを通して府の設置を一定程度抑制することができる。唐は国内平定後の中央集権の一環として開府制度を改編したのである。

注

（1）本階と本品については、王徳権「試論唐代散官制度的成立過程」（『唐代文化研討会論文集』文史哲出版社、一九九一年）、陳蘇鎮「北周隋唐的散官与勲官」（『北京大学学報』哲学社会科学版、一九九一―二、一九九一年）、閻歩克著『品位与職位――秦漢魏晋南北朝官階制度研究』（中華書局、二〇〇二年）を参照。陳蘇鎮氏は、貞観十一年まで勲官に本階の機能が残されていたとするが、武徳七年当時、勲官のみが本階だったのか、それともほかの官階にも本階の機能があったのかということについては明示していない。

（2）本書第三章参照。

（3）徐連達「隋唐官員的品階及職・散・勲・爵制度」（『唐代史研究会会報』三、一九九〇年）黄清連「唐代散官試論」（『中央研究院歴史語言研究所集刊』五八―一、一九八七年）・宮崎市定『九品官人法の研究』（東洋史研究会、一九五四年）等を参照。

（4）魏晋南北朝期の府主府官制度については、濱口重國「隋の天下統一と君権の強化」（同著『秦漢隋唐史の研究』下、東京大学出版会、一九六六年所収、初出は一九三二年）、「所謂、隋の郷官廃止について」（同書所収、初出は一九三一年）を参照。また、「魏晋南北朝隋唐史概説」（同書所収、初出は一九三二年）の「三　地方官制の大改革と官吏任用権の回収」（同書八七七～八八〇頁）に魏晋から隋唐までの府主府官制度の概観がまとめられている。

（5）李錦繡「唐代的視品官制――以嗣王以下府佐国官為中心」（同著『唐代制度史略論考』中国政法大学出版社、一九九八年、第一部「官制」三）参照。

（6）会田大輔「西魏・北周覇府幕僚の基礎的考察――幕僚の官名・官品（官命）・序列を中心に――」（『明大アジア史論集』一

五、二〇一一年）および石野智大「唐初村落制度の「新史料」——西安碑林博物館蔵「荔非明達等四面造像題名」の再検討——」（『明大アジア史論集』一七、二〇一三年）参照。

（7）注（1）所掲閻書参照。

（8）『隋書』巻二八・百官志下に開皇の制度を記して、

又有特進・左右光禄大夫・金紫光禄大夫・銀青光禄大夫・朝議大夫・朝散大夫、並為散官、以加文武官之徳声者、並不理事。

又た特進・左右光禄大夫・金紫光禄大夫・銀青光禄大夫・朝議大夫・朝散大夫有り、並びに散官と為し、以て文武官の徳声ある者に加へ、並びに事を理《おさ》めず。

とある。

（9）顧江龍「周隋勲官的「本品」地位」（『魏晋南北朝隋唐史資料』二六、二〇一〇年）参照。

（10）藤井律之「特進の起源と変遷」（同著『魏晋南朝の遷官制度』京都大学学術出版会、二〇一三年、初出は二〇〇〇年）参照。

（11）王仲犖『北周六典』（中華書局、一九七九年）巻九・勲官第二十、五七一～五八〇頁参照。

（12）このように仮定すると、「一人」のままで問題なく読める「食官丞」にも定員増の影響が出る。しかし、この史料操作を経ても食官丞の記述は矛盾無く読むことができるので問題はない。

（13）内田昌功「隋煬帝期官制改革の基礎的研究」（『史朋』三三、二〇〇〇年）、同「隋煬帝期官制改革の目的と性格」（『東洋学報』八五―四、二〇〇三年）。

（14）王徳権前掲注（1）論文。

（15）本書第一章参照。

（16）藤井律之「特進の起源と変遷——列侯から光禄大夫へ——」（『東洋史研究』五九―四、二〇〇〇年）十三～二二頁。

（17）朝散大夫と上大都督の関係については注（1）所掲陳蘇鎮論文三二頁参照。また、朝散大夫から上大都督を経て勲官の驍騎尉へ改授されたことは、「常徳及妻柳氏墓誌」（顕慶二年（六五七）、増訂版六四三）の墓主常徳の父である常達摩について、

「唐任勲朝散大夫、驍騎尉、上大都督」とあることにより明らかである。

(18)『集古録』・『集古録跋尾』及び『集古録目』の成立とそれぞれの関係については、大野修作「欧陽脩『集古録跋尾』の成立とその書論」（同著『書論と中国文学』研文出版社、二〇〇一年、第五章）特に第二節（八九～九四頁）を参照。

管見の限り、「郎穎碑陰」等の記述を残す史料には、『集古録跋尾』『集古録目』のほかに、『宝刻叢編』巻六および『河朔訪古記』巻上がある。はじめに『集古録跋尾』が成立し、次に欧陽脩の命で子の欧陽棐が『集古録目』をまとめた。その『集古録目』の条文を『宝刻叢刊』は引用する。後に『集古録目』の該当部分は散逸する。現行輯本は『宝刻叢刊』の引用条文からの復元である。編者未詳の『河朔訪古記』の記述は、ほぼ『集古録跋尾』の節略であるが、冒頭に独自の立碑地情報を加えている。その引用文から、集本を利用していたことが推測できる。また、碑陽の郎穎碑については、趙明誠『金石録』巻二三に跋文が見える。その内容は、欧陽脩の跋文に対する批判である。

(19) 編者未詳『河朔訪古記』巻上　常山郡部「郎氏墓碑」条には次のように見える。

郎氏墓碑。在新楽県東南十五里曲都村、有郎氏墓、墓林中有郎茂・郎穎二碑。

郎氏墓碑。新楽県の東南十五里に曲都村在り、郎氏墓有り、墓林中郎茂・郎穎の二碑有り。

(20) 注（5）所掲李論文参照。

(21)『旧唐書』巻一八九下・儒学下・郎余令伝、『新唐書』巻一九九　儒学中・郎余令伝参照。また『資治通鑑』巻一八七・唐紀三・高祖武徳二年四月甲辰条に山東安撫出発の記事がある。そして同書同巻の同年十月条に竇建徳に捕らわれたこと、後に無事に帰国したことが記されている。『新唐書』本伝に、囚われたまま竇建徳の平定を迎えた、致仕したことが見える。郁賢皓氏と胡可先氏は、郎穎の大理卿就任期間を武徳元年から二年とする。郁賢皓・胡可先著『唐九卿考』（中国社会科学出版社、二〇〇三年）三四八頁。なお、郎穎の事跡については、注（6）石野論文一五～一七頁にも略歴がまとめられている。

(22)「郎穎碑陰」にみえる「司某」の官名は、開皇律令では「某曹」と書かれるべきものであるが、大業年間以後名称の混乱が起こった。ここでは、「司某」参軍との表記は、「某曹」参軍のことであると考えたい。なお、某曹参軍と司某参軍の名称の名称の混同については、注（6）所掲会田論文二六～二七頁、三四～三五頁註（48）。および、注（6）所掲石野石野論文、一三頁及び三二頁註（28）を参照。

（23）厳耕望『中国地方行政制度 上篇四 巻中 魏晋南北朝地方行政制度』下冊（台湾商務院書館、一九五二年）第四章 州府僚佐 上 北魏州府僚佐 （二）府僚佐、五六九頁参照。また、城局参軍が北魏後半期に列曹参軍として、府佐に分類されていたことは、会田大輔「北魏後半期の州府僚佐――「山公寺碑」を中心に――」『東洋学報』九一―二、二〇〇九年、六九～八〇頁。

（24）武徳年間の城局参軍については『新唐書』巻四九下・百官志四下・王府官条原注に

武徳中、改功曹以下書佐・法曹行書佐・士曹佐皆曰参軍事、長兼行書佐曰行参軍、廃城局参軍事。

武徳中、功曹以下書佐・法曹行書佐・士曹佐を改めて皆な参軍事と曰い、長兼行書佐を行参軍と曰う、城局参軍事を廃す。

とあり、武徳年間に府佐の改称とともに、城局参軍事の廃止を述べる。李錦繍氏は、この条文に注目し、改称と廃止は同時に行われた改編であり、そのため、もともとの記述では府佐に城局が含まれなかった「郎穎碑陰題名」の組織は、武徳七年の制度であったとする。しかし、なぜ郎穎の常山郡公府に「城局」が存在したのかについては合理的な説明を提示していない。

また、もともと書佐は、隋大業三年の官制改革で、開皇の参軍事を改称したものである（『隋書』百官志）。前述のように、唐は武徳元年に開皇律令を復活した。それならば、同時に、参軍事の名称も再使用したと考えるのが妥当であろう。そのときに、城局参軍が廃止されたのならば、「郎穎碑陰題名」に「城局」が存在することは理解することができない。逆に「郎穎碑陰題名」に「城局」が存在したことから、唐建国直後は開皇の制度がそのまま適用されて行参軍と城局参軍事が併存した期間があり、その後、城局参軍が廃止されたと考えるべきであろう。そのため、『新唐書』は「武徳中」と期間を表わす語で表記したのではないだろうか。郎穎の致仕が武徳四年頃だとすると、武徳七年の官制改革によって城局参軍が廃止されたとみるのが自然であろう。

（25）当時の郎穎の官爵と最も合致する永徽令の条文は、府佐では柱国帯三品職事者である。その条文は、以下のようにある。

仁井田陞著・池田温編集代表『唐令拾遺補』（東京大学出版会、一九九七年）三四九～三五〇頁。なお、国官は史料に欠落のため省略した。

（Ⅲ）29　柱国帯二品以上職事者、長史一人　記室参
30　軍一人　功曹参軍一人　倉曹参軍一人　行参
31　軍四人　典籤二人　親事廿九人　帳内五十五[人]
32　帯三品職事者、長史一人　記室参軍一人　功
33　曹参軍一人　行参軍二人　典籤二□　[親]事廿
34　人レ二一　帳内卅人　帯四品職事者、〔記室参軍一〕
35　人　行参軍二人　典籤二人。[五]〔品職事者、記〕
36　室参軍一人　行参軍二人　□典籤一人。

（26）石田勇作「「隋開皇律令から武徳律令へ——律令変遷過程の整理（Ⅰ）——」『栗原益男先生古希記念　中国古代の法と社会』（汲古書院、一九八八年）」二三一～二三三頁参照。

（27）仁井田陞著『唐令拾遺』（一九三三年、東方文化学院、頁数は以下、復刻版第二刷、東京大学出版会、一九八三年）一〇一頁は、この条文から唐官品令一甲〔武〕条を復元している。また、注（25）所掲『唐令拾遺補』では、「左光禄大夫」の品階を従二品、「右光禄大夫」を正三品と補訂する（三二五頁）が、その根拠が示されておらず、今は従わない。

（28）武徳七年令から上柱国以下の官階が勲官と呼ばれたことは、『旧唐書』巻四五・輿服志に引く武徳令から確認できる。

諸勲官及爵、任職事官者、〔散官・散号将軍同職事〕正（王）衣本服、自外各従職事服。（「正」の字は武英伝本により、王に改める）

諸そ勲官及び爵、職事官に任ずる者は、〔散官・散号将軍は職事と同じ〕王は本服を衣、自外は各おの職事の服に従え。

仁井田陞氏は、本条文を唐衣服令第四八条として復元する。注（27）所掲書四五二頁参照。

なお『資治通鑑』巻一九〇唐紀六・武徳七年三月条にも、

三月、初定令、……上柱国至武騎尉十二等、為勲官。

三月、初めて令を定め、……上柱国武騎尉に至る十二等、勲官と為す。

とある。ただし、『資治通鑑』に、三月とあるのは注（26）所掲石田論文にあるように四月が正しい。省略部分の本文にはこの時に「武散官」が成立したとするが、これも誤りである。更に付け加えれば、この条文の散階に対する胡三省の註は、おそらく『新唐書』巻四六・百官志一の吏部郎中・兵部郎中・吏部司勲郎中の各条文に拠っており、武徳七年当時の制度を反映したものではないことに留意する必要がある。当条文の文武散官の項目の問題については、すでに黄清連「唐代散官試論」（『中央研究院歴史語言研究所集刊』五八―一、一九八七年）附表一の附註及び附表二の附記（二〇一～二〇四頁）に言及がある。

（29）「許魏徴遜位手詔」は、『冊府元亀』巻三三三と『全唐文』巻五太宗に同様の文がある。

（30）「加李靖特進制」は、ほかに『冊府元亀』巻三二九、『全唐文』巻四太宗に同文がある。

（31）李錦繍氏は、『旧唐書』巻六六杜如晦伝に

其年冬、遇疾、表請解職、許之、禄賜特依旧。……尋薨……明年如晦亡日、太宗復遣尚宮至第慰問其妻子、其国官府佐並不之罷。

其の年（貞観三年）の冬、疾に遇い、表して解職を請う、之を許し、禄賜は特に旧に依る。……（貞観四年）尋いで薨ず……明年（貞観五年）如晦の亡日、太宗復た尚宮を遣して第に至り其の妻子を慰問せしめ、其の国官・府佐は並びに之を罷めず。

とあり、貞観三年の致仕において「禄賜は特に旧に依る」とのみ記し、国官府佐にはふれないことから、当時は職事官が属官設置に影響することはなかったとする。そのため、貞観三年から李靖が特進を取得する八年までの間に、属官設置基準が変化したと考える（注（5）所掲李論文、一二九～一三〇頁）。この条文のみによれば、李氏の見解が正しく思える。だが、そうであるならば、貞観三～五年の間にかなり大幅な属官制度改革が行われたことになる。しかし、そのような記述は管見の限り見あたらない。また、「禄賜」のみを記し、国官等を省略したと見ることも可能ではないだろうか。

武徳七年における勲官の成立・開府儀同三司の別立という開府制度に関わる官階の変化を重視すると、官制改革と同時に属官設置基準が変化したと考える方が合理的であろう。

(32)「永徽二年東宮諸府職員令残巻」(P四六三四A、S一八八〇A・B、S三三七五、S一一四四六)は、敦煌から発見された。二百行以上の令文が残存するが、多くの断片からなり、現在はフランスの国家図書館とイギリスの大英図書館に分蔵されている。その復元に関する研究史については、土肥義和氏による整理がまとまっており、有益である。土肥義和「永徽二年東宮諸府職員令の復元――大英博物館所蔵図書館蔵同職員令断片(S一一四四六)の発見に際して――」(『國學院雑誌』八三―二、一九八二年)一～二九頁。研究史については一～四頁参照。

また、該当論文で土肥氏はS一一四四六を発見し、「職員令」の令文があったことを発表した。後に岡野氏誠氏の要請によって、大英図書館は同断片を剝離し、岡野氏自身がその結果を報告されたことによって現在の復元段階に至っている。岡野誠「唐永徽職員令の復元――S一一四四六の剝離結果について――」、(島田正郎博士頌寿記念『東洋法史の探求』一九八七年、汲古書院)一七九～二一〇頁。

(33) 注(25)所掲『唐令拾遺補』三四一～三五五頁。

(34) 永徽令の府佐設置基準は、本文で述べた通り、封爵と勲官と職事官とを勘案したものであった。そのばあい、勲官の開府は、散実官との繋がりや永徽令において「上柱国以下帯文武職事府」と記載されることから、勲官が中心であったかのように思える。しかし、散実官の規定と比べると開府の権限が抑制されていることに気づく。まず、開府できる官が、上位四等級に限られ、上位八等級に開府が許された散実官よりも範囲が縮小している。しかも、「勲官帯職事某品」と記されることからわかるように、勲官と職事官の官品の両方を基準として府佐の組織が構成されたことも見落としてはならない。唐代では、官僚が幕府を開くためには、三品以上の勲官と五品以上の職事官を同時に所有する必要があり、勲官だけの権限では府を開くことができないのである。また、勲官府の属僚が視品官であったことは先の『旧唐書』の記述からうかがえる。李錦繡氏は、張達や房高の墓誌の記述などから勲官府の属僚の存在を裏付けている。

このように、縮小されながらも、なんとか散実官から開府の制度を受け継いだように思える勲官だが、視点を変えて職事官の官品に着目してみると、さらに違った様相が見えてくる。上柱国以下帯職事府について、職事官の品階を中心に整理すると「表四−7　職事官品から見た勲官帯職事府の構成」となる。

この表から職事官の官品の高低と官員数の関係が整然と並んでいることがわかる。勲官が主で職事官が従と見える記述も、実は、職事官の官品を中心として府佐の数が割り当てられていたのである。それは職事三品官以上の場合のみ長史がいたことや、親事や帳内の数の増減の推移から見ても明らかである。すなわち、永徽令では、外面的には上柱国などの勲官と府のつながりを残しつつも、相対的には勲官の地位が下がり、府佐との結びつきも弱くなっていたのである。

また、開府儀同三司府と最高位の上柱国帯二品職事府の規定を比べてみると、勲官の地位の低下がよくわかる。開府儀同三司府の府佐は総勢一九人であり、上柱国帯二品職事府の一二人よりも多く、その官職の種類も多い。品階だけでなく、特権などの全ての面で開府儀同三司が上柱国を凌駕したのである。西魏・北周以来、上柱国と開府儀同三司が併置されれば、上柱国は最上位に置かれ開府儀同三司はそこから数段落ちる中間的な位置に置かれていた。その上柱国が最上位から転落し、開府儀同三司の下位に位置づけられたことは、西魏・北周以来の官階制度が一つの画期を迎えたことを意味するものと思われる。

表四-7　職事官品から見た勲官帯職事府の構成

府主の身分		長史	記室	功曹	倉曹	行参軍	典籤	府佐計	親事	帳内
職事	勲官									
二品以上職事	上柱国	1	1	1	1	6	2	12	34	61
	柱国	1	1	1	1	4	2	10	29	55
	上護軍	1	2			4	2	9	2?	49
	護軍	1	1			2	2	6	22	40
三品職事	上柱国	1	1	1	1	4	2	10	25	44
	柱国	1	1	1		2	2	7	22	40
	上護軍	1	1			2	2	6	19	3?
	護軍	1	1			2	2	6	15	31
四品職事	上柱国		1			3	2	6		
	柱国		1			2	2	5		
	上護軍		1			1	2	4		
	護軍		1			1	2	4		
五品職事	上柱国		1			2	2	5		
	柱国		1			2	1	4		
	上護軍		1			1	1	3		
	護軍		1				1	2		

第五章　唐太宗の高句麗親征と勲官の濫授

はじめに

武徳七年に成立した勲官制度は、貞観十一年令（六三七）によって、それまでの上大将軍を上護軍に、大将軍を護軍に改称することで、その官階が完成する。貞観十四年（六四〇）の高昌国征服後、唐は旧高昌国の官吏を慰撫しながら唐の支配秩序に位置づけるために勲官を利用した(1)。このような勲官の授与が唐建国期の散職授与と同質であったことは、すでに馬志立氏の指摘がある。従来の研究では、則天武后期に至って官爵が濫授され、その過程で所有者が増加した勲官は、質が変化して官人の身分を表す機能を消失したと考えることが多い(2)。たしかに唐代の勲官授与は、時代が下れば下るほど、より安易により広範になる。しかし、第二章で見た通り、そもそも勲官は成立当初から官人の身分を表す機能を備えていなかった。そう考えると数の増加による質の変化という従来の考えは成立しえないのである。

では、勲官制度の画期は、どのように考えることができるのだろうか。そこで注目したいのが、貞観末の太宗の高句麗親征を契機として始まる、新しい勲官授与である。すでに、頼亮郡氏は高句麗親征時に大量の勲官授与があったことを指摘している(3)。しかし、その授与がなぜ行われ、その後どのような影響を与えたのかということについては言及がない。実は、この時の授与が戦功なき従軍者への勲官授与の端緒を開き、永徽年間から徐々に顕在化する官制上の混乱の原因の一つとなったのである。

本章では、貞観末年から始まる新たな勲官授与の慣例と、その慣例が引き起こした官制の混乱、そして唐朝が官制の混乱にどう対応したのかを明らかにする。まずは、契機となった太宗の高句麗親征とその勲官授与とについて整理することから始めよう。

第一節　太宗の高句麗親征の概要

太宗の高句麗親征は、貞観十八年・十九年（六四四～六四五）に行われた(4)。その発端は、貞観十六年（六四二）、高句麗の大臣泉蓋蘇文が政変をおこし、宝蔵王を立てて実権を掌握したことにある。翌十七年（六四三）、高句麗が侵略を繰り返しているとの新羅の訴えに応じて、唐は高句麗に使者を派遣して新羅への侵略行為をやめるよう促した。しかし、泉蓋蘇文はそれを拒み、太宗に親征の大義名分を与えてしまうことになった(5)。

太宗は、まず、貞観十八年七月に営州都督の張倹を先遣隊として派遣するが、遼水の増水で引き返さざるえなかった。十一月には張亮に率いられた水軍四万、李勣に率いられた歩兵・騎馬六万および長安・洛州の募兵三千人が出発し、翌十九年二月に太宗自身の率いる六軍（総数不明）が洛陽を出発する。唐軍は、沙卑城・蓋牟城など数城を落とすが、安市城を攻めきれぬまま九月を迎え、寒さと食糧難のために撤退を余儀なくされた。太宗が長安に帰還するのは、貞観二十年（六四六）三月のことであった。この張倹の派遣以来の経過を『旧唐書』巻三太宗本紀下の記述を中心に『新唐書』巻二太宗本紀および『資治通鑑』巻一九七・一九八で補ったものが表五−1「唐太宗高句麗親征関係

表五-1　唐太宗高句麗親征関係年表

貞観	月	日	干支	事柄
十八年	7	23	甲午	張倹に幽・営両州の府兵と契丹・奚の兵を率いさせて高句麗に派遣。 ⇒遼水の増水に遭って帰還。
	10	14	甲寅	太宗、洛陽へ向け長安を出発。房玄齢を留守として長安に残す。
	11	30	庚子	張亮が平壌道行軍大総管として水軍を率いて萊州より出発。 李勣が遼東道行軍大総管として陸軍を率いて柳城より出発。
十九年	2	12	庚戌	太宗、六軍を率いて洛陽を出発。
		17	乙卯	皇太子治に定州での監国を命じる。
	3	9	丁丑	太宗、定州到着。
		19	丁亥	自費で親征に従軍を望む人々が数千人に上る。→太宗許さず。
		24	壬辰	太宗、定州を出発。
	4	6	癸卯	幽州城の南で誓師、軍と大饗。
		9	丙午	勲官を重ね増すことを発表（会要81勲）し、六軍大いに喜ぶ。
		10	丁未	幽州出発（通鑑）。岑文本死ぬ。
		26	癸亥	李勣、蓋牟城を破る。
	5	2	己巳	平壌道行軍総管程名振、沙卑城を破る。
		10	丁丑	太宗、遼水を渡り、馬首山に軍す。
		17	甲申	太宗、李勣と会い遼東城を破る。
	6	1	丁酉	白巖城を破る。
		20	丙申	安市城に至る。
		21	丁巳	高句麗の大人高延寿ら、安市城に来援。
		23	己未	太宗、援軍を破る（駐蹕山の戦い）。高延寿ら唐に降伏。
		25	辛酉	太宗、安市城外での勝利を祝して、天下に賜酺。
	7			李勣、安市城を攻めるも、籠城戦へ。
	9	18	癸未	唐軍、安市城を落とせないまま撤退。（班師詔）
	10	11	丙午	営州に至る。
		21	丙辰	臨渝関に入る。皇太子治、迎えに来る。
	11	7	辛未	幽州に至る。
		9	癸酉	幽州で軍に大饗。
		16	庚辰	易州に至る。
		22	丙戌	太宗、定州に至る。
	12	14	戊申	并州に至る。
二十年	1	17	庚辰	并州に曲赦。従官および起義の元従に賜宴。
	2	1	甲午	高麗を討つに従いて功無き者、皆に勲一転を賜う。
		2	乙未	太宗、并州出発。
	3	7	己巳	太宗、京師に至る。

※『旧唐書』巻3太宗本紀、『新唐書』巻2太宗本紀『資治通鑑』巻197～8によって作成

年表」である。

この表の中で勲官との関連で注目すべきものは、（1）貞観十九年四月の制、（2）六月の高句麗降伏者への官爵授与、（3）貞観十九年九月十八日の「高麗班師詔」（『唐大詔令集』巻一三〇・討伐、以下「班師詔」と省略）、そして、（4）貞観二十二年二月の「渡遼海人」に対する勲官授与の詔の四点である。（2）は白巖城と駐蹕山の戦いの事例で、(6) 唐初建国期の散職の使用や高昌国征服時の勲官授与と同じ旧来通りの使用法である。これ以後の勲官制度の運用に影響を与えたのは（4）「渡遼海人」に対する勲官授与の詔であり、その発布の状況を醸成したのが（1）四月の制であり、発布の根拠となったのが（3）「班師詔」なのである。そこで、次に（4）「渡遼海人」に関する詔の発布の状況を作り出した（1）四月の制について考察することにしよう。

第二節　親征従軍者に対する授勲基準の緩和

貞観十九年（六四五）四月六日、高句麗出兵のために幽州に滞在していた太宗は、幽州城の南で誓師し、軍と大饗を行った。三日後の九日には勲功換算基準を変更する制を発布する。それは、関連する岑文本の言葉とともに『唐会要』巻八一・勲に以下のようにある。

旧制、勲官上柱国已下至武騎尉為十二等、有戦功者、各随高下以授。岑文本謂「資高而勲卑者、皆従卑叙」。至貞観十九年四月九日、太宗欲重征遼之賞、因下制「授以勲級、本拠有功、若不優異、無由勧奨。今討高麗、其従駕爰及水陸諸軍、戦陣有功者、皆特聴従高品上累加」。六軍大悦。

旧制、勲官は上柱国已下武騎尉に至り十二等と為し、戦功有る者は、各々高下に随い以て授く。岑文本謂う「資高くて勲卑き者は、皆卑叙に従う」と。貞観十九年四月九日に至り、太宗、征遼の賞を重くせんと欲し、因りて制を下す「授くるに勲級を以てするは、本もと有功に拠る、若し優異あらざれば、勧奨する由無し。今高麗を討つに、其の従駕爰及《およ》び水陸諸軍、戦陣に功有る者、皆特に高品に従い上に累ねて加ふるを聴す」と。六軍大ひに悦ぶ。(7)

岑文本は庶務の統括者として太宗の親征に同行していたが、事務の多忙が原因で精神に異常をきたし、途中の定州で急病を発したため留め置かれ、この制が発布された翌日に死亡した。(8)当時の岑文本の立場をふまえれば、ここに引用される岑文本の言葉は、親征における授勲規定に関わるものだと言えよう。そして、太宗と岑文本による士気増進に関する議論を記録したものと理解できる。岑文本は、従来「資」と「勲」が異なる場合には、低いものを基準として戦功を評価していたという。その言をふまえて、太宗は「従駕」（＝六軍）と水陸諸軍（＝李勣の陸軍と張亮の水軍）の戦功を、今回のみ特別に「勲」と「資」の高い方を基準として評価すると約束したのである。同じ勲功で高い官爵を得られるため、その場にいた六軍の兵士は喜んだのである。(9)

この条文に見える「勲級」とは、軍功によって与えられる官職の意味で、職事官や散官を含み勲官に限ったものではない。しかし、『唐会要』の文脈に従えば、太宗のなかでは勲官を中心としたものであったと想定できる。後述する劉仁軌の上表において、貞観・永徽年間の征遼（六四四〜六五五）のこととして、「又た征役の為に、勲級を授ける、将て栄寵と為す」との将士の証言を引用しており、当時の兵士が栄達のために従軍したことが確認できる。栄達を望む者にとって、太宗の示した授勲基準の緩和は大いに喜ばしいことであり、士気が上がったことは想像に難くない。

この勲級授与基準の緩和は、もちろん功績をあげた者を対象とした規定であった。この規定に沿って勲官が授与されたと推測される事例が「張団児墓誌」に見える。[10] 誌文によって、張団児の略歴を記せば以下のようになる。もともと、麹氏高昌国の官人で東宮府門子弟将（八品相当）[11]の任にあった張団児は、貞観十四年（六四〇）、高昌国が唐に征服されると、唐の洛州懐音府隊正（正九品下）に任命された。そして、「役征遼□、□驍騎尉。（遼□に役征し、驍騎尉（勲官正六品）を）」授けられる。[12] その後、「郷里に放還され」て徴事郎（文散官正八品上）・西州交河県尉（従九品下）[13]となる。死去した月日は明らかではないが享年五十余才、永徽四年（六五三）十二月六日に埋葬された。誌文のかすれのため判読できない文字があるが、「郷里に放還され」たのは、永徽二年（六五一）のこととみられており[14]、三度あった貞観年間のいずれかの高句麗遠征に従軍し、その勲功が認められて、都合四転して驍騎尉を与えられたと見て大過ないだろう。

第三節　「渡遼海人」に対する勲官の賜与

高句麗親征における勲官の増加の流れは、その敗戦処理によって、より一層加速する。太宗は、貞観十九年（六四四）九月高句麗の安市城を攻めきれずに軍を還す。太宗は撤退を表明した「班師詔」の末尾で、太宗は以下のように報償について述べる。

方且仰酬玄沢、展大礼於郊煙、賚此勤労、録擢鋒於将士。有勲者別頒栄命、無功者並加優䘏。諸渡遼海人、応加賞命及優復者、所司宜明為条例、具状奏聞。朕将親為詳覧、以申後命。

方且に玄沢に仰酬して、大礼を郊煙に展し、此の勤労を賚いて、擢鋒を将士に録さんとす。勲有る者別に栄命を頒かち、功無き者並びに優䘏を加う。諸そ遼海を渡りし人、応に賞命及び優復を加うべき者、所司宜しく明らかに条例を為し、状を具にして奏聞すべし。朕将に親ら詳覧を為し、以て後命を申ぶ。

太宗は、この「班師詔」において、勝利できなかったにもかかわらず、太宗は従軍将士に報いることを約束した。勲功を挙げた者に栄命を与えることを確認しただけでなく、勲功がない者にも優邮を加えることを表明した。功績の有無それぞれの場合について担当部署に条例を作って上奏するよう指示し、太宗自身がその内容を詳しく調べたのちに新たな指示を出すこととしたのである。この報賞の約束には、撤退における唐軍の結束を固め、遠征軍の瓦解を避ける目的があったと推測できる。そのおかげもあってか、唐側の史料によれば大部分の馬は死亡したが、従軍者の死者は二千人余りと少数に止まり、大多数の兵士は唐に帰国することができた(15)。

「班師詔」の中で特に注目すべき点は、勲功なき者にも優邮を加えると表明したことである。太宗は翌二十年（六四六）二月甲午（一日）、長安帰還の途上の并州（太原）滞在中に、「班師詔」の方針を現実のものとする詔勅を発布する。その詔勅は『冊府元亀』巻八〇・帝王部・慶賜門二に、

二月、詔遼海人無戦勲者、汎加勲官一級。

（貞観二十年）二月、詔して遼海の人の戦勲なき者に、汎く勲官一級を加ふ。

とあり、『新唐書』巻二・太宗本紀・貞観二十年二月甲午条に

二月甲午、従伐高麗無功者、皆賜勲一転。

二月甲午、高麗を伐つに従ひ功無き者、皆勲一転を賜ふ。

とある。『冊府元亀』の記事の「遼海人」は、『新唐書』では「従伐高麗（者）」と表現し、先の「班師詔」で「渡遼海人」と呼ばれている人々と同じである。すなわち、「遼海を渡った人」の意で、高句麗遠征従軍者を意味する。そして、『冊府元亀』の「加勲官一級」と『新唐書』の「賜勲一転」とは、勲官を一等級分与えるという意味である(16)。し

たがって、この詔勅は、「班師詔」で示した方針に基づいて、高句麗遠征従軍者で戦功の無い者に勲官一転を与えるものだったことになる。

この詔勅通りに勲官が授与されたことを確認できる墓誌がある。二つの墓誌を例として挙げてみよう。まず、「張羊墓誌」には、(17)

十九年、駕幸遼左、君乃髪起衝冠、投募従戎、施功展効、以君遠過滄海、詔授勲官一転。

〔貞観〕十九年、駕遼左に幸し、君乃ち髪起衝冠し、募に投じ戎に従う、功を施し効を展ばす、君遠く滄海を過ぐるを以て、詔して勲官一転を授く。

とある。誌主の張羊の経歴を誌文から拾い出してみると、

〔貞観十九年〕高句麗親征従軍→「詔授勲官一転」→〔永徽四年（六五三）〕永嘉府隊副（左驍衛所属、河南府）→〔顕慶元年（六五六）〕死去（三十二歳）

となる。この墓誌では勲官授与の理由を「君の遠く滄海を過ぐるを以て（以君遠過滄海）」と記す。滄海は、渤海の別名であることから、渤海を渡り、遼東に従軍したことで勲一転を授けられたと考えることができる。これが先の貞観二十年二月の詔の内容と合致するのである。戦功のない者に対する勲官授与例と見て間違いない。また、「任素墓誌」には、(18)

十九年、駕幸遼左、君乃髪起衝冠、投募従戎、施功展効、以君庶績尤甚、蒙加勲官一転。

〔貞観〕十九年、駕遼左に幸し、君乃ち髪起衝冠し、募に投じ戎に従う、功を施し効を展ばす、君庶績尤も甚しきを以て、勲官一転を加うるを蒙る。

とある。任素の経歴も墓誌から拾い出してみると、

〔貞観十九年〕高句麗親征従軍→勲一転（武騎尉）→〔顕慶五年（六六〇）四月〕死去（三十八歳）。

となる。任素の墓誌の題が「唐故武騎尉任君墓誌并序」とあることから、高句麗遠征時の一転の勲功によって、勲官最下級の武騎尉を取得してから死ぬまで、ほかの官に叙されていないことがわかる。「任素墓誌」では勲官取得理由を「君庶績尤も甚しきを以って（以君庶積尤甚）」と記すが、これは、修辞上の誇張であろう。それよりも、両墓誌の「駕幸遼左」以下の十八文字が同文であることが注目される。この十八文字がこの時の武騎尉授与の告身の文言の一部である可能性が高く、両墓誌ともそこから引用したと考えられるからである。そうであれば、両者とも高句貞観二十年二月の詔によって高句麗親征従軍を理由に勲一転を授けられた事例であると言えよう。

「渡遼海人」すなわち高句麗親征従軍者全員が勲官授与の対象になったことから、この時の勲官授与者の数は高句麗親征帰還者の数と等しくなると考えてよい。[19]高句麗親征従軍者の数は史料によって二系統に分かれる。総勢十万人とする『旧唐書』の各記述と総数十七万人とする『新唐書』『唐会要』『冊府元亀』『資治通鑑』の記述である。どちらが正しい数を伝えているのかは明らかではないが、戦死者を二千人程度とすることではほぼ一致する。[20]もちろん、戦死者数は実数ではなく過小に記述されている可能性もある。それでも、史料に即して見積もれば、最少でも九万八千人、最大で十七万人程度の従軍者が帰国したと考えられる。その全てに勲官が授与されたとすれば、この高句麗親征帰着時に十万人に達する勲官が存在したことになる。

太宗はなぜ高句麗遠征において、戦功のない従軍者に勲官を与えたのであろうか。先に高祖が官賞を惜しんだことが隋滅亡の原因であると考えていた例を挙げたが、[21]太宗も同様の認識を共有していたと考えるべきであろう。そもそも太宗は、『貞観政要』中にしばしば見えるように、煬帝を反面教師として政治を行った。[22]高句麗親征についても、中止すべきとの度重なる臣下の諫言に対して、太宗自身が隋との情況の違いを分析したうえで、臣下の言を拒絶して開戦に踏み切っている[23]。高句麗親征時の大量授勲も煬帝との対比のなかで考える必要がある。そこで注目したいのが、雁門における籠城戦の行賞に対する煬帝の対応である。すでに第二章で詳述したので、ここでその概略を述べるにとどめたい[24]。

大業十一年（六一五）八月、煬帝は北塞巡幸中の雁門で始畢可汗率いる数十万の突厥軍に包囲され、籠城を余儀なくされる。その最中、煬帝は、樊子蓋と虞世基による籠城戦における破格の賞与を約束し、準備中の遼東遠征の断念を表明することで将士の士気を上げ、危機を乗り切るべき、という上言を受け入れて、自ら将士を巡撫し、破格の賞与を約束したことで、士気が向上した。結果的には煬帝は蕭瑀の発案を採用し、可汗の妻であり隋から出嫁している義成公主への働きかけを行うことで危機を脱した。煬帝は、洛陽に帰還した後、前言を撤回し賞与を惜しみ将士に僅かな賞与しか与えなかった。そのうえ、中止を宣言した高句麗遠征の再開しようとしたのである。

このように煬帝は、状況の好転によって前約を破棄して報賞を惜しんだ。高祖李淵はこのことを隋滅亡の原因だとした。隋末の戦乱を生き抜き、煬帝の失敗を目の当たりにしていた太宗も、意を同じくしたのではないだろうか。太宗は、隋滅亡の原因を煬帝が仁義を修めなかったことで、人々が恨み叛いたからだとしている（『貞観政要』巻五・論仁義・貞観四年条）[25]。太宗は全軍との約束を履行することで、煬帝と同じ轍を踏むことを回避しようとしたのであろう。そのために、勝てなかった戦争の従軍者全員に勲官を与えたのである。さらに言えば、太宗は、『貞観政要』巻九・議征伐・貞観十七年条の房玄齢との会話で、漢は武帝の対匈奴戦によって、隋は煬帝の高句麗親征によって、人々が貧しくなってしまい、国が敗れた、との房玄齢の意見に、太宗は「善し」と同意している。勲官の賜与は、取得者の税役免除に繋がり、兵士達の経済的負担を減少させるものであった。このことも、勲官が授与された一因だったかも知れない[26]。

第四節　「渡遼海人」に対する授勲の慣例化

以上検討してきたように、太宗が高句麗親征の従軍者全員に勲官を授与したことが判明したが、これは以後の朝鮮半島侵攻において慣例となったらしい。そのことは、麟徳元年（六六四）に行われた劉仁軌の上表[27]から読み取ることができる。

劉仁軌は百済駐屯時に、駐屯兵の質が低下していることや百姓が征行を避けるようになった原因を挙げ、改善するよう奏請した。『旧唐書』巻八四・劉仁軌伝では、この上表は兵士との問答形式を採り、往前（貞観・永徽年間）の状態と現在（顕慶五年以後）の状態との対比を通して、現在の問題点を浮き彫りにしていく。劉仁軌は、始めに現在遼東にいる募兵の士気が上がらず弱々しい理由を尋ねる。それに対して兵士達は、種々の問題点を指摘する。そのなかで百姓が征行を避けるようになった原因の一つに、顕慶五年（六六一）以後、兵士の軍功に対する論功行賞が行われていないことを挙げる。

往前渡遼海者、即得一転勲官。従顕慶五年以後、頻経渡海、不被記録。

往前、遼海を渡る者、即ち一転の勲官を得。顕慶五年従り以後、頻りに渡海を経るも、記録されず。

この言によれば、貞観・永徽の頃は、遼海を渡った者に対して一等級分の勲官を与えていたが、百済を滅ぼした顕慶五年以後、度々遼海を渡っているにもかかわらず、記録すらされていないことになる。この記述は、往前との対比によって、現在の不備を明らかにすることが目的である。それゆえに、往前とされる貞観・永徽年間の朝鮮半島侵攻で、従軍者に勲官一転分を与えたことが確認できるのである。この上表の文言は、太宗の高句麗遠征において、参加者全てに勲官が授与され、それ以後慣例化していた証拠となる。この朝鮮半島侵攻に従軍すれば勲官一転を授与するという慣例によって、勲官の所有者は大幅に増加したと推測される。貞観十九年の太宗の高句麗親征だけでも公称十万から十八万人の兵士が従軍していたことは前述した。その後も、太宗は貞観二十一年に一万三千人、貞観二十二年に三万人を出兵させている。貞観年間だけに限って少なく見積もっても、のべ十五万人以上の兵が従軍していたと推測できる。さらに、人数は不明だが高宗が即位してから顕慶五年までに三度、唐は高句麗に出兵した。都合六度の高句麗侵攻において、その従軍者全てにに勲官が与えられたとすれば、高宗朝の初期には十五万人を遙かに超える勲官が存在していたことになる。通説では、勲官の増加は則天武后期の官爵濫授によって引き起こされるとされてきたが、高宗朝にすでに大量の勲官が存在していたことが明らかとなるのである。また、その発端が太宗の高句麗親征にあったことも明らかとなった。

しかし、このような勲官の大量授与は、兵士達の勲官に対する幻想を打砕く結果となった。それを端的に物語る一節が劉仁軌の上表の続きに見える。それは、先の劉仁軌の問いに対して、兵士達が士気低下の主な原因として、行軍中の勲官の待遇の悪化をあげた一節である。

又為征役、蒙授勲級、将為栄寵。頻年征役、唯取勲官、牽挽辛苦、与白丁無別。百姓不願征行、特由於此。

又た征役を為し、勲級を授けられ、将て栄寵と為す。頻年の征役、唯だ勲官を取るのみにして、牽挽の辛苦、白丁と別無し。百姓の征行を願わざるは、特に此れに因る。

兵士の言を解説すれば、「もともとは勲級の獲得によって高位高官に昇ることを夢見て従軍したが、現在では、従軍して勲官を得たとしても、征役免除のはずの勲官を中心に従軍させられたうえに、軍の中で一般民と待遇が変わらない。そのことを知って、人々は従軍する意志を喪失してしまった」(28)のである。このように勲官の価値の低下は、貞観末年にその契機があり、高宗の治世の半ばまでに顕在化していたのである。この勲官の価値の低下が、官制の運営上の新たな問題を作り出すことになるが、それは節を改めて検討しよう。

第五節　高宗朝から表面化する新たな問題

永徽年間から表面化する問題を検討するために、今一度、勲官に関わる唐初からの官階の流れを確認しておきたい。唐の建国期に濫授された散職は、武徳元年六月に同等級の散実官に改授される。その開皇律令採用期に使用された散実官は、武徳七年四月に勲官へと移行した。この時に唐初の散職と散実官は勲官に集約されたのである。

永徽年間から問題となるのは、貞観十一年以降の文散官の名称と、一部の唐初の旧散職名および旧散実官名との重複によって引き起こされる官制上の混乱である。そのことを『旧唐書』巻四二・職官志一・勲官条は「永徽已後、国初の勲名、散官名と同じく、年月既に久しく、漸く相い錯乱するを以て、……」（詳細は後述）と表現する。当時の官名の重複を示せば、**表五‐2「貞観以降の散官名と唐初の散職名および散実官名との重複」**となる。この官名の重複が引き起こした問題について、格好の材料となるのが、「史訶耽墓誌」である。史訶耽は原州（固原）在住のソグド人であり、唐朝の建国と唐朝の馬政に関わりが深いことから注目を集めてきた。しかし、その官職記述には理解し難い点が多く再検討が必要である。「史訶耽墓誌」は誌文から咸亨元年十一月に埋葬したもので、「唐故游撃将軍虢州刺史直中書省史公墓誌銘并序」の題が付されている(29)。墓誌に見える史訶耽の官歴をまとめると**表五‐3「史訶耽関係年表」**の如くなる。しかし、史訶耽の官歴は、本文のままでは整合的に理解できない。その原因は、義寧元年に上騎都尉と朝請大夫とを同時に得たと記す点にある。墓誌はそのことを以下のように記す。

表五－２　貞観以降の散官名と唐初の散職名および散実官名との重複

重複官名(貞観官品)	唐初官品	比等勲官	
開府儀同三司（従一品）	散実官・従四品	軽車都尉	従四品
光禄大夫（従二品）	散職・従一品	上柱国	正二品
金紫光禄大夫（正三品）	散職・正三品	護軍	従三品
銀青光禄大夫（従三品）	散職・従三品	上軽車都尉	正四品
正議大夫（正四品上）	散職・正四品	軽車都尉	従四品
通議大夫（正四品下）	散職・従四品	上騎都尉	正五品
朝請大夫（従五品上）	散職・正五品	騎都尉	従五品
朝散大夫（従五品下）	散職・従五品	驍騎尉	従六品

属隋祚棟傾、蝟毛倶起。黠賊薛挙、剖斮豳岐、擁豕突之奇兵、近窺京輔。仮狐鳴以挺禍、充切王畿。高祖太武皇帝、建旗晋水、鞠旅秦川、三霊之命有帰、萬葉之基爰肇。君遂間行険阻、献款宸極、義寧元年拝上騎都尉、授朝請大夫、并賜名馬雑綵特。

隋祚棟を傾け、蝟毛倶に起こるに属い、黠賊薛挙、豳岐を剖斫す、豕突の奇兵を擁し、近く京輔を窺う。狐鳴を仮りて以て禍を挺し、王畿に充切す。高祖太武皇帝、旗を晋水に建て、旅を秦川に鞠ぐ。三霊の命は帰する有り、萬葉の基は爰に肇まる。君、遂に険阻を間行し款を宸極に献ず。義寧元年、上騎都尉を拝し、朝請大夫を授けられ、并せて名馬雑綵を賜る。

従来の研究では、この記述をもとに平涼郡（固原）で、薛挙と対峙していた史氏の集団が、薛挙を挟み撃ちにする体制を構築するために史訶耽を派遣して唐に帰属した結果、史訶耽に「上騎都尉」「朝請大夫」が与えられたと理解する(30)。そして、多くは史訶耽の与えられた「上騎都尉」を唐の正五品の勲官、「朝請大夫」を唐の従五品上の文散官と見る。しかしこの見解に従った場合、史訶耽の官歴は二つの点で整合性を欠くこととなる。

第一は、従来の見解に従えば、唐への帰属時に獲得した朝請大夫（従五品上）が生涯で最高の散階となるが、墓誌の題名には、永徽四年に得た遊撃将軍（武散官・従五品下）が記されていることである。普通、題名は墓主の歴任したなかで最も高

表五－3　史訶耽関係年表

<table>
<tr><td>年号</td><td></td><td>出来事</td><td>史訶耽の事跡</td><td>律令</td></tr>
<tr><td>開皇4</td><td>584</td><td></td><td>誕生</td><td rowspan="3">開皇律令</td></tr>
<tr><td>15</td><td>595</td><td>文帝の泰山封禅
州の郷官と中正官廃止</td><td>開皇年間、中正官廃止以前に
平原郡の中正に挙げられる</td></tr>
<tr><td>仁寿4</td><td>604</td><td>煬帝即位</td><td></td></tr>
<tr><td>義寧元</td><td>617</td><td>5 李淵挙兵
11恭帝擁立</td><td>李淵に帰順
上騎都尉
朝請大夫
（この後）北門供奉進馬</td><td rowspan="2">大業律令</td></tr>
<tr><td>武徳元</td><td>618</td><td>5 唐朝成立</td><td></td></tr>
<tr><td></td><td></td><td>6 開皇律令使用開始</td><td></td><td rowspan="2">開皇律令</td></tr>
<tr><td></td><td></td><td>11五十三条格頒布</td><td></td></tr>
<tr><td>7</td><td>624</td><td>武徳律令発布</td><td></td><td rowspan="5">武徳律令</td></tr>
<tr><td>9</td><td>626</td><td>玄武門の変
太宗即位</td><td>左二監
直中書省翻訳朝会
（賜禄一同京職）</td></tr>
<tr><td>貞観3</td><td>629</td><td></td><td>宣徳郎</td></tr>
<tr><td>7</td><td>633</td><td></td><td>朝請郎</td></tr>
<tr><td>9</td><td>635</td><td></td><td>朝議郎</td></tr>
<tr><td>11</td><td>637</td><td>貞観律令発布</td><td></td><td rowspan="2">貞観律令</td></tr>
<tr><td>19</td><td>645</td><td></td><td>（母死去）</td></tr>
<tr><td>永徽2</td><td>651</td><td>永徽律令発布</td><td></td><td rowspan="3">永徽律令</td></tr>
<tr><td>4</td><td>653</td><td></td><td>游撃将軍</td></tr>
<tr><td>麟徳元</td><td>664</td><td>劉仁軌の上表</td><td></td></tr>
<tr><td>2</td><td>665</td><td>麟徳令発布</td><td></td><td rowspan="5">麟徳律令</td></tr>
<tr><td>乾封元</td><td>666</td><td>泰山封禅</td><td>虢州諸軍事虢州刺史</td></tr>
<tr><td>総章 2</td><td>669</td><td></td><td>死去86才</td></tr>
<tr><td>3</td><td>670</td><td></td><td>合葬</td></tr>
<tr><td>咸亨 5</td><td>675</td><td>咸亨五年詔発布</td><td></td></tr>
<tr><td colspan="3">最終官
（墓誌の題名）</td><td colspan="2">游撃将軍
虢州刺史
直中書省</td></tr>
</table>

ソグド人墓誌研究ゼミナール「ソグド人漢文墓誌訳注（2）固原出土「史訶耽夫妻墓誌墓誌」（唐・咸亨元年）」（『史滴』二七、二〇〇五年）の表を参考に作成
行論の都合上、官職の種類、品階は記さない

い官職を記す傾向がある。そのため史訶耽の場合、朝請大夫よりも品階が低い遊撃将軍が題名に記されていることが問題となる。

第二は、義寧年間にすでに従五品の文散官となっていたはずの史訶耽が、その後、「宣徳郎」（文散官正七品下）、「朝請郎」（文散官正七品上）、朝議郎（文散官正六品上）と、遙かに下位の文散官を再昇進することである。墓誌には、史訶耽の落ち度は記されていないため、何等かの懲罰によって降官されたとは考えにくい。この下位からの再昇進が墓誌記述の第二の矛盾なのである。この二つの矛盾を解く鍵は、義寧元年に与えられた「上騎都尉」と「朝請大夫」とにある。

まず「朝請大夫」から先に考えてみたい。先述したとおり義寧年間には、唐の文散官は成立していなかった。隋煬帝期の散職の官階が引き続き使用されていた時期であった。そうであれば、このとき史訶耽に与えられたのは文散官の朝請大夫ではなく、正五品の散職の朝請大夫であったとするのが妥当であろう。

「上騎都尉」についても、その官名は武徳七年の勲官成立によって始まるもので、義寧年間にはいまだ存在していなかった。では、なぜ当時存在しなかった官名を墓誌に記したのだろうか。それは、墓誌作成時に、後に改授を経た官名を取得時まで遡って記したからである。同様の例は「李文墓誌」[31]にも見える。李文は麟徳元年（六六四）二月に葬られているが、その誌文に以下の記述がある。

時属末隋、不遑儒業、所以学未優贍、志在前鋒、応接義旗。忠誠可紀、錫以戎律、実給寵章、授騎都尉。
時末隋に属《あた》り、儒業の遑あらず、所以に学びて未だ優贍ならずして、志は前鋒に在り、義旗に応接す。忠誠紀す可く、錫うに戎律を以てし、実に寵章を給し、騎都尉を授く。

こちらの墓誌も隋末に唐政権に参加して騎都尉を賜ったと記す。この騎都尉も武徳七年に使用が始まる官名である。

李文が李淵の挙兵に参加した時に、散職の朝請大夫か散実官の儀同三司の官を授けられたことを、後に改授された同等の勲官名である騎都尉を用いて記述したのである。

李文の例を踏まえれば、史訶耽墓誌の場合は、義寧年間に与えられた散職の通議大夫（従四品）を上騎都尉に書き換えたことになる。しかし、それでは、同じ散職でありながら位階の違う通議大夫と朝請大夫とを同時に授けられたことになる。通常、そのような場合には、上位の通議大夫のみを授け、下位の朝散大夫は授けることはない。墓誌の記述通り両官とも義寧元年に授けられたとすれば、墓誌の記述とは順番が逆になるが、先に朝請大夫を授けられ、後に通議大夫に昇進したと考えるべきであろう。以上の整理が正しければ、史訶耽の唐以後の官歴のは次のようになる。義寧元年にまず朝請大夫（散職正五品）を獲得し、その後、通議大夫（散職従四品）に一階級昇進する。その通議大夫は武徳元年に上儀同三司（散実官従四品）に改授され、さらに武徳七年に上騎都尉（勲官正五品）に読み替えられた(32)。以上のように理解することで、貞観三年の宣徳郎が史訶耽が獲得した初めての散官となり、その後順次昇進して遊撃将軍に到達したこととなり、矛盾はない。このように考えることで、先に提示した散官に関する二つの矛盾は同時に解消されるのである。

ここまでの考察が正しいものだとすると、次に問題となるのは、なぜ墓誌の撰者は上騎都尉と朝請大夫とを同時に授与されたように記したのかということである。撰者は、一方は改授後の官名を書き、他方は改授以前の官名をそのまま残した。ただの撰文の誤りだとみることはできない。題名に「朝請大夫」を記さないことから、撰者が「朝請大夫」が後に「上騎都尉」に集約されたことを認識していたと考えられるからである。それにもかかわらず、「通議大夫」のみを「上騎都尉」と書き改め、授与の時期をずらし、「朝請大夫」と並記したのである。上騎都尉と並記することで朝請大夫を文散官であるかのように見せかけたのだろう。そうでなければ、わざわざこのような繁雑な操作を行う必要はない。すなわち、当時問題となっていた官名の重複による混乱を利用して、旧官名を記すことで、歴任官を粉飾したのである。史訶耽墓誌の操作は特に複雑なものであるが、旧散職所有者が改授後の勲官ではなく、依然として旧散職名を肩書きとして使用していたことは、墓誌の文章に止まらず実社会においても一般的な行為であったと考えられる。一般的に存在していた問題であったからこそ、次節で述べるように、唐朝は対応に乗り出さねばならなかったのである。

永徽年間以後、人々が旧散職名を名乗った背景には、散職の官名が文散官の官名と同じであったこと、唐初の散職が改授によって価値の低い勲官となってしまったこと、そして貞観以降の高句麗遠征で勲官の価値の低さが表面化してしまったことがあるだろう。たとえ授与から三十年の時を経たとしても、勲官の価値が高ければ散職名を名乗る必要はない。永徽年間から問題が顕在化するのは、貞観末の高句麗親征以後、勲官の価値の低さが露呈したことの影響であろう。すなわち、それまでは勲官で満足していた人々が、勲官の価値の低さを知ったことで満足できなくなってしまい、官名の錯綜に乗じて肩書きとして見栄えがする旧散職号を名乗ったのである(33)。

また、散職の授与から三十年が経過した永徽年間においては、所有者本人はもとより、その子孫もこの官名の混乱に巻き込まれていただろう。子孫にとって特に問題となったのは、官に備わる経済的特権の適用範囲である。もともと勲官と散官との間には経済的特権に大きな差が設けられていたが、子孫から見て授与の時期によって経済的恩典に最も差があるのは、朝散大夫であった。旧散職の朝散大夫は、武徳元年の旧散実官の上大都督への改授を経て、武徳七年に正六品の勲官の驍騎尉に改められる。それに対して、文散官の朝散大夫は従五品下に位置づけられていた。文散官の朝散大夫の子は、五品子として官僚の子として遇されて、力役を免除されたが、驍騎尉の子は一般民（白丁）となったため、税役を負担した。力役が免じられるか否かは、大きな違いである。無論、改授のことを知らずに散職の肩書きを名乗った者もいたであろう。しかし、待遇格差を認識したうえで、あわよくば文散官の権限を主張しようと、旧散職名を名乗った者やその子孫もいたことであろう。このような状態は行政にも混乱を招いたことは想像に難くない。しかも、これは官制秩序の混乱であり、規模が大きくなれば身分秩序の崩壊に繋がりかねない問題であった。

第六節　官名の重複に対する唐の対策

咸亨五年に至って、唐朝は官名の重複の問題を解決するために、唐初の散職・散実官と勲官との改授の関係を確認する詔勅を発布した。それは『旧唐書』巻四二職官志一・勲官条の永徽年間の記事に見える咸亨五年の詔である（以下、「咸亨五年詔」と略記）。

永徽已後、以国初勲名与散官名同、年月既久、漸相錯乱、咸亨五年三月、更下詔申明、各以類相比。武徳初光禄大夫比今日上柱国、左光禄大夫比柱国、右光禄大夫及上大将軍比上護軍、金紫光禄大夫及将軍比護軍、銀青光禄大夫及上開府比上軽車都尉、正議大夫及開府比軽車都尉、通議大夫及上儀同三司比上騎都尉、朝請大夫及儀同比騎都尉、上大都督比驍騎尉、大都督比飛騎尉、帥都督比雲騎尉、都督比武騎尉。

永徽已後、国初の勲名は散官と名同じく、年月すでに久しく、漸やく相い錯乱するを以て、咸亨五年三月、更めて詔を下し申明し、各々類を以って相い比す。武徳初めの光禄大夫は今日の上柱国に比す。左光禄大夫は柱国に比す。右光禄大夫および上大将軍は上護軍に比す。……大都督は飛騎尉に比す。帥都督は雲騎尉に比す。都督は武騎尉に比す。

この条文によって、咸亨五年詔は唐初の勲名と勲官との改授の関係を確認するものであったことがわかる。国初（唐の挙兵から武徳七年）に使用されていた「勲名」は永徽当時の文散官と同名だが異質であり、永徽当時の散官との間に混乱が起こっているので、その混乱を解決するために国初の階官と今日（咸亨五年）の勲官の比等関係を再び通告したのである。本詔勅がすでに行われた措置の確認であることは、「申明」の語を使用していることで判明する。菊池英夫氏によれば、唐代の「申明」は、以前一度発布していた詔勅を再度確認する際に用いられる用語であるという(34)。したがって、この詔勅は、旧散職・旧散実官から勲官への改授の結果を確認する詔勅であったと言える。なお、この詔勅に見える散職・散実官と勲官の比等関係を整理すると前掲した表二―1「隋の散職から武徳借用の散実官・勲官への移行」（六一頁）とほぼ同じとなる。相違点は、「咸亨五年詔」に上大将軍が上護軍となり、大将軍が護軍となるという貞観十一年の改定結果が反映されていることだけである。従来の研究では、「咸亨五年詔」発布の目的について、勲官保護策であるという見解と、散官保護策であると言う見解とに分かれていた(35)。しかし、これまで見てきたことからわかるように、身分秩序の崩壊を食い止めるため、唐は「咸亨五年詔」を発布して、官制秩序の維持に努めたのである(36)。しかし、この唐政府の取り組みは必ずしも成功したとは言えないようである。なぜなら、咸亨五年以後も墓誌に散職や散実官名の表記が散見するからである。

小　結

本章では、貞観年間以後の勲官制度の運用とそのことによって引き起こされた問題について考察した。その結果、従来とは異なる見解に達することとなった。すなわち、貞観十八年の太宗の高句麗親征を契機に、朝鮮半島に従軍したもの全員に勲官が与えられる仕組みができあがり、そのために勲官の人数が増加したことを明らかにした。その勲官の増加が、行軍における勲官の待遇悪化と地位の低下に繋がったことは麟徳元年の劉仁軌の上奏文から確認できる。さらに、永徽年間になると勲官の価値の低さが顕在化したために、改授された後の勲官名ではなく取得した当時の旧散職の官名を名乗る者が出現し問題となったこと、その対策として唐建国期の散職と散実官と勲官との改授の関係を確認する「咸亨五年詔」が出されたことを明らかとした。

太宗の高句麗親征に始まる従軍者への勲官授与の慣例は、軍功に拠らない兵士への大量授勲として、則天武后期の地方鎮守軍の兵士に在鎮年限に応じて勲官を賜与するという仕組みの土台となり、さらなる勲官の増加を促すことになるのである。(37)

注

（1）　高昌国討滅後の西州支配時の勲官使用については、『冊府元亀』巻一六四帝王部招懐門二に、

十六年正月乙丑、遣使往西州撫慰、其旧首望有景行淳直者、量擬騎都尉以下官。

（貞観）十六年（六四二）正月乙丑、使を遣はし西州に往かしめ撫慰せしめ、其の旧首望の景行淳直有る者、量りて騎都尉以下の官に擬す。

とある。これは、「巡撫高昌詔」の一部であり、旧首望に対し、「騎都尉以下の官」、すなわち騎都尉（従五品）以下の勲官位を授与したことを示しているものである。そして、この勲官の授与は、旧高昌国官人層を懐柔して、唐の支配体制へ組み入れる目的で行われた。土肥義和「貞観十四年九月西州安苦𠼝延手実について——その特徴と歴史的背景」（鈴木俊先生古稀記念東洋史論叢編集委員会編『東洋史論叢　鈴木俊先生古稀記念』山川出版社、一九七五年）三〇五～三〇六頁、白須浄真「唐代吐魯番の豪族——とくに阿史那賀魯の反乱以後における旧高昌豪族への処遇を中心として」（『龍谷史壇』七二、一九七七年）、氣賀澤保規『府兵制の研究』（同朋舎出版、一九九九年）三九九～四〇六頁、馬志立「唐代勲官制度若干問題研究」

二〇〇五年（武漢大学修士論文）二八～三一頁等を参照。

（2）池田温「中国律令と官人機構」仁井田陞博士追悼論文集編集委員会『前近代のアジアの法と社会』（仁井田陞博士追悼論文集第一巻　勁草書房、一九六七年）、西村元佑「唐代前半期における勲官の相対的価値の消長と絶対的価値」（『愛知学院大学文学部紀要』八、一九七八年）では、則天武后の末期以後濫授が起こるとする。そのほか、松永雅生氏・日野開三郎氏の見解については、本書第一章第四節を参照。

（3）頼亮郡「唐代勲官与汎勲在軍功的作用」（同著『唐宋律令法制考釈』第五章、元照出版社、二〇一〇年）二六五頁参照。

（4）その行程については、池内宏『満鮮史研究上世篇二』（吉川弘文館、一九六〇年）を参照。

（5）李成市「高句麗泉蓋蘇文の政変について」（同著『古代東アジアの民族と国家』第五章、岩波書店、一九九八年）参照。

（6）唐の高句麗遠征において、高句麗側の降伏者に対して、「戎秩」というものが与えられている。唐の高句麗遠征において「戎秩」が与えられた例としては、第一に、高句麗白巖城城主孫伐音（孫代音）の降伏の例があり、第二に、安市城救援に駆けつけた高延寿・高恵真等が降伏した例がある。これらの「戎秩」の授与を順に検討していくことにしよう。

まず孫伐音の例である。孫伐音は、高句麗の白巖（崖）城の城主であり、貞観十九年（六四五）五月二十八日からの太宗・李勣に率いられた唐軍の攻撃によって、六月一日に降伏している（『資治通鑑』巻一九七・『新唐書』巻二太宗本紀）。その後、太宗は、白巖城を巖州とし、孫伐音を巖州刺史に任命した。

そして、その時のことは『旧唐書』巻一九九東夷上等の諸史料に見えるが、『冊府元亀』巻一六四帝王部招懐門二では、

十九年六月、伐遼東命諸将攻白巖城為巖州、以孫伐音為中大夫・守巖州刺史・上軽車都尉、賜帛一百疋・馬一匹、衣襲金帯一。同謀而降者、並賜戎秩及諸衣物焉。

（貞観）十九年（六四五）六月、遼東を伐つに諸将に命じて白巖城を攻めて、巖州と為し、孫伐音を以て中大夫・守巖州刺史・上軽車都尉と為し、帛一百疋・馬一匹・衣襲金帯一を賜う。同に謀りて降る者は、並なに戎秩及び諸衣物を賜ふ。

と記し、孫伐音には、巖州刺史のほかに、中大夫（文散官・従四品下）上軽車都尉（勲官・正四品上）が与えられたことと、孫伐音とともに降伏したものが、「戎秩」を与えられていることがわかる。「同に謀りて降る者」とは、降伏の相談をした者、

つまり、白巖城の官人たちを指しているであろう。

次に高延寿・高恵真らの降伏の例については、貞観十九年（六四五）六月二十一日に、安市城の救援のため、十五万人の高句麗軍を率いて救援に駆けつけ、唐軍と対峙した。そして翌二十二日に、唐軍との戦いに敗れ、二十三日に三万六千八百人を率いて太宗に降伏している。『通典』巻一八六・辺防二の貞観十九年六月の条には、

明日及戦、大破之。延寿・恵真率三万六千八百人来降。上以酋首三千五百人授以戎秩、遷之内地、余三万人悉放還平壌城、靺鞨三千人并坑之。獲馬五万匹、牛五万頭、甲一万領、因名所幸山為駐蹕山。

明日（六月二二日）戦ふに及び、大ひにこれを破る。（高）延寿・恵真、三万六千八百人を率いて来降す。上（太宗）酋首三千五百人を以って授くるに戎秩を以ってし、これを内地に遷し、余りの三万人は悉く放らて平壌城に還し、靺鞨三千（三百）人は并せてこれを坑す。馬五万匹・牛五万頭、甲一万領を獲、因りて幸する所の山を名づけて駐蹕山と為す。

とあり、高延寿らが降伏した際、酋長三千五百人に「戎秩」を授け、中国本土に送り、靺鞨兵三千（三百）人を穴埋めにし、その他の三万人を平壌に放還したことが判る。また、高延寿と高恵真は、『旧唐書』巻百九十九東夷高麗伝に、

授高延寿鴻臚卿、高恵真司農卿。

高延寿に鴻臚卿を授け、高恵真を司農卿とす。

とあり、それぞれ職実官についているが、散官・勲官などについては、記述がない。白巖城の降伏者と高延寿以下の酋長たちの両方に与えられた「戎秩」とは、北周で使用された「上柱国」以下十一等級の序列で有り、唐代には使用されていなかったが、同官名を引き継ぐ唐代の勲官の別称として使用されたものと考えられる。このことは、降伏者を唐の支配に組み入れるために使用されたという点で、高昌国征服時の勲官賜与と共通する。

（7）『冊府元亀』巻六三帝王部発号令門二にも同様の記事があるが、貞観十九年九月のこととなっている。

（8）『旧唐書』巻三・太宗本紀下・貞観一九年夏四月丁未条、『旧唐書』巻七〇・岑文本伝・『新唐書』巻一〇二・岑文本伝等を参照。

（9）身分によって勲功の評価が異なる仕組みについて、唐代の規定として『唐六典』に見える跳蕩・降功の軍功に対する官職

授与規定が参考となる。

其跳蕩・降功不在限。凡臨陣対寇、矢石未交、先鋒挺入、賊徒因而破者為跳蕩、其次先鋒受降者為降功。凡酬功者、見任・前資・常選為上資、文武散官・衛官・勲官五品已上為次資、五品子孫・上柱国・柱国子・勲官六品已下・諸色有番考人為下資、白丁・衛士・雑色人為無資。凡跳蕩人、上資加両階、即優与処分、応入三品・五品、不限官考、次資即優与処分、下資優与処分、無資稍優与処分。其殊功第一等、上資加一階、優与処分、応入三品・五品、減四考、次資優与処分、下資稍優与処分、無資放選。殊功第二等、上資優与処分、次資稍優与処分、下資放選、無資常勲外加三転。殊功第三等、上資稍優与処分、次資放選、下資応簡日放選、無資常勲外加両転。

この条文によれば、跳蕩と降功の功績を評価する際、現任官（＝見任）・前職者（＝前資）・常選の資格を持つ者を上資とし、文武散官と衛官と五品已上の勲官を次資に区分し、五品官の子孫と上柱国と柱国の子および六品已下の勲官、さらに輪番制で考課の対象となる色役に就いている者（諸色有番考人）を下資とし、一般成年男子（白丁）と衛士と官賤民などを無資と分類し、この資の上下によって、同じ功績でも報酬に差を設けていた。唐代の軍功の記録と論功行賞については、本書第七章注（19）の諸論文参照。

（10）墓誌史料の所在については、氣賀澤保規編『新版　唐代墓誌所在総合目録（増訂版）』（汲古書院、二〇〇九年）の番号を増訂版＋番号で記す。墓誌の内容は、周紹良主編・趙超副主編『唐代墓誌彙編』（上海古籍出版社、一九九二年）および周紹良・趙超主編『唐代墓誌彙編続集』（上海古籍出版社、二〇〇一年）の録文を中心に、『隋唐五代墓誌匯編』（天津古籍出版社、一九九一～一九九二年）の図版写真と毛漢光主編『唐代墓誌銘彙編附考』（中央研究院歴史語言研究所、一九八四～一九九四年）の録文・解説・図版写真を参照しながら理解した。釈文等に問題の無い場合は、増訂版番号のみ記す。「張団児墓誌」は増訂版四八九。『隋唐五代墓誌彙編』新疆巻・一四九、侯燦「解放後出土吐魯番墓誌録」（『敦煌吐魯番文献研究』五、北京大学出版社、一九九〇年）録註九十七を基に解釈した。また、張団児が、高句麗遠征に参加したことについては、注（1）所掲氣賀澤書四〇六頁に、すでに指摘がある。

（11）侯燦「麹氏高昌国官制研究」（『文史』二二、一九八四年）。

(12) 「張団児墓誌」の原文は『吐魯番出土磚誌集注』に図版写真が掲載されているが、図版が模糊としていて判読できない。「役」字は、『吐魯番出土磚誌集注』「授」と読み、意味の上から、注（10）所掲論文の侯氏録文の「役」に従う。

(13) 交河県（ヤールホト）は、『元和郡県図志』巻四〇によれば、貞観十四年設置で県のランクは、中下であった。『大唐六典』巻三〇によれば、中下県の県尉は従九品下となる。

(14) 注（1）所掲白須論文参照。

(15) 『唐会要』巻九五・高句麗条ほか。詳しくは注（20）を参照のこと。

(16) 勲官の昇進については本書第七章参照。

(17) 増訂版五八一『唐代墓誌名彙編附考』三巻―二八八から解釈した。

(18) 増訂版七六七『隋唐五代墓誌彙編』北大巻一―四七から、解釈した。

(19) 高句麗親征時の勲官の授与者数については、注（2）所掲頼論文二六五～二六六頁も参照。

(20) この度の親征の従軍者の総数について考えてみたい。『旧唐書』巻一九九上・東夷高麗伝貞観十九年条に、

十九年、命刑部尚書張亮為平壌道行軍大総管、領将軍常何等率江・淮・嶺・硤勁卒四万、戦船五百艘、自萊州汎海趨平壌。又以特進英国公李勣為遼東道行軍大総管、礼部尚書江夏王道宗為副、領将軍張士貴等率歩騎六万趨遼東、両軍合勢、太宗親御六軍以会之。

（貞観）十九年（六四五）、刑部尚書張亮に命じて平壌道行軍大総管と為し、将軍常何等を領し、江・淮・嶺・硤勁卒四万、戦船五百艘を率い、萊州より海を汎り平壌に趨く。また特進英国公李勣を以て遼東道行軍大総管と為し、礼部尚書江夏王道宗を副と為し、将軍張士貴等を領し、歩騎六万を率ひ遼東に趨く。両軍勢を合わせ、太宗親ら六軍を御し以てこれに会す。

とあり、また、『旧唐書』巻三太宗本紀下貞観十八年十一月条に、

庚子、命太子詹事・英国公李勣為遼東道行軍総管、出柳城。……刑部尚書鄖国公張亮張亮為平壌道行軍総管、以舟師出萊州……。発天下甲士・召募十万、並趣平壌、以伐高麗。……十九年春二月庚戌、上親統六軍発洛陽。

（貞観十八年十一月）庚子（三十日）、太子詹事・英国公李勣に命じ遼東道行軍総管と為し、柳城を出づ。……刑部尚書鄖国公張亮張亮を平壌道行軍総管と為し、舟師を以って萊州を出づ。……天下の甲士・召募十万を発し、並な平壌に趣き、以って高麗を伐つ）……十九年春二月庚戌（十二日）、上親ら六軍を統べ、洛陽を発す。

とある。これらの記述によれば、この遠征では、まず、貞観十八年十一月に張亮の水軍四万人・李勣に率いられた陸軍の歩兵・騎兵六万人の合計十万人が出発し、翌年、二月に太宗が六軍を率い洛陽を出発している。その後、李勣と太宗の両軍は、遼東において、共に行動することとなる。

太宗に率いられた六軍は、行軍制度における軍を指しているわけではなく、『周礼』の思想に基づく、王に率いられた軍隊の呼称であろう。そのため、六軍の人数、さらには、高句麗親征の総兵数は、判明しない。

しかし、十万人という李勣、張亮の軍の兵数よりも、更に多くの兵が従軍したことを伝える記事がある。それは、『新唐書』巻二二〇・東夷高麗伝に、

始行、士十万、馬万匹。逮還、物故裁千余、馬死十八。船師七万、物故亦数百。

始めて行くに、士十万、馬万匹。逮還、物故は裁かに千余、馬は十に八死す。船師は七万、物故また数百。

という記事があり、また『唐会要』巻九五・高句麗条に、

初入遼也、将十万人各有八駄、両軍戦馬四万匹、及還、死者一千二百人、八駄及戦死者十七八、張亮水軍七万人沈海溺死数百人。

初めて遼に入るや、十万人を将ひ各おの八駄有り。両軍戦馬四万匹、還るに及び、死者千二百人、八駄及び戦（馬）死す者十に七・八。張亮の水軍七万人、海に沈みて溺死するもの数百人。

という記事がある。右の両条を考え合わせると、士（陸軍）が十万人、船師（水軍）が七万人の十七万人が総兵数であったと考えられる。最初の出発した十万人に、太宗の六軍や、その後の増援で、十七万人になったとも考えられる。ただし、陸軍とされる十万人も「始行」「初入遼也」という文を考えると、陸軍としてよいかどうか疑問が残る。そのため、ここでは、総兵数を確定せず、少なくとも十万人多ければ十七万人という概数で把握しておきたい。そして、右の史料によれば、この

高句麗遠征での死者は、二千人弱であったことになる。

（21）本書第二章第二節参照。

（22）布目潮渢著『隋の煬帝と唐の太宗――暴君と明君その虚実を探る――』（清水書院、一九七五年）および同著『「貞観政要」の政治学』（岩波書店、一九九七年）参照。

（23）『唐大詔令集』巻一三〇・討伐「討高麗詔」およびその内容を鄭元璹との会話として伝える『資治通鑑』巻一九七・唐紀・太宗貞観十八年十月条参照。

（24）本書第二章参照。

（25）『貞観政要』については、原田種成『貞観政要』上・下（明治書院、一九七九年）の解釈を参考にした。

（26）勲官の税役免除については、本書第一章第三節参照。

（27）この劉仁軌の上表は、引用する『旧唐書』巻八四・劉仁軌伝のほか、『新唐書』巻一〇八・劉仁軌伝、『資治通鑑』第二〇一巻・唐紀十七・高宗紀・麟徳元年条、『冊府元亀』巻三三六・将帥部・機略門六、『全唐文』巻一五八・劉仁軌「陳破百済軍事表」に収録されている。なお、以前から、劉仁軌の上表は勲官の待遇悪化を表すものとして取り上げられてきた。しかし、それが太宗の高句麗親征とは結びつけられてこなかった。勲官の待遇の悪化として取り上げたものとして、西村元佑「唐代前半期における勲官の相対的価値の消長と絶対的価値」（『愛知学院大学文学部紀要』八、一九七八年）二三五～二三六頁をあげることができる。

（28）勲官は流内官に位置づけられていることから、征役免除の特権を有していた。ゆえに、「唯取勲官」が問題点として取り上げられているのであろう。征役免除の特権については、「唐代敦煌差科簿を通じてみた唐均田制時代の徭役制度」（同著『中国経済史研究』東洋史研究会、一九六八年、初出は一九六〇年）を参照。

（29）「史訶耽墓誌」（増訂版一二五一）については、ソグド人墓誌研究ゼミナール「ソグド人漢文墓誌訳注（2）固原出土「史訶耽夫妻墓誌墓誌」（唐・咸亨元年）」（『史滴』二七、二〇〇五年）があり、概ね、その解釈に従った。そのほか、羅豊『胡漢之間――「絲綢之路」西北歴史考古――』文物出版社、二〇〇四年）等を参照。

（30）注（29）所掲ソグド人墓誌研究ゼミナール論文参照。

（31）「李文墓誌」は増訂版九六四。

（32）あるいは、授官年の記載にも操作が行われており、義寧年間には朝請大夫のみを授かり、その後、昇進した可能性もある。その場合、ほかに第二、第三の可能性があろう。第二の可能性は、史訶耽が義寧年間に朝請大夫を授けられた後、そのまま武徳元年六月を迎え儀同三司に改授され、武徳七年までに上儀同三司に昇進、武徳七年令によって上騎都尉に再度改授された、という可能性。第三は、朝請大夫が儀同三司に改授されたまま武徳七年の再改授によって騎都尉となった後、死亡までに上騎都尉に昇進した可能性である。

（33）ここで、史訶耽とともに注目された「史索巖墓誌」（増訂版七一三）の官歴表記にも一言して起きたい。この墓誌についてはすでにソグド人墓誌研究ゼミナール「ソグド人漢文墓誌訳注（五）固原出土「史索巖墓誌」（唐・顕慶三年）」（『史滴』三〇、二〇〇八年）に詳細な訳注と研究がある。そのなかで、墓誌の題名の官職表記が問題となった。この墓誌の正式な題名は「唐故平凉郡都尉驃騎将軍史公墓誌銘并序」である。題名になぜ唐で獲得した「朝請大夫」ではなく「平凉郡都尉」（隋大業九年設置・正四品）という隋大業年間の官名が書かれるのかが問題とされたのである。ソグド人墓誌研究ゼミナール論文では、史索巖の得た「朝請大夫」を従五品上の文散官ととらえて論を進めた。しかし、その見解には従うことができない。墓誌は史索巖の朝請大夫獲得を以下のように記す。

自炎暦数拯、隋紀告終、逐鹿者多、瞻烏靡定。縦莽卓之虔劉漢室、夷羿之傾覆夏家、未足譬此奸回、方茲昏乱。由是九州百郡、称帝称王、各署依冠、倶行正朔。公資忠殉節、固守危城、恥面偽庭、確乎不抜。義寧二年献款宸極、武皇帝拝公朝請大夫兼授右一軍頭。

炎暦拯を数《せまりうなが》し、隋紀終りを告げるに自り、鹿を逐う者多く、瞻烏は定まる靡し。縦い莽・卓の漢室を虔劉し、夷羿の夏家を傾覆するも、未だ此の奸回に譬え、茲の昏乱に方ぶるに足らず、是に由りて九州百郡は帝を称し王を称し、各おの依冠を署し、倶に正朔を行う。公、資は忠たること節に殉じ固く危城を守り、偽庭に面するを恥じ、確乎として抜かれず。義寧二年、款を宸極に献じ、武皇帝、公に朝請大夫を拝し右一軍頭を兼授せしむ。

隋末の動乱のなかで、各地の群雄が割拠したが、史索巌は正統ではない勢力から平涼郡城を守りぬき、義寧二年に唐の李淵に帰属して、朝請大夫と右一軍頭を授けられたと解することができる。

本文で述べたように、義寧二年当時の朝請大夫は正五品の散職であった。義寧は李淵による傀儡政権とはいえ隋の年号である。朝請大夫を隋の官としてとらえた場合、朝請大夫の正五品は、平涼郡都尉の正四品に及ばないものであった。この場合、より品階の高い平涼郡都尉の官を肩書きとして強調することに問題はないだろう。

一方、朝請大夫と同時に与えられたとされる軍頭は、李淵挙兵時の大将軍府の官職に見え、武徳元年五月からは鷹揚郎将に代わって軍府の府主の官名（正四品下）となるが、直後の六月一七日に驃騎将軍へと改名される。これを史索巌に当てはめれば、義寧二年に唐政権に帰属して軍頭として軍府を率いることを許された史索巌は、武徳元年六月を境に驃騎将軍として軍府を統轄することになったと考えられるのである。驃騎将軍の官名は、開皇令が適応されていた武徳元年から再使用が始まり、貞観十一年まで用いられた。武徳元年に使用された開皇令に基づけば正四品上に位置づけられる。それは、史索巌の唐における最も高い官品を有する歴任官であった。このように整理すると、史索巌墓誌の題名は、隋と唐で就任した最も高い官を肩書きとして並記したものと考えられるのである。いささか珍しい書き方ではあるが、理解できないことはないであろう。

（34）「申明」の用法については、菊池英夫「唐代史料における令文と詔勅文との関係について――「唐令復原研究序説」の一章」（『北海道大学文学部紀要』二一―一、一九七三年）四八～五〇頁参照。

（35）注（27）所掲西村論文および王徳権「試論唐代散官制度的成立過程」（『唐代文化研討会論文集』文史哲出版社、一九九一年）参照。

（36）なお、『旧唐書』ではこの咸亨五年詔に続けて「是より以後、戦士授勲する者動もすれば万計に盈つ（自是已後、戦士授勲者動盈万計）」とし、この詔勅を画期として勲官が増加したと記述する。しかし、同じ「咸亨五年詔」の内容を伝えた『唐会要』巻八一勲には、そのような記述はなく、詔勅の内容も勲官の増加を促す者ではない。また、本章で論証したように、貞観年間にすでに授勲者は十万人を数えていたと想定できる。そうであるならば、「咸亨五年詔」によって授勲者が増加すると記すのかわからない。文の脱落や錯簡等があるのかもしれない。

(37) 熊田敬「唐代前半期における従軍長期化対策と酬勲――「景雲二年張君義勲授告身」をめぐって」(『東洋史苑』六八、二〇〇七年)参照。

第六章　唐代古爵考

はじめに

唐代の石刻史料には公士の肩書きが見える。多くの説明は、漢の爵制の条文を引き唐代にも公士が存在したと言うのみである。そのなかで、陸増祥は公士を品秩の最下級のものと位置づけ、端方は古爵一級を獲得した者が公士であるとした(1)。岑仲勉氏はさらに踏み込んで、唐の公士は高宗朝・武后時代特有の慶賞で古爵の名で与えられた独立した爵位だが、唐代の恒常的な制度にはならなかったとする(2)。おそらく、これらの解釈は漢代爵制の最下級（第一級、表六―1「漢代二十等爵」参照）の爵位が公士であることを前提として、唐代に古爵一級を賜与した事例が見えることから、唐代の公士が古爵の第一級であったと推定したのである。ある程度の説得力を持つ解説だが、明確な史料に基づいて詳細な論証が尽くされた結論ではない。

また、『玉海』巻一三四は「唐代賜爵」と題して正史本紀から四度の古爵賜与記事を採録している。個々の条文については後文で詳しくふれるが、『玉海』の記事は全て民に古爵が与えられた事例であった。一般に唐の封爵といえば、隋開皇の制度を継承した王・郡王・国公・郡公・県公・県侯・県伯・県子・県男の九等爵のことを指す。九等爵の賜与の対象は宗室や大功を立てた臣下とその後継者たちに限られ、最下位の県男でさえ民衆に与えられるものでは

表六−1　漢代二十等爵

等級	爵位名
２０	徹侯（列侯・通侯）
１９	関内侯
１８	大庶長
１７	駟車庶長
１６	大上造
１５	少上造
１４	右更
１３	中更
１２	左更
１１	右庶長
１０	左庶長
9	五大夫
8	公乗
7	公大夫
6	官大夫
5	大夫
4	不更
3	簪裹
2	上造
1	公士

『漢書』巻十九上・百官公卿表に基づき作成

なかった(3)。もちろん、公士はその序列に含まれない。対象を高位高官に絞った九等爵と、一般民に与えられた古爵とでは、その性質を異にしていたと考えるべきであろう。

それでは、公士そして古爵は、唐代官制の中でどのように位置付けるべきものなのであろうか。残念ながら唐代史料には古爵の制度に関する記述を見出すことができない。石刻資料等に記される零細な記述をもとに、帰納的に考察を進めるより方法がないのである。こうした史料の制約もあって古爵が注目されることは少なく、そのため岑氏の「唐之公士」以外に本質的な考察を行った研究は皆無に等しい。その岑氏の論文も一九三八年の発表であり、現在までに七十年以上もの月日が経過してしまった。そのようななかで、近年、古爵を勲官ととらえる金錫佑氏の研究が発表された。金氏の見解は従来の説とは相容れない説である。公士と古爵の結びつきが確たるものと言えない現状では、どちらの説が正しいのか確認する必要があろう。

今日では、一九八〇年代半ばごろから相継いで大型の石刻資料図版が出版されたおかげで、唐代の公士に関する史料は格段に増加した。その中には賜与に関わる具体的な記録もある。公士についてより詳細に検討することが可能になったのである。そこで、本章では、唐代における公士とは如何なる性質のものであり、古爵とはどのような爵制であったのか、本当に両者は結びつくのか、ということについて、新出の資料を利用しながらさらに突き詰めて考察したいと思う。

しかし、その前に考慮すべき問題がある。それは、漢から魏晋南北朝時代にかけての民爵と唐代の古爵の関係という問題である。漢代以降の民爵は、皇帝による民衆支配の構造の根幹に関わる重要な研究課題とされてきた。同様に公士の称号を有することに加え、賜与対象に民をも含むという共通点を考慮すれば、古爵は漢代二十等爵を受け継いだ爵制だと言えるかもしれない。しかし、時代の違いもあり、異なる部分が存在することも推測される。その共通点と相違点を明らかにしなければ、唐代における古爵がどのようなものであったのか、その性質を探ることにはならない。裏を返せば、二十等爵制との比較は古爵の性質を明らかにする手立てとなるはずである。

そこで、漢代以降の民爵に関する議論の中から、古爵と関連する点を抜き出して要約することから始めたい。次にその議論を指針として古爵賜与の事例を整理し、賜与の機会と状況について明らかにする。さらには、墓誌銘を主な資料として、古爵そのものについて再検討する。以上の考察を通して、唐代における古爵の実態に迫りたいと思う。

第一節　爵制と皇帝支配に関する先行研究

一　漢代と魏晋南北朝時代の民爵に関する研究

漢代以降の爵制と皇帝支配の関係についての研究は、慶賞に伴う賜爵を整理する作業を通して議論を深めてきた。具体的には、個々の慶賞の理由、賜爵の対象、対象ごとの賜爵の等級、賜爵に随伴する恩恵などを比較分析することで、爵位を媒介とした皇帝支配の構造を明らかにしてきたのである(4)。

爵制と支配の構造を考える場合、全ての良民男子を賜爵の対象としたことが前提となる。西嶋定生氏は、賜爵の対象が全て家長であったとする唐の顔師古らの伝統的な解釈（『漢書』巻四文帝紀「賜民爵一級」の師古注）を批判し、慶賞で与えられた賜爵の対象は良民男子一般であったとした。(5) この考えによれば、原則的には良民男子のすべてが有爵者となる。ただ、庶民が到達できるのは第八級の公乗までで、さらに上位の第九級以上の「官爵」に昇格するには秩六百石以上の官に就かなければならないという制約があった。しかしだからこそ、爵位の上では庶と官の身分は仕切りを持ちながらも直線的に接続すると認識された。そこから、二十等爵の高低は官僚から庶民までを含む一元的な地位の目盛りであるという見方に到達する。

そのため、爵制の議論では、爵位の高低によってどのようなことが表現されるのか、ということが重要な論点となる。西嶋氏は爵位は郷里社会の秩序を表し、それはほとんど長幼の序と一致すると考えたが、後に籾山明氏が、西嶋説を批判し、爵の等級は兵役負担を原則とした直接奉仕の度合い（王権へ距離）のみを表すという見解を提出した。(6) 二十等爵が個人と皇帝との距離を測る尺度であったと考えたのである。戸川貴行氏は以上の議論をふまえて、魏晋南朝と北魏孝文帝期の民爵賜与について考察し、魏晋南朝・北魏ともに地域有力者を取り込む政策の一環として、彼らに一般庶民男子よりも多くの爵級を与えたことを明らかにした。(7)

最近、佐川英治氏は中国中古の軍功制度研究の一環として秦漢の爵制から唐代の勲官までの流れを検討した。(8) もと軍功に結びついていた爵が、漢代に国家が安定すると皇帝の権威を高めるために賜与するようになり、軍功との関係を断ち切られる。本来軍功に拠らねば獲得できないものを皇帝の権威によって与えることに民爵の意義があった。しかし、そのために吏爵と民爵に分化し民の昇進には上限が設けられた。この民爵の分化は、漢代の賜爵の性格と言うべきものである。魏晋以降、民爵の部分を切捨てることで爵の軍功としての価値を高めたが、そのために民衆は戦功によって直接爵位を上昇する道は閉ざされた。南朝の各王朝や北魏の孝文帝は、再び頻繁に民爵を賜うようになったが、このような民爵は、支配者層の爵位とは接合しないものであって、もはや軍功制度としての意味を失っており、人々に受け入れられるものでは無くなっていたとする。

では、唐代の爵制的秩序に関する研究はどうであろうか。この問題については、先にふれたように金錫佑氏の研究が注目に値する。そこで次に、金氏の見解をやや詳しく紹介することにしたい。

二　唐代の民爵に関する研究――金錫佑氏の見解とその問題点

金錫佑氏は勲官の性質を解明するために、「唐代百姓勲官考論」のなかで勲官と爵の関係という視点から赦令に伴う官爵賜与を考察した(9)。金氏は賤民を含む雑役人にも与えられた「勲爵」を「勲の爵」と解釈し、勲官の異称を意味すると理解した。そのうえで、隋唐代に勲官を爵と呼ぶ場合があったことと、勲官が有する贖刑の特権が伝統的な爵の性質を受け継いだものと考えられることを理由に、唐人が勲官を爵位の一種として認知していたとする。金氏はさらに、唐代における百姓を対象とした爵（古爵を含む）と勲官の賜与を整理し、内容と形式が一致すると判断する。そして、現存する唐代の籍帳に有爵者が一人も見えない代わりに勲官が大量に現れることから、「爵」という名目で民に勲官が与えられたと推定した。唐では国家は労働力の確保のために広く一般民に勲官を賜与し、人々の貢献の度合いを勲官の品階で計り、民は贖刑などの爵としての恩恵を享受したと考えた。言うなれば「勲官民爵説」である。

一読の限りにおいては整合性があり説得的な金氏の解釈だが、はたして穏当な論証だと言えるのだろうか。先に見たように公士号が唐代にも存在したことを念頭におくと、勲官を「爵」として与えることに不自然さを感じてしまう。勲官よりも、漢二十等爵にも見える公士号の方が伝統的な爵制に結びつきが強いと考えるのがより自然な見方だと思われるからである。そこで、以下、金氏が勲官と民爵を同一視する論拠から三点を取り上げて再検証を試みる。

金氏の論述の順序とは前後するが、まず勲官における贖刑の特権から検討をはじめる。金氏はこの勲官の特権を爵の伝統を受け継いだものとし、「勲官民爵説」のよりどころの一つとした。しかし唐代においては、爵とは系統を異にする職事官や散官も贖刑の特権を有していた[10]。唐代における贖刑の特権は、官爵一般あるいは官品に備わった性質だったと考えるべきではないだろうか。それは『唐律疏議』巻二・名例律の条文の中で贖刑の範囲を示すのに、「官爵五品以上」（請章条）、「七品以上之官」（減章条）と表記されることからも読みとれる。勲官も官の範疇に含まれることを考えれば、贖刑の特権だけを理由に勲官が爵制の後継者であったとすることは適当ではない。

つぎに、金氏が勲官と爵の賜与が同様のものであるとした論の進め方に注目したい。金氏は、百姓に対する勲官と爵の賜与の事例を収集し検討を加えた。全十三例（賜爵八、賜勲五）中九例が戸主か長子を賜与対象としたことを理由に、両者は同じものであったと理解する。しかし、このうちの一例は勲爵賜与の事例とは言えず[11]、残り八例中の六例は賜爵の事例であり、百姓に対する勲官賜与はわずか二例にとどまる。数多くある賜勲事例の中で、その二例のみがたまたま賜爵の形式と合致したと見ることもできる。無批判に賜勲と賜爵を同列に扱うべきではないだろう。

最後に、「賜勲爵」を「勲の爵を賜う」と読むことの妥当性について検討することにしたい。金氏が勲官と民に与えられた爵との同一性を主張する際に、最も重要な拠り所としたと思われるからである。はたして金氏の解釈は本当に正しいのだろうか。この問いを明らかにするために、金氏が勲官賜与を意味すると考えた四例全ての「賜勲爵」の語について引用史料の原文に立ち返って検証する。まず、『唐大詔令集』巻五「奉天改興元元年（七八四）正月大赦制」について検討してみよう（原文の傍点は金氏の引用部分を表す。句読点は筆者が附した。以下同じ）。

諸道諸軍将士等……応在行営者、并超三資与官、仍賜勲三（両）転。其累加勲爵、許迴受周親。

諸道諸軍将士等……応に行営に在るべき者、并びに三資を超えて官を与え、仍お勲三転を賜う。其の累ね加えし勲爵は、周親に迴受するを許す。

金氏は「諸道諸軍……其累加勲爵」を一つの条文として読む。しかし、「賜勲三転」（金氏は「両転」と引用するが誤り）と「其累加勲爵」の間で文が切れると考えるべきである。なぜなら、後文だけで「この時に累加された勲と爵は周親（期親）に分け与えることを許す」と解釈しなければ意味が通らないからである。そして、この条文の勲爵賜与の対象である「諸道諸軍将士等」とは、諸道諸軍の将校と兵士を意味する。将軍のなかには高位の官爵を有する者もいたと考えられ、彼らに九等爵が与えられることは自然なことだと考えられる。

次に金氏が『冊府元亀』（中華書局版）一〇八九頁の条文として引用する史料があるが、同頁には該当する記述はない。同じ赦宥門のなかでは、巻八九（一〇六八頁）の元和二年（八〇七）正月辛卯条が該当するように思える。この条文だと仮定して検討を進める。

内外文武見任及致仕官、諸軍将士等、以品秩節級、賜勲爵。

内外文武見任及び致仕官、諸軍将士等、品秩を以て節級し、勲爵を賜う。

この場合も、内外官・諸軍将士ともに高位高官を含み、九等爵が与えられたとしても少しも問題はない。さらに、条文には「品秩を以て節級」するとの一文があり、賜与する勲と爵の区別および等級の多少は「品秩」を規準として決められていたことがわかる。

第三の例として金氏は『唐大詔令集』巻一〇「元和十四年（八一九）冊尊号赦」の文言を引用する。

宝応・興元功臣、各賜勲爵。

宝応・興元功臣に各おの勲爵を賜う。

この官爵授与を『文苑英華』巻四二二・翰林制詔では以下のように記載する。

陝州元従奉天定難功臣、三品已上、普恩之外賜爵一級、四品已上（下）、更賜勲三転。身歿未経追贈者、宜与追贈。

陝州元従奉天定難功臣の、三品已上は、普恩の外に爵一級を賜い、四品已下は、更に勲三転を賜う。身歿し未だ追贈を経ざる者は、宜しく追贈を与うべし。

原文にある「四品已上」は唐代の品階制には三品と四品の間に見えざる待遇の差があることを考慮して、(12)「四品已下」と読んでおく。また、この両条文は賜勲対象を異にしているように見えるが、その対象の中の「興元功臣」と「奉天定難功臣」は同一功臣号の別称である。興元元年（七八四）四月に与えられた「元従奉天定難功臣」は、朱泚の反乱による奉天県避難から長安回復までの間の有功者に対する称号であり、史料によっては「興元元従奉天定難功臣」（『新唐書』巻五〇・兵志・禁軍条）と記されることもある。(13) 一方、「宝応功臣」は、宝応元年（七六二）の粛宗病没直前の張皇后の越王係擁立計画を阻止し代宗即位に尽力した者に与えられた称号であり、(14)「陝州元従」については正確なことはわからないが、広徳元年（七六三）十月の吐蕃の長安侵攻による代宗の陝州蒙塵から十二月の長安帰着までの有功者に与えられた称号であったことが推測される。(15)「元和十四年冊尊号赦」に見える賜与の対象が「宝応功臣」と「陝州元従」および「奉天定難功臣」の三者すべてを含んでいたのか、それとも「宝応功臣」と「陝州元従」のどちらかが誤写で、その一方と「奉天定難功臣」であったのかは判然としない。だが、『唐大詔令集』と『文苑英華』の記事は「奉天定難功臣」たちへの官爵賜与という一つの事実を伝えた二系統の史料と見てよい。両史料の功臣たちへの賜与に関する記述を比較すると、『文苑英華』が少し詳しく品階とそれに基づく賜与官爵の種類（爵と勲官）を記したことを、『唐大詔令集』は「賜勲爵」と略記したことがわかる。この例での「勲爵」は間違いなく勲官と九等爵の意で用いられており、「勲の爵」と解することは許されない。

最後は『唐大詔令集』巻七七「豊陵礼成優労徳音」（元和元年、八〇六）の条文である。説明の都合上、先に原文のみを示し、後から書き下しを提示することにしたい。

> 挽郎・代哭、諸司職掌工巧・雑役・人夫・車牛、并詢其労績、各以等級賜官及出身。賜勲・爵、進階、減労選、各有差。

金氏はこの条文に見える「雑役」に「勲爵」が与えられたと理解し特に問題視する。雑役には賤民も含まれる可能性があり、彼らに「爵」として九等爵が与えられることはないと考えるからである。しかし、この詔勅で本当に「雑役」に「勲爵」が与えられたのかどうか疑問が残る。そこで、「雑役」と並列的に「車牛」が記されることに注目したい。文の構造からみて、「雑役」に「勲爵」が与えられたとするならば、「車牛」にも同様のものが与えられたと解釈しなければならない。移動や儀式に使われた車や牛に「勲爵」を与えたと解することには違和感を覚える。勲爵賜与の対象は「工巧・雑役・人夫・車牛」を「職掌」（主管）した者であったと考えるべきではないだろうか。そう解釈すれば、雑役人より一段上の身分の職掌する者の姿が浮かび上がる。そのように解して作成した同条の読み下し案は以下の通りである。

> 挽郎・代哭、諸司の工巧・雑役・人夫・車牛を職掌するものは、并びに其の労績を詢りて、各おの等級を以て官及び出身を賜う。勲・爵を賜い、階を進め、労選を減ずること、各おの差有り。

さらに当条文にも「其の労績を詢りて、各おの等級を以て……各おの差有り」とあり、労績を規準として賜勲や賜爵などの恩典が決定されたことがわかる。以上の検討の結果、金氏によって「勲の爵」を意味する例として示された「勲爵」の語は、すべて「勲官と九等爵」を意味し、勲官だけの賜与を意味するとして提示された「賜勲爵」も「勲・爵を賜う」と読み、「（資格にあわせて）勲官や九等爵を賜与する」と解釈すべきことがわかった。

ここにおいて「勲爵」を勲官の別称と解釈し、そのことを理由に勲官を民爵として人々に賜与したとする金氏の説はその論拠を失ったことになる。金氏の論考は赦令に着目したことなど大いに参考とすべき点もあるが、残念ながら唐代における民への賜爵および賜勲の構造を解明したものとは言うことはできないのである。では、本章の目的の一つである古爵の授与の仕組みを知るためにはどうしたらよいのだろうか。賜勲と切り離し賜爵そのものを分析する必要があるように思われる。次節では、これまでの民爵研究の方法論を参考にしながら唐代の赦令に伴う百姓への賜爵を再整理し、唐代の「爵」の賜与について考察することにしたい。

第二節　唐代における百姓を対象とした「爵」の賜与

一　百姓を対象とした爵の賜与

唐の政権樹立から滅亡まで、少なくとも七回の百姓に対する賜爵が確認できる。しかし、同じ事実を伝える史料の間で文字の異同が多く、事実を把握するには各資料を吟味する必要がある。そこで、個々の賜爵事例に関する史料を比較検討し、いつどのように「爵」が百姓に与えられたのかを推定することから始める(16)。

Ａ　**義寧元年**（六一七）**十一月壬戌隋恭帝即位改元大赦**（『大唐創業起居注』巻中）

大赦天下。改大業十二年為義寧元年。復天下、勿出今年租賦。賜民子孫承後者、爵一級。

天下に大赦す。大業十二年を改めて義寧元年と為す。天下に復す、今年の租賦を出す勿れ。民の子孫の後を承ける者に、爵一級を賜う。

厳密には、唐代の事例ではないが、本書第二章・第三章でふれたように、隋の恭帝は、李淵が長安に入城した際に立てた傀儡であり、唐代の事例の参考として扱うことが許されよう。この詔勅では、戸の後継ぎに対して「爵」一級が与えられている。

B　**武徳元年**（六一八）**五月甲子、「改元大赦詔」**（『冊府元亀』巻八三帝王部・赦宥門二、『唐大詔令集』巻二）

百官及庶人賜爵一級。

百官及び庶人爵一級を賜う。

唐の建国による改元大赦である。『旧唐書』巻一・高祖本紀では「官人・百姓賜爵一級」と記録され、『新唐書』巻一・高祖本紀にも「賜百官・庶人爵一級」と記される。この時は、官僚と百姓に「爵」が与えられたと考えることができる。

C　**乾封元年**（六六六）**正月壬申、「大赦改元詔」**〔丁丑「文武官三品以上加爵二等詔」〕

高宗は泰山で封禅をして改元大赦し、それにともなって官爵を授与した。『旧唐書』巻五・高宗本紀下には以下のように記される（傍線は筆者による、以下の条文も同じ）。

麟徳三年正月……壬申、御朝覲壇受朝賀。改麟徳三年為乾封元年、……大赦天下、賜酺七日。……丁丑、以前恩薄、普進爵及階・勲等、男子賜古爵。

麟徳三年正月……壬申、朝覲壇に御し朝賀を受く。麟徳三年を改めて乾封元年と為し、……天下に大赦し、酺七日を賜う。……丁丑、前恩薄きを以て、普ねく爵及び階・勲等を進め、男子に古爵を賜う。

『冊府元亀』巻八四・帝王部・赦宥三は、対象をやや詳細に記す[17]。

乾封元年正月……壬申、御朝覲壇受朝賀、大赦天下。……天下百姓二十一已上八十以下賜爵一級。車駕所経州給復一年。

乾封元年……壬申、朝覲壇に御し朝賀を受け、天下に大赦す。……天下の百姓二十一已上八十以下は爵一級を賜う。車駕経る所の州は復一年を給う。

はじめ壬申（五日）の大赦改元時に官爵授与が行われたが（「大赦改元詔」）、それだけでは人々への恩恵が薄いとの理由で丁丑（十日）にさらなる授与が行われた（「文武官三品以上加爵一等詔」）。諸種の史料を校勘すると、百姓への古爵賜与は壬申の大赦に伴って行われた蓋然性が高い。(18)

さらに問題なのは、史料によって賜爵対象者の年令が相違することである。上に引用した史料のほか、『新唐書』巻三・高宗本紀は「七十以上八十」と記し、『冊府元亀』巻八〇・帝王部・慶賜二では「年二十已上八十已下」とする。賜爵年令の上限は八十歳で共通するが、下限については二十一歳（『冊府元亀』巻八四赦宥）のほか、七十歳（『新唐書』本紀）、二十歳（『冊府元亀』巻八〇）と、一定しない。後述する載初元年の賜爵は対象年齢を二十一歳以上に限定し、天宝八載の例では成年男子を表す「丈夫」に古爵が与えられた。これらのことを勘案すれば、百姓への賜爵の下限は成丁年令であったと考えることができるのではないだろうか。そう考えれば、乾封当時の成丁年令である二十一歳が賜爵の下限であったと考えられる。(19)

この時に与えられた「爵」が古爵であったことは『旧唐書』の記述によって明らかであり、『冊府元亀』の記載からその数量が一等級であったことがわかる。すなわち、乾封の封禅では「二十一歳から八十歳までの百姓」に古爵が一等級分与えられたのである。

D　**載初元年**（六九〇）**正月一日「改元載初赦」**（『文苑英華』巻四三一）(20)

則天武后の称政時期、明堂（万象神宮）で享したことによる大赦改元で、周正を用いることを発布した。その時の赦文で古爵の賜与が行われた。周正の正月は、唐がそれまで採用していた夏正の十月に当たる。

内外見任文武九品已上職事官、並賜古爵之級。……天下百姓年二十一身為戸頭者、各賜古爵之級、女子百戸賜以牛酒。

内外見任文武九品已上職事官は、並びに古爵の級を賜う。……天下の百姓の年二十一にして身戸頭と為る者に、各おの古爵の級を賜い、女子は百戸ごとに賜うに牛酒を以てす。

内外文武職事官にも「古爵之級」が与えられたことが注目される。(21) そしてもう一方の賜与対象である「天下の百姓の年二十一にして身《み》戸頭と為る者」とは、二十一歳以上の戸主という意味だろう。

E　中宗神龍元年（七〇五）**九月壬午「大赦雒州制**（親祠明堂赦）」

唐の復興後、中宗が明堂において天地を祀り大赦を発布した。(22) その赦文を記した『冊府元亀』巻八〇・帝王部・慶賜二の条文は、以下のように民爵の賜与を伝える。

九月壬午、帝親祀明堂。礼畢制、京文武三品已上、賜爵一級、四品已上（下）、各加一階。外文武官九品已上賜勲一転。……天下百姓為父後者、各賜爵一級、大酺三日。

九月壬午、帝親ら明堂に祀り、礼畢り制して、京文武の三品已上は爵一級を賜い、四品已下は、各おの一階を加う。外文武官の九品已上は、勲一転を賜う。……天下の百姓の父の後と為る者は、各おの爵一級、大酺三日を賜う。

この時の賜爵を『唐大詔令集』巻七三は、

天下百姓為父後者、賜古爵一級。

天下の百姓の父の後と為る者は、古爵一級を賜う。

と記しているので、百姓の戸の継承者に与えられた爵位が古爵一等級であったことがわかる。

F　玄宗天宝八載（七四九）**閏六月五日丙寅「加天地大宝尊号大赦文」**

玄宗による太清宮親謁に附随する大赦である。この赦文によって祭礼上でも老子が唐朝の祖先に位置付けられることになった。(23) 『新唐書』巻五・玄宗本紀・天宝八載閏月丙寅条は以下のようにその恩沢の賜与を伝える。

閏月丙寅、謁太清宮、加上玄元皇帝号曰聖祖大道玄元皇帝、増祖宗帝・后謚。群臣上尊号曰開元天地大宝聖文神武応道皇帝。大赦、男子七十・婦人七十五以上、皆給一子侍、賜文武官階・爵、民、為戸者古爵、酺三日。

閏月丙寅、太清宮に謁し、玄元皇帝に号を加え上りて聖祖大道玄元皇帝と曰い、祖宗帝・后の謚を増す。群臣尊号を上りて開元天地大宝聖文神武応道皇帝と曰う。大赦し、男子七十・婦人七十五以上は、皆一子の侍を給し、文武官に階・爵、民、戸を為す者には古爵、酺三日を賜う。

『唐大詔令集』巻九は、同様のことを以下のように伝える。(24)

天下百姓、丈夫為戸頭者、宜各賜爵一級。……百姓丈夫七十五已上・婦人七十已上、宜各給中男一人充侍、仍任自簡択。八十已上、依常式處分。……天下侍老、並量賜酒麺。内外見任文武官職事官三品已上、賜爵一級、四品已下、各加一階。

天下の百姓、丈夫の戸頭と為る者は、宜しく各おの爵一級を賜うべし。……百姓の丈夫七十五已上・婦人七十已上は、宜しく各おの中男一人を給して充侍せしめ、仍お任せて自ら簡択せしむべし。八十已上は、常式に依りて処分せよ。……天下の侍老は、並びに量りて酒麺を賜う。内外見任文武官職事官の三品已上は、爵一級を賜い、四品已下は、各おの一階を加う。

『新唐書』の記述からこの時に古爵が賜与されたことがわかり、『唐大詔令集』の記述から賜与の対象が百姓で成年以上の男子戸主（為戸〔頭〕者）に限定されたことがわかる。

G　**徳宗大暦十四年**（七七九）**六月一日己亥「徳宗即位赦」**

この詔勅については諸史料がほぼ同じ内容を伝えているので、『旧唐書』巻一二・徳宗本紀上の条文のみを提示す

表六−２　唐代の民爵賜与

	賜与の契機	時期	賜与の対象	賜与した爵	史料
A	隋恭帝即位	617	百姓の家を継ぐ者	爵一級	創業・中
B	唐建国・高祖即位	618	官人と百姓	爵一級	冊府83赦、詔令２
C	高宗、泰山封禅	666	百姓（21〜80歳）	古爵一級	旧紀５、冊府84赦
D	則天武后、明堂で親饗→周正の採用	690	内外文武職事官 戸主（21歳以上）	古爵之級	文苑431
E	中宗、明堂で祀天地	705	百姓の家を継ぐ者	古爵一級	冊府80慶、詔令73
F	玄宗、太清宮親謁	749	戸主（成年男子）	古爵一級	新紀５、詔令９
G	徳宗即位	779	戸主	古爵一級	旧紀12

史料は略号と巻数で表した。たとえば、『冊府元亀』巻83赦宥門２に記載されている条文ならば、「冊府83赦」と表記する。略号…創業＝『大唐創業起居注』、旧紀＝『旧唐書』本紀、新紀＝『新唐書』本紀、冊府＝『冊府元亀』（慶＝慶賜門、赦＝赦宥門、）詔令＝『唐大詔令集』、文苑＝『文苑英華』。

る[25]。

六月己亥朔、御丹鳳楼、大赦天下、罪無軽重、咸赦除之。内外文武三品已上、賜爵一級、四品已下、加階。致仕官、同見任。百姓為戸者、賜古爵一級。

六月己亥朔、丹鳳楼に御し、天下に大赦し、罪軽重と無く、咸な赦して之を除く。内外文武の三品已上は、爵一級を賜い、四品已下は、一階を加う。致仕官は、見任と同じくす。百姓の戸を為す者は、古爵一級を賜う。

本史料は徳宗の即位に際して、百姓の戸主に対して古爵一等級が与えられたことを伝える。

以上の整理をもとに、賜与の契機とその対象及び賜与された爵位についてまとめたのが表六−２「唐代の民爵賜与」である。この表から確認できるように、一般民に与えられた爵位は「爵」と「古爵」の二通りの表記が存在した。史料に「古爵」の名が明記される乾封封禅以後のＣ〜Ｇの事例は、一般民に古爵が与えられたとしてよいだろう。では、「爵」とのみ記される武徳以前の事例（Ａ・Ｂ）の場合はどう考えるべきだろうか。現在のところどのような爵位が与えられたのか判然としない。当時はまだ唐の制度が固まっていない時期であり、乾封以後と同じ古爵の制度が存在したかどうかわからない。もちろん、C～Gと同様に古爵が与えられた可能性は残るが、後述するようにその考えには否定的にならざるを得ない。そこで、唐代の古爵の解明を目的とする本章では、AとBは参考史料として利用するにとどめ、古爵賜与の事例と確定できるC～Gの事例を中心的な考察の対象とする。以上のことをふまえて、この表六－2から古爵賜与について読み取れることを以下に列挙してみよう。

（1）古爵の賜与の契機は、皇帝即位と親祭に限られる。

古爵賜与の契機をみた場合、CDEFは親祭後の大赦で古爵が授与されている。それに対してGのみが即位に付随する大赦による賜与であるが、参考史料としたABはともに即位（建国）時の事例であり、即位と爵位賜与の結びつきも垣間見ることができる。しかし、唐代の事例からは、南朝の藉田時の民爵賜与のように特定の祭祀との結びつきを見いだすことはできない(26)。

だが、数多くの親祭や皇帝即位に対して、爵位賜与の記述はわずかに七例が残されているにすぎないということに注意しなければならないだろう。史料の欠落も考えられるが、民への賜爵は散発的なもので、恒常的なものではなかったと考えるべきではないだろうか。

（2）古爵の賜与は一等級に限られる。

古爵の賜与の場合、その等級は九等爵の場合と同様に「一級」と記される。これは漢代の賜爵事例に準じたものであり(27)、唐代の散官や勲官の等級をそれぞれ「一階」「一転」と表すこととも対応する。表六－2によれば、等級が判明する全ての賜与は「一級」の古爵であった。「古爵之級」とのみ記されるDについては、ここで扱った史料のみでは賜与された等級がはっきりしない。だが、次節でやや詳しく説明する「蘇永墓誌」をもとに考えると、Dの場合も古爵一級が授けられた蓋然性が高い。全ての事例で古爵の賜与は一級だったと考えられる。

表六－3　官爵賜与と対象者の身分

官爵	C乾封元年 大赦改元詔 文武官三品以上 加爵二等詔	D載初元年 改元載初赦	E神龍元年 大赦雒州制	F天宝八載 加天地大宝尊 号大赦文	G大暦十四年 徳宗即位赦
九等爵	職事三品以上		京文武三品以上	職事三品以上	職事三品以上
散官	職事四品以下		京文武四品以下	職事四品以下	職事四品以下 （散官一級、 勲官二転）
勲官			外文武九品以上		
古爵	百姓	九品以上職事 百姓	百姓（為父後者）	百姓	百姓

※史料は表六－2と同じ。
※行従官など特別な場合を除いた、広く一般的な官爵賜与に限る。
※特に注記がない場合は、単位はすべて一等級である。

（3）　古爵は官僚層にも与えられた。

Dの事例で明らかなように、古爵賜与の対象には官僚も含まれていた。ここに官民を貫く古爵を中心とした秩序を形成する基盤が整うことになる。

（4）　百姓への古爵賜与には何らかの制限があり、それは戸と関係するものが多い。

賜与には、身分や年齢などの制限が加えられている。全ての一般男子か嫡長子が民爵賜与の対象となった漢代とは大きな違いがあった。年齢については、成丁以上の者に限られる。身分は、Cの事例を除いて、賜与対象者の官吏または百姓の戸主か戸の後継者に限定された。参考史料としたA・Bも百姓全体に賜爵しており、Dから制限が加えられたように思える。籾山氏に拠れば、恩典としての賜爵は民全体にあまねく与えることに意味がある。[28]その意味では、百姓へ賜爵はBとCの事例が伝統的な形式に適合するのだが、その後なぜか戸主と後継者へと対象を絞り込まれた。現在のところその理由は定かではない。

二　官爵間の相対的位置づけ

ここまで取り上げてきた詔勅において、古爵とほかの官爵序列とはどのような関係であったのだろうか。それは、行従官や特に功績があった者たちへの官爵賜与から読み取ることはできない。しかし、身分のみを規準とした官爵授与を抽出することで明らかにすることができる。身分制社会においては、一般的に身分の高い者ほどより良い待遇を与えられた。大赦の際には、身分の高い者ほど価値のある慶賞が与えられたと考えられる。したがって、同じ単位で賜与された官爵の種類とその対象者の身分を整理することで、官爵間の相対的な位置づけを知ることができると予想される。そこで、C～Gの各詔勅の記述に基づき、各官爵一等級分がどのような身分の人々に与えられたかを整理したのが、表六―3「官爵賜与と対象者の身分」である。

この表によれば、九等爵の賜与は三品以上の高級官僚に限られ、散官の賜与は四品以下（九品以上）の官僚に限られている。ここから散官に対する九等爵の優越が読みとれる。また、散官と勲官とでは、両方とも賜与の対象は官品を持つ者に限られるが、Eの事例で散官が重要な京文武官に与えられたのに対して、勲官は外官に与えられたことから、散官の方が勲官より高い価値を有していたことがわかる。そして問題の古爵だけは、賜与対象に必ず百姓を含んでいた。品階を持たない百姓が、これらの官爵賜与対象者の中で最も身分が低かったことは言うまでもない。その百姓に毎回賜与されることを考えれば、古爵が相対的に最も価値の低い官爵だったと認定せざるを得ない。この比較から導きだされた各官爵の相対的な価値を高い順に並べてみると、1九等爵、2散官、3勲官、4古爵という結果になる。

以上、編纂史料に見える古爵授与の記述から、いかなる人々がどのような時に古爵を獲得したのか、古爵は官爵の中でのどのように位置づけられていたのかを明らかにした。次に節を改めて、石刻史料に見える古爵の記述をもとに、古爵の性質についてさらに考察を深めることにしたい。

第三節　出土史料から見た古爵

一　古爵位を含む石刻史料

管見のかぎり編纂史料には古爵の等級を伝える記述はない。しかし、古爵の最下級（一級）が公士であるとするならば、漢代の二十等爵との類似性を考える必要がある。そこで、二十等爵の爵位を念頭に置いて唐代史料を調べてみても、残念ながら石刻に僅かな公士の記述が残るのみである。漢代爵制の第二級「上造」以上の爵位は確認できない（漢の爵制については表六‐1参照）。公士の記録は、おおかた石刻に関わる人物の肩書きとして刻まれている。個々の記載としては零細なものであるが、その記述を集積することで古爵に関する新たな情報を引き出すことができるのではないだろうか。そこで、現時点で見出しえた三〇例の公士に関する肩書きを整理してみると次の表六‐4「唐代碑誌中の古爵事例表」の如くなる(29)。

表六‐4を通覧してわかることは、紀年がある石刻はすべて高宗朝から玄宗朝の間に属することである。紀年がないものも岑仲勉氏の考証によれば、高宗・武后時代のものと考えられる(30)。乾封以前に公士の称号を記した石刻が存在しないことは、A隋恭帝即位とB唐建国のときに百姓に与えられた「爵」が公士ではなかった可能性を高める。そして現在のところ、天宝年間以降の石刻資料に公士に関する記述は見当たらない。

個々の事例に目を移してみると、まず、29・30の「制賜公士（士）」という記述から、公士は詔勅（制勅）によって与えられたことが確認できる。おそらくこの制勅は、前節で紹介した何れかの赦令のことであろう。制勅による授与は、公士が朝廷公認の身分であったことを意味する。そのことは18「房誕墓誌」にみえる以下の記述によっても知ることができる。

表六－4　唐代碑誌中の古爵事例表

No.	人物	肩書き	史料名	年号	所在・備考
1	康元敬	公士（題名「処士」→内容「公士」）	康元敬墓誌	咸亨4年（673）5月29日	増訂版1332 咸亨085
2	陳劼	公士	陳劼墓誌	儀鳳3年（678）9月6日	増訂版1501 続儀鳳013
3	羅君預	公士	羅君預墓誌	永隆2年（681）4月15日	増訂版1584 永隆013
4	崔通	公士驍騎尉（勲正六）	崔通及妻申屠氏墓誌	永淳元年（682）10月26日	増訂版1622 永淳020
5	格処沖	将仕郎（文従九下）公士	格善義妻斛斯氏墓誌	天授2年（691）2月7日	増訂版1842 天授012
6	申屠義	飛騎尉（勲従六）公士	申屠義墓誌	如意1年（692）9月18日	増訂版1905 如意004
7	許琮	（周）朝散大夫（文従五下）行右千牛衛長史（職従六上）上騎都尉（勲従五）高陽郡公士	許琮妻李氏墓誌	長寿2年（693）正月29日	増訂版1912 長寿004 夫許琮の官名
8	蘇永	中大夫（文従四下）司宮台内給事（職従五下）軽車都尉（勲従四）公士	蘇永墓誌	長寿2年（693）10月17日	増訂版1941 長寿026
9	崔言	公士	崔言墓誌	長寿3年（694）4月	増訂版1953 長寿032
10	田徳	公士	田徳墓誌	万歳登封元年（696）1月9日	増訂版2018 続万歳登封002
11	成循	（周）朝請大夫（文従五上）行陳州司馬（職従五下）上軽車都尉（勲正四）公士	a成循墓誌 b成君妻耿慈愛墓誌	a万歳通天元年（696）10月 b長安3年（703）2月17日	a増訂版2038 万歳通天008 b増訂版2262 長安026 夫・成循の官名
12	尉君	（周）中大夫（文従四下）使持節上柱国（勲正二）会州諸軍事会州刺史（職正四上？）公士	尉君墓誌	万歳通天2年(697)2月2日	増訂版2043 万歳通天010
13	独孤思貞	（周）朝議大夫（文正五下）行乾陵令	独孤思貞墓誌	神功2年（698）正月10日	増訂版2093 神功012

		（職従五上）上護軍（勲正三）公士			
14	王善宝	雲麾将軍（武従三）行左鷹揚衛翊府中郎将（職正四下）使持節河東州諸軍事兼河東州刺史（職品階不明）上軽車都尉（勲正四）新昌県開国子（爵正五）公士	王仁求碑	聖暦元年（698）10月10日	『金石萃編』巻62 碑を書いた長子の王善宝の官名。
15	王進	（周）滄州東光県丞（職従八下）公士	王進墓誌	聖暦２年（699）３月28日	増訂版2130 聖暦027
16	安令節	公士	安令節墓誌	神龍元年（705）３月５日	増訂版2341 神龍004
17	劉仁叡	（唐）朝議大夫（文正五下）行眉州司馬（職従五下）□国（柱国ならば勲従二）公士	劉仁叡墓誌	神龍２年（706）11月９日	増訂版2393 続神龍012
18	房誕	（唐）朝散大夫（文従五下）行洪州都督府豊城県令（職従六上）上柱国（勲正二）公士	房誕墓誌	景龍元年（707）10月	増訂版2429 続景龍002
19	趙行安	（唐）騎都尉（勲従五）公士	趙行安墓誌	先天２年（713）11月12日	増訂版2586 続先天003
20	張仁	五台県令（版授）上騎都尉（勲正五）公士	張仁墓誌	開元４（716）10月	増訂版2655 開元042
21	杜玄礼	（唐）朝議郎（文正六上）行内侍省宮闈局丞（職従八下）上柱国（勲正二）公士	杜玄礼及妻黄氏墓誌	開元15年（727）２月29日	増訂版2970 続開元079
22	王希俊	正議大夫（文正四上）守越州都督（職正三）上柱国（勲正二）公士	王師乾撰「王右軍師堂碑」	周 （武后朝か？）	『全唐文』巻397 王羲之の十一代孫として。
23	劉行通	公士	劉文宗等題名	武周	『八瓊』巻42 「開元寺三門楼

24	劉相卿	公士			題刻」 4人とも「大柱主文林郎劉文宗」の孫の世代
25	劉珍宝	公士			
26	劉静宝	公士			
27	彭善通	公士	三門主郄君徹等題名	唐	『八瓊』巻43「開元寺三門楼題刻」
28	周通仁	公士			
29	靳元恪	制賜爵公土（士）	三門主靳元恪等題名	唐	『八瓊』巻43「開元寺三門楼題刻」 靳楚玉は靳元恪の息子
30	靳楚玉	制賜爵公土（士）			

・肩書き覧のカッコ内は、官の種類と品階を表す。その際、品階は「品」字を省略し、〔例：従四品上→従四上〕、官の種類には略号を使用した。略号は以下の通り。文＝文散官、武＝武散官、勲＝勲官、職＝職事官、爵＝爵（九等爵）。

・所在・備考欄の略号。増訂版…氣賀澤保規編『新版　唐代墓誌所在総合目録（増訂版）』（汲古書院、二〇〇九年）数字は目録の墓誌番号を表す。年号・番号は、『唐代墓誌彙編』の番号、続・年号・番号は『唐代墓誌彙編続集』の番号を表す。『八瓊』…『八瓊室金石補正』の略。

以乾封年授軽車都尉、解褐授宣徳郎、行滄州胡蘇県丞。昔逢騎絆、屈駿骨於清潤、今遇鵬飛、振仙毛於碧落。馭俗以恵、撫位以仁声盈碣石之区、誉逸貝丘之野。転任袁州萍郷県令、護軍・公士如故。

乾封の年を以て軽車都尉を授けられ、解褐して宣徳郎、行滄州胡蘇県丞を授けらる。昔騎絆に逢いて、駿骨を清潤に屈し、今鵬飛に遇いて、仙毛を碧落に振う。俗を馭するに恵を以てし、位を撫するに仁を以てし、声は碣石の区に盈ち、誉は貝丘の野に逸す。転じて袁州萍郷県令に任じられ、護軍・公士は故の如し。

ここで注目したいのは「転任袁州萍郷県令、護軍・公士如故」の部分である。房誕を新たに袁州萍郷県令に任じるが、護軍（勲官・従三品）と公士の爵位とは、以前のままとするという記述である。残念ながら墓誌は、護軍と公士を授与された時期を記録してはいない。しかし、唐の官職である県令や護軍と公士が並記されることからも、公士が唐朝公認の爵位であったことが読みとれる。その意味では、誰でも自称できる「居士」「徴士」「処士」とは一線を画すものであったのである。

では、古爵は唐代の官爵制度の中でどのように位置づけられたのだろうか。整理した肩書きからその位置づけを探ってみよう。表六－4の中で、公士の爵位が散官とともに記されているものは、十一例（5・7・8・11・12・13・14・17・18・21・22）ある。一方、職事官とともに記されるものも十一例（7・8・11・12・13・14・15・17・18・21・22）あり、勲官と並記されるものは十四例（4・6・7・8・11・12・13・14・17・18・19・20・21・22）存在する。そして、版授の県令とともに記される20と九等爵と同時に記されている14もある。一般的に墓誌では被葬者の最終的な肩書きを記す。被葬者の肩書きに歴職官や最高職を記すものもあるが、本節で整理した事例は、石に刻んだ時点の肩書きをそのまま反映していると考えてよいだろう。古爵の性質を考える上では、公士号が各系統の官爵と並列的に記されていることが重要である。古爵が官人層にも与えられた証となるとともに、古爵がそのほかの官爵に従属する立場にあるのではなく、独立した一個の官爵体系として認識されていたことになるからである。なかでも、14の王善宝の肩書きにおいて、公士が同じ「爵位」である九等爵の開国子と併記されることは興味深い。この記述から、九等爵と古爵とが、制度上、別個の独立した体系であったことが判明するからである。たとえ古爵の等級をどんなに獲得したとしても九等爵の爵位に到達できないのである。それは、九等爵と古爵の関係が、漢代爵制の「官爵」と「民爵」のような上下の連接関係ではなかったことを意味するのである。

また、官品と古爵の関係に就いて考えてみると、官品を持たない庶民から、地方官とはいえ雲麾将軍（正三品の武散官）を持つ王善宝14や越州都督（正三品）の王希俊22ら高級官僚まで、古爵の位は一律に公士であった。身分の高い官僚でも古爵の位は最下級の公士にとどまり、昇叙された例は見えない。古爵には階段状に昇進する階官の性質が備わっていなかったか、あったとしても実際には機能していなかった可能性が高い。

二　墓誌に見える公士の記述

公士の授与について、やや詳細に記録している墓誌が四方ある。つぎにそれぞれの記述を見ていくこととしよう。まず、2の陳劼は公士のみを保持した人物で、儀鳳三年（六七八）九月六日に七十九歳で没した。「陳劼墓誌」には爵を賜与された具体的な理由が次のように記される。

属聖上化隆千帝、道溢百王、封玉策於神丘、勒金縄於岱嶺、恩加率土、津被普天、遂蒙恩詔賜公士爵一級。

聖上の化は千帝に隆く、道は百王に溢る、玉策を神丘に封じ、金縄を岱嶺に勒するに属《あた》り、恩を率土に加え、津を普天に被《おお》う、遂に恩詔を蒙り公士爵一級を賜わる。

儀鳳三年に刻まれた墓誌に見える聖上とは、ときの皇帝高宗のことである。高宗が「玉策を神丘に封じ、金縄を岱嶺に勒」する儀式、すなわち、封禅の封祀と登封の儀式を行ったのは、麟徳三年（六六六）正月一日・二日のことであった。そして五日に大赦改元して乾封元年となった(32)。その改元時に出されたのが先に検討したC「改元大赦詔」であり、墓誌に見える「詔」なのである。すなわち、封禅の恩沢が陳劼の身にまでおよび、「改元大赦詔」によって「公士爵一級」を賜ったのである。(31)

同様に1の康元敬の墓誌にも公士授爵の記事がある。康元敬は公士の称号のみを帯び、咸亨四年（六七一）に六六歳で卒している(33)。

幸属禋宗大礼、瘞玉云亭、□称万歳之声、壇起白雲之瑞、□斯嘉□、授君為公士。

幸いにして禋宗の大礼、玉を云亭に瘞めるに属り。……□万歳の声を称し、壇に白雲の瑞起つ、□斯嘉□、君に授けて公士と為す。

ここに見える「禋宗の大礼、玉を云亭に瘞めるに属」ることも封禅の儀式を意味する。康元敬の生存中に行われた封禅は乾封元年の一度だけであった。すなわち、康元敬も乾封元年の封禅の時に公士を賜与されということになる。さらに、3「羅君預墓誌」も「乾封元年、詔授公士（乾封元年、詔もて公士を授けらる）」と乾封元年に公士を授けられたことを記す。陳劼らの事例と考え合わせれば、羅君預の公士獲得も封禅によるものであったと考えることができよう。

これらの墓誌の記述から、乾封の封禅の大赦詔によって無位の人々が公士を獲得したことがわかる。(34)前節で述べたとおり、この大赦で百姓に与えられたのは「古爵一級」であった。無位の人々が「古爵一級」を得ることで公士になったということは、古爵の最下級である一級に公士が位置づけられていたということを意味する。

一方、8「蘇永墓誌」には載初年間（六九〇）の古爵賜与を伝える記述がある。蘇永の主な官歴を墓誌の記述によって簡略に紹介すれば以下の通りである。顕慶年間（六五六～六六一）以降、内侍省（監）の宿直の任務に就き、将仕郎（文散官・従九品下）の位を得る。麟徳年間（六六四～六六六）には登仕郎（文散官・正九品下）、乾封年間（六六六～六六八）に儒林郎（文散官・正九品下）と散官を昇級させている。咸亨年間（六七〇～六七四）に宣議郎（文散官・従七品下）行内侍省内謁者（従八品下）に昇進し、初めて流内の職事官となった。その後も昇進をつづけ、最終的には中大夫（文散官・従四品下）司宮台内給事（従五品下）軽車都尉（勲官・従四品）公士の位に達し、長寿二年（六九三）に六十三歳で没した。

司宮台は光宅元年から神龍元年まで（六八四～七〇四）の内侍省の改称であることから、一貫して内侍省系統の官職を歴任したことになる。さらに、当墓誌では「豈に直だ史游の西京に附益し、蔡倫の東漢に翼宣するのみならんや」と著名な宦官の史游や蔡倫を比較の対象として取り上げている。これらの点から、蘇永は宦官だったと思われる。

蘇永の古爵授与については、「載初中、授公士。（載初中、公士を授けらる）」と記される。当時、内給事の職にあった蘇永の公士獲得は、D「改元載初赦」によるものと見てよいだろう。載初年間は元年しかないうえに、「内外見任文武九品巳上職事官並賜古爵之級」という授与条件に当てはまるからである。この蘇永の公士獲得の事例に照らして考えれば、載初元年に官僚に与えられた「古爵之級」は一級のみであった可能性が高い。身分制社会の通例からみて、身分の劣る百姓が官僚を上回る古爵の賜与を受けたとは考え難く、百姓に賜与された「古爵之級」も一等級のみであったと考えるのが自然であろう。すなわち、官僚と百姓を対象としたことで特徴的なD載初元年の事例も、ほかの機会と同様に古爵一級の賜与だったと考えられる。

三　籍帳に古爵の記載がない理由

現存する唐代の籍帳を通覧しても古爵位が記されていないのは、金錫佑氏の指摘の通りである。一例を挙げれば、「周大足元年（七〇一）沙州敦煌県効穀郷籍」（P三五九七、P三六六九）に、五十六歳の白丁戸主邯寿寿の記載がある。邯寿寿は、載初元年（六九〇）の賜爵の時点で四十五歳であり、年齢からみて戸主であった可能性が高く、古爵の賜与を受けたと考えられる。しかしその身分表記には白丁とあるだけで、古爵位については記すところがない。このほかにも、籍帳の中には年齢的に古爵を所持していてよい人々が散見するが、その身分注記には一例として古爵位を見いだすことはできない。

そもそも、唐代の籍帳は均田制や租庸調制との関わりが深く、税役の負担額なども記されるものであった。例えば勲官は規定で租庸調が免除され、その恩蔭が子供にもおよぶことがある。そのため、戸籍にその身分および不課口の旨を記す必要があった。一方、公士などの古爵は、税役免除などの経済的な特権を持たなかったのではなかろうか。そのために籍帳に記入されなかったと想定できる。ここで想起したいのは、乾封元年の賜爵は二十一歳から八十歳までの全ての良民男子がその対象となったことである。当時の税役負担者の大部分が丁男（二十一歳から五十九歳の良民男子）であったことに異論は無いことと思う。この時、税役負担者のほとんどの者が古爵を与えられたのである。仮に公士に税役免除の特権が与えられていたとすると、唐は大半の納税者を失い、租庸調制は崩壊することになる。恩典とはいえ、そのような政策を計画し実行したとは考えにくい。やはり、古爵には経済上の特権が無かったと考えるべきであろう。

このように考えれば、籍帳に古爵位が記載されないことに一定の説明がつく。と同時に、籍帳に見える白丁の中にも古爵位を有する者が存在していたと考えることができる。もしこの推定が正しいとするならば、古爵は身分に影響与えなかったことになる。百姓は、古爵を得ても百姓のままだったのである。その意味では、古爵は純粋な称号であったと言えるのではないだろうか。

小結

本章で明らかにしたことを簡単にまとめなおしておこう。唐代では皇帝即位や親祭の大赦に付随して古爵の賜与が行われた。その時、百姓に対する賜与では年齢（成丁以上）や家父長制に基づく制限が加えられた。時には官僚にも与えられたが、その等級は百姓と同じく一等級であった可能性が高い。石刻史料の記述より、実際に古爵の賜与が行われていたことと、古爵の第一級の爵位が公士であったことが確認できる。制度的にみれば、古爵は朝廷に認められた爵位で、そのほかの官爵体系から独立した存在であったが、相対的に最も価値の低いものであった。しかも、古爵を獲得するだけでは経済的な恩恵は無く、身分も上昇しなかったと考えられる。

では、公士を名乗れること以外に、古爵にはどのような利益が備わっていたのだろうか。もしかしたら、伝統的に爵に付随する贖刑の特権が認められていたのかもしれない。しかし、それとて史料に記述はなく想像の域を出ない。仮に贖刑の特権が備わっていたとしても、先述のとおり九等爵や散官などの官爵にも贖刑の性質が備わっており、古爵だけの特典とは言えない。現在のところ史料上の制約もあり、古爵の特典を見いだすことは難しい。

このような古爵を当時の人々はどのように位置づけていたのだろうか。載初元年に九品以上の官に古爵賜与が実施されたことから、当時のすべての官僚は古爵を所有していたことになる。それにもかかわらず、古爵の爵位は石刻にわずか三十人の公士が見えるのみである。石に刻む際に古爵位は省略されたと考えるほかない。古爵を等閑視する傾向は、時の流れによって拍車がかかったのではないだろうか。時代が下るにつれ、勲官や散官でさえ価値を減じたからである。相対的に最も価値が低く、経済的な恩典も無かった古爵は、真っ先に見向きもされなくなったと考えるのが自然であろう。天宝年間以後、石刻に古爵号が記録されなくなる原因はここにあるように思う。そのように考えると、編纂史料に古爵の記述がほとんど存在しないことも納得できる。歴史書の編纂者の大部分は、官僚かそれに準ずる知識人であり、墓誌を残す階層に属していたと考えてよい。その編纂者たちは古爵位に取り立てて記録する価値を感じなかったのである。だから古爵の記述はほとんど残されていないのだろう。当時の官僚にとっては、古爵など取るに足りない称号だったのである。

次に唐代に古爵を媒介とした爵制秩序は存在したのかという問題について考えてみたい。現在確認できる五回の古爵の賜与では、良民と官人を包括した秩序を造り上げるには少なすぎるように思われる。実質的には一等級の公士しか存在しないことにも留意しなければならない。距離を測るには一定数以上の目盛りが必要だが、一等級しかない古爵は身分の上下を位置づける物差しとしては十分ではなかった。三品の官僚と白丁を同じ公士に位置づけることで、どのような秩序が生まれるのであろうか。良賤制や官品に基づく身分秩序以上の効果を上げたとは思えない。元来の政策意図はどうであれ、実際には古爵を中心とした官民を貫く身分秩序は形成されなかったと考えざるをえない。

注

（1）増祥『八瓊室金石補正』巻四九「公士安令節墓誌」の案語および端方『陶斎蔵石記』巻二一「安令節墓誌」の案語参照。

（2）岑仲勉「唐之公士」（同著『金石論叢』上海古籍出版社、一九八一年所収、初出は一九三八年）一〇二～一〇四頁および、「公士四譚」（同書）二〇五頁。

（3）封爵の制度については、仁井田陞「唐代の封爵及び食封制」（初出一九四二年、同著・池田温編『唐令拾遺補』東京大学出版会、一九九七年所収）、同「封爵及び食封相続」（同著『支那身分法史』東方文化学院、一九四二所収）、今堀誠二「唐代封爵制」（同著『中国史の位相』勁草書房、一九九五年）、礪波護「隋の貌閲と唐初の食実封」（同著『唐代政治社会史研究』同朋舎、一九八六年所収）、同「唐代食実封制再考」（唐代史研究会編『律令制――中国朝鮮の法と国家――』汲古書院、一九八六年）、山根清志「唐食実封制に於ける所謂「七丁封戸」の問題について」（『中島敏先生古希記念論集』上巻、同事業会、一九八〇年）、同「唐朝前期における食実封制について」（『歴史学研究』五〇五、一九八二年）、岡野誠「唐代食実封制の一問題――いわゆる七丁封戸論争をめぐって――」（『堀敏一先生古稀記念中国古代の国家と民衆』汲古書院、一九九五年）等を参照。

（4）漢代爵制の研究については、以下にふれる個々の論文のほか、東晋次「漢代爵制論をめぐる諸問題」（『日本秦漢史学会報』四、二〇〇三年）の整理を参考にした。

（5）西嶋定生『中国古代帝国の形成と構造――二十等爵制の研究――』（東京大学出版会、一九六一年）二四七～二六二、四〇二～四〇七頁参照。またこの西嶋説に対して、伝統的な見解に順うべきとの楠山修作氏の批判もある（同「女子百戸牛酒について」『追手門大学文学部東洋文化学科年報』、一九九七年。後に同著『中国史論集』朋友書店、二〇〇一年所収）。

（6）籾山明「爵制論の再検討」（『新しい歴史学のために』一七八、一九八五年）、および同「皇帝支配の原像――民爵賜与を手がかりに」（松原正毅編『王権の位相』、一九九一年、弘文堂）三六九～三七三頁参照。

（7）戸川貴行「魏晋南朝の民爵賜与について」（『九州大学東洋史論集』三〇、二〇〇二年）七〇～七五頁および、同「北魏孝文帝の姓族分定と民爵賜与」（九州大学二十一世紀COEプログラム（人文科学）『東アジアと日本――交流と変容』二、二〇〇五年）三～五頁参照。

（8）佐川英治「中国古代軍事制度の総合的研究」（宮宅潔編集代表『中国古代軍事制度の総合的研究』（平成二〇～二四年度科学研究費補助金）基盤研究（B）研究成果報告書、京都大学人文科学研究所、二〇一三年）。

（9）金錫佑「唐代百姓勲官考論」（『東方論壇』二〇〇四年六期）。勲官と皇帝支配の関係については同論文「三、勲官的性質和唐代対人民的支配」参照。

（10）それぞれの贖刑については、『唐律疏議』巻一・名例律・八議条および、巻二・名例律・議章・請章・減章・贖章の各条文を参照のこと。

（11）金氏が論文の中で爵賜与の（7）の事例として取り上げた『冊府元亀』巻八六帝王部・赦宥門五の天宝八載（七四九）条（本章第二節で考察する「加天地大宝尊号大赦文」）の侍老に対する賜爵は、厳密に史料を校勘すれば民に対する賜爵ではないことがわかる。以下、該当箇所を抜き出して検討してみよう（「四品」以後の文言は、筆者が都合上引用した）。

天下侍老、並量賜爵一級、四品以上加一階。

金氏はこの条文を百姓の侍老に対する賜爵ととらえた。しかし、同じことを伝えた『唐大詔令集』巻九や『冊府元亀』巻八〇帝王部・慶賜門二では、以下のように記される（傍線は筆者による）。

天下侍老並量賜酒麹（麺）。内外見任文武職事官三品已上賜爵一級、四品已下各加一階。

天下の侍老並びに量りて酒麹を賜う。内外見任文武職事官三品已上は爵一級を賜い、四品已下は各おの一階を加う。

両条文を比較すれば明らかなように、金氏が引用した条文は『唐大詔令集』の条文の傍線部部分を脱落させたまま伝わったものと考えられる。『唐大詔令集』の記述に拠れば、侍老が賜与されたものは「酒麹」であり、爵一級は「内外見任文武職事三品以上」に与えられたことになる。この爵は九等爵と解して少しも問題はない。反対にこの条文を一般民に対する賜爵事例と見なすことはできない。なお、この時の侍老に対する酒麹の賜与については、『唐会要』巻八五・団貌、『冊府元亀』巻五五にも史料がある。

（12）　池田温「中国律令と官人機構」（仁井田陞博士追悼論文集編集委員会編『前近代のアジアの法と社会』勁草書房、一九六七年、所収）「身分官人制」の項参照。

（13）　「（興元）元従奉天定難功臣」については、『唐会要』巻四五・功臣・興元元年（七八四）正月一日条に記述がある。

興元元年正月一日赦文、諸軍・諸使・諸道応赴奉天及進収京城将士等、宜並賜名奉天定難功臣、身有過犯、逓減罪三等、子孫有過犯、逓減二等。四月詔、諸軍従奉天随従将士、並賜名元従奉天定難功臣。従谷口以来随従将士、賜名元従功臣。

興元元年正月一日赦文、諸軍・諸使・諸道の応に奉天に赴き及び進みて京城を収むべき将士等、宜しく並びに賜いて奉天定難功臣と名づけ、身に過犯有れば、罪三等を逓減し、子孫に過犯有れば、二等を逓減すべし。四月詔して、諸軍の奉天従り随従せし将士、並びに賜いて元従奉天定難功臣と名づく。谷口従り以来随従せし将士に、賜いて元従功臣と名づく。

また『新唐書』巻五〇・兵志には以下のように、「興元元従奉天定難功臣」の称号が伝えられる。

自徳宗幸梁還、以神策兵有労、皆号興元元従奉天定難功臣、恕死罪。

徳宗の梁に幸するより還えるに、神策の兵労有るを以て、皆な興元元従奉天定難功臣と号し、死罪を恕す。

（14）　『旧唐書』巻一一代宗本紀は宝応元年五月のこととして「宝応功臣」の授与を伝える。

丁酉、御丹鳳楼、大赦。子儀・光弼・李光進諸道節度使並加実封、四月十七日立功人並号「宝応功臣」。内外文武官三品已上進爵、四品已下加階。

丁酉、丹鳳楼に御し、大赦す。子儀・光弼・李光進ら諸道節度使は並びに実封を加え、四月十七日立功の人は並びに「宝応功臣」と号す。内外文武官の三品已上は爵を進め、四品已下は階を加う。

そして、『新唐書』巻五〇・兵志には、その宝応功臣の具体的な姿を示す記載がある。

代宗即位、以射生軍入禁中清難、皆賜名宝応功臣、故射生軍又号宝応軍。

代宗即位するに、射生軍禁中に入りて難を清めるを以て、皆に賜いて宝応功臣と名づく、故に射生軍又た宝応軍と号す。

(15)『冊府元亀』巻八一・帝王部・慶賜三は「広徳二（七六四）年南郊赦」の一部で陝州に従った者への恩典を伝える。
（広徳）二年二月乙亥……宝応功臣、普恩之外、三品已上各与一子六品官賜爵一級、四品已下各加両階更賜勲両転、五品已上官子為父後者、賜勲両転。……去歳行幸陝州六軍・英武・威遠・威武・宝応射生、衙前射生、左右歩軍等、并内外文武百官扈従到行在者、三品已上与一子官、四品已下各加両階。

（広徳）二年二月乙亥……宝応功臣、普恩の外に、三品已上は各おの一子に六品官を与え爵一級を賜い、四品已下は各おの両階を加え更に勲両転を賜う、五品已上の官の子父の後と為る者は、勲両転を賜う。……去歳陝州に行幸せし六軍・英武・威遠・威武・宝応射生、衙前射生、左右歩軍等、并びに内外文武百官の扈従して行在に到る者、三品已上は一子に官を与え、四品已下は各おの両階を加う。

「陝州元従」がここに見える「去歳行幸陝州」以下の人々を指す可能性がある。もしこの仮定が正しいものであるならば、同文中に「宝応功臣」の恩典が別記されることから考えて、両者は異なる称号であったことになる。

(16)漢代爵制の議論では、爵とともに与えられる各種恩典の意味や組み合わせ等も問題とされている。しかし、現時点の筆者には、そこまで議論を広げる準備がない。よって、本章では唐代の「爵」が民衆にどのように与えられたか、そしてそれはどのようなものだったかという論点に絞って論述する。
また、詔勅文を校合するのに、東洋文庫編『唐代詔勅目録』（東洋文庫、一九八一年）が大変有用であった。詔勅の名称も同書の命名に従った。

(17)このほか、『新唐書』巻三・高宗本紀・『冊府元亀』巻八〇・帝王部・慶賜二にもほぼ同様の記述がある。

(18)『旧唐書』巻五以外の史料はすべて壬申に古爵賜与があったとする。また、丁丑の「文武官三品以上加爵二等詔」は、後世の歴史家が官爵濫授の始まりと位置づける詔勅で、いくつかの記録が残されているが、そこでは民爵授与のことは一切触れられていない。さらには、引用では省略した大赦時に官僚層に授与された官爵の等級についての記述を諸史料間で比較すると、『旧唐書』以外の諸史料に整合性がある。これらのことから、『旧唐書』の条文には事実認識に錯誤があった可能性が高い。よって、古爵授与は壬申の「大赦改元詔」で行われたと考えるべきである。また、「文武官三品以上加爵二等詔」と官爵濫授の関係については、『通典』巻三四・職官典・文散官条・原注および『唐会要』巻八一、『資治通鑑』巻二〇一等を参照のこと。

(19) 唐代の成丁年齢については、鈴木俊「唐代丁中制の研究」(『史学雑誌』四九―九、一九三五年)一一二四～一一四八頁および、仁井田陞『唐令拾遺』(東方文化学院東京研究所、一九三三年)戸令第九・第八条参照。

(20) 『文苑英華』では「改正朔制」と名付けられる。文字の異同もあるが『唐大詔令集』巻四、『全唐文』巻九六にも収録される。

(21) 『唐大詔令集』巻四では「右爵之級」と記されるが、これは「古爵之級」の誤写だと思われる。以下の諸詔勅においても同様の例が見えるが、特には触れない。

(22) 以下に引用する二条文のほかに『冊府元亀』巻八四・帝王部・赦宥三、『新唐書』巻四・中宗本紀・神龍元年九月壬午条、『全唐文』巻一六にも、ほぼ同様の古爵賜与の記事がある。また、この時の明堂の祭祀については、金子修一「則天武后の明堂の政治的役割」(同著『古代中国と皇帝祭祀』汲古書院、二〇〇一年所収)一五八～二五九頁参照。

(23) 金子修一「唐代における郊祀・宗廟の運用」(同著『中国古代皇帝祭祀の研究』岩波書店、二〇〇六年所収)三六〇～三六一頁参照。

(24) この詔勅による官爵授与ついては、『冊府元亀』巻八〇・帝王部・慶賜二、『冊府元亀』巻八六・帝王部・赦宥五、『全唐文』巻四〇にもほぼ同様の記事がある。

(25) この時の官爵授与については、『新唐書』巻七・徳宗本紀、『冊府元亀』巻八一・帝王部・慶賜三、『冊府元亀』巻八九・帝王部・赦宥八にも同様の記述がある。

(26) 注(7)所掲戸川論文参照。

(27) 注(5)所掲西嶋定生著書、一九五～一九七頁。

(28) 注(6)所掲籾山「皇帝支配の原像――民爵賜与を手がかりに」三六五～三六七頁参照。

(29) ここで整理した石刻史料の中心は墓誌銘である。墓誌銘の整理については、氣賀澤保規編『新版　唐代墓誌所在総合目録

（増訂版）』（汲古書院、二〇〇九年）を参考にした。その番号を増訂版＋番号で記す。また、墓誌の内容は、周紹良主編・趙超副主編『唐代墓誌彙編』（上海古籍出版社、一九九二年）および周紹良・趙超主編『唐代墓誌彙編続集』（上海古籍出版社、二〇〇一年）の録文を中心に、『隋唐五代墓誌匯編』（天津古籍出版社、一九九一～一九九二年）の図版写真と毛漢光主編『唐代墓誌銘彙編附考』（中央研究院歴史語言研究所、一九八四～一九九四年）の録文・解説・図版写真を参照しながら理解した。

（30）注（2）所掲岑論文参照。

（31）「金縄」とは、玉簡を連ねて玉策を作る際に用いる金で作った縄のことである。また、「金縄」は石䃭を封じる時にも用いられた。陳劼墓誌では、玉策の別称として「金縄」を用いたと考えられる。次注（32）『旧唐書』巻二三・礼儀志三の条文参照。

（32）その時のことを、『旧唐書』巻二三・礼儀志三は以下のように記す。

三年正月、帝親享昊天上帝于山下封禅之壇、如円丘之儀。祭訖、親封玉策、置石䃭、聚五色土封之。円径一丈二尺、高九尺。其日帝率侍臣以下升泰山。翌日、就山上登封之壇封玉策訖、復還山下之斎宮。……〔二日後　筆者注〕……上御朝覲壇以朝群臣、如元日之儀。礼畢、詔文武百僚、大赦改元。

（麟徳）三年正月、帝親ら昊天上帝を山の下の封禅の壇に享《まつ》ること、円丘の儀の如くす。祭り訖わり、親ら玉策を封じ、石䃭を置き、五色の土を聚めて之を封ず。円の径一丈二尺、高さ九尺。その日帝侍臣以下を率い泰山に升る。翌日、山上の登封の壇に就き玉策を封じ訖わり、復た山の下の斎宮に還る。……〔二日後　筆者注〕……上朝覲壇に御し以て群臣に朝すること、元日の儀の如くす。礼畢わり、文武百僚に詔し、大赦改元す。

この記述と照らし合わせれば、「陳劼墓誌」の「封玉策於神丘」という記述が高宗が封禅壇で享ったあと自ら玉策を封じたことを指し、「勒金縄於岱嶺」が翌日に行われた泰山山頂で玉策を封じた登封の儀式に当たることは明らかである。

（33）康元敬の卒年に関しては、毛漢光主編『唐代墓誌銘彙編附考』（中央研究院歴史語言研究所、一九八四～一九九四年）第八冊三二四頁、附記六参照。

(34) 永淳元年十月埋葬の「崔通及妻申屠氏墓誌」では、崔通の驍騎尉授官について、

属以云亭扈蹕、社首告成、授君驍騎尉、旌時運也。

たまたま云亭に扈蹕し、社首の告成るを以て、君に驍騎尉を授く、旌時の運なり。

と記す。これは、乾封封禅に随行し授官されたという記述とみることができる。題名によれば、公士も所持している。しかし、墓誌は驍騎尉を授けられたというのみで、公士の獲得についてはふれていない。現存史料で永淳年間までに古爵が与えられたことを確認できるのは、乾封封禅のみである。とすれば、驍騎尉と同時に公士が与えられた蓋然性が高い。無位無官の吏として高宗の封禅に扈従したため、まず一般の人々と同様に公士号を授けられ、さらに随員として特に驍騎尉が授けられた、と考えられるのではないだろうか。

この想定が正しいものだとすれば、史料には残されていないが無位の行従者に対しても官爵賜与が行われたと言うことになる。そして、崔通も乾封封禅の際に公士号を獲得した事例に数えることができるが、推測の域を出ないので考察の過程を記し留保しておく。

第七章　唐代勲官の昇進と降除の規定

はじめに

本章以降、勲官の制度そのものの考察に移る。従来の勲官制度の研究では、任官の辞令書である告身や差科簿などの出土文物の考察に関連した研究が多い(1)。勲官の制度自体を正面から取り上げた研究は少なく(2)、未だに判然としない部分が残されている。

さて、勲官は、後述する如く功績を「転」という特有の基準に換算し、その「転」を重ねることによって昇級した。そして、唐の勲官を継承して成立した日本古代勲位制度にもこの「転」の制度は継承され、日本軍防令に勲位上昇の仕組みが定められていた。ところが、唐の規定本体となると、仁井田陞氏が日本令の叙勲構造に対応する唐令を復原しているが、その復原条文は、叙勲の構造について説明しているものではないとの指摘がある。全体に説得力を欠く復原だとされるのである。したがって本章では、勲官研究の前提をなすこの問題に注目し、勲位の叙勲について述べた養老軍防令「第三三応加転条」と同「第三五犯除名条」に対応する唐令について再検討を加え、勲官の叙任に関する唐令条文を復原することとしたい。

第一節　官階としての勲官制度の特徴

勲官は、本書で述べてきたように、武徳七年令（六二四）で成立し、貞観十一年（六三七）に官号に若干の変更が加えられて制度が確定した（3）。その確定したところの名称と等級は、『唐六典』巻二・吏部司勲郎中員外郎条の本文に次のように明示される（4）。

凡勲十有二等、十二転為上柱国、比正二品、十一転為柱国、比従二品、十転為上護軍、比正三品、九転為護軍、比従三品、八転為上軽車都尉、比正四品、七転為軽車都尉、比従四品、六転為上騎都尉、比正五品、五転為騎都尉、比従五品、四転為驍騎尉、比正六品、三転為飛騎尉、比従六品、二転為雲騎尉、比正七品、一転為武騎尉、比従七品。

凡そ勲十有二等、十二転を上柱国と為し、正二品に比《なぞら》う。十一転を柱国と為し、従二品に比う。十転を上護軍と為し、正三品に比う。九転を護軍と為し、従三品に比う。八転を上軽車都尉と為し、正四品に比う、七転を軽車都尉と為し、従四品に比う、六転を上騎都尉と為し、正五品に比う。五転を騎都尉と為し、従五品に比う。四転を驍騎尉と為し、正六品に比う。三転を飛騎尉と為し、従六品に比う。二転を雲騎尉と為し、正七品に比う。一転を武騎尉と為し、従七品に比う。

この条文からわかるように、勲官制度は「転」という独特の形態（等級）をともなっていた（品階については本書四頁、表一―1「唐の勲官の品階」を参照）。これについて、上述「『唐六典』」の条文「十二転為上柱国、比正二品」に対する原注のなかに、

皇朝改以勲転多少為差、以酬勲秩

皇朝（唐朝）改めて勲転の多少を以て差と為し、以て勲秩に酬う。

とあり新たに「勲転」の数で等級を決め、「勲秩」たる勲官を授与したことがわかる。それゆえ、「転」が多いほど、品階が高い上級の勲官とされたのである。

「転」を基準とした勲官の叙任・昇進の実態は、すでに菊池英夫氏が、『唐六典』の本文と唐代の告身である吐魯番出土「開元四年李慈芸告身」の事例をもとに明らかにしている。(5) ちなみにその告身に見える白丁の李慈芸は、十転の勲功を得て上護軍（十転の勲官）を授けられており、(6) 一転の勲功で勲官一等級を上昇させる仕組みであったことが確認できる。このように「転」は、勲官の等級を表すほか、功績を勲官の等級に換算する際の単位でもあった。すなわち、散官の等級である「階」と対応するものと理解してよいだろう。(7)

さらに「転」を勲官の等級の単位としている事例を一つあげてみよう。『旧唐書』巻四・高宗本紀永徽三年（六五三）七月丁巳条は、以下のように記す。

秋七月丁巳、立陳王忠為皇太子。大赦天下、五品以上子為父後者賜勲一転。大酺三日。

秋七月丁巳、陳王忠を立てて皇太子と為す。天下に大赦し、五品以上の子の父の後と為る者は勲一転を賜う。大酺三日。

ここに見える「賜勲一転」は、対象者全員に武騎尉（一転の勲官）を与えるのではなく、勲官を一等級分昇叙することを意味した。一転の勲功で勲官が一等級昇進することは、「転」の数と勲官の階級の間に対応関係が存在したことを意味する。この対応関係によって、勲官の等級を「転」で表すことになったであろう。

このような勲官の「転」の構造は、勲官を律令官制のなかで独立させる重要な要素となっている。そのことは、

『唐律疏議』巻二・名例律十七・以官当徒者条の「其有二官」の注と疏議にみることができる（注文を（　）を付して表す）。

其有二官（謂職事官・散官・衛官同為一官、勲官為一官）

疏議曰、謂職事官・散官・衛官計階等者、既相因而得。故同為一官。其勲官従勲加授。故別為一官。是為二官。若用官当徒者、職事毎階各為一官、勲官則正・従各為一官。

其れ二官を有するは、（職事官・散官・衛官を同じくして一官と為し、勲官を一官と為すを謂う）

疏議して曰く、謂うこころ職事官・散官・衛官の階を計りて等しき者、既に相い因りて得。故に同じく一官と為す。其れ勲官は勲に従いて加授す。故に別に一官と為す。是れを二官と為す。若し官を用て徒に当つれば、職事は階毎に各おの一官と為し、勲官は則ち正・従を各おの一官と為す。

すなわち、注文によれば、職事官（衛官を含む）・散官とは別に、勲官だけで独立した体系として認められていた。また、疏議でも、職事官と散官の昇進は連動し、ほぼ同等の官職に就任する「一官」に、勲官は散官の高下と無関係に勲功によって等級を増した「一官」に、それぞれ別立されたことが明示される。

以上のことから、勲官は唐代官制のなかで独自の規則を準用される位置にあり、勲功を転という単位で積み重ねることによって昇進する独特の仕組みをとっていたことがわかるであろう。つぎに、このことを踏まえて「転」の構造を受け継いだ日本古代勲位制の叙任構造を確認することにしたい。

第二節　日本古代の勲位規定

唐代の行政制度の多くは唐令に定められていたが、現在、唐令は散逸してしまいその完全な姿を知ることはできない。そのため、仁井田陞氏の『唐令拾遺』に代表される、諸史料から逸文を集めて令条を復原する試みが重ねられてきた(8)。

そして近年、戴建国氏によって中国天一閣に所蔵される宋代の天聖令写本に、天聖令の条文とともに唐開元二五年令の令文が附されていることが発見された(9)。その巻第二一～三〇に、田令・賦（役）令・倉庫令・厩牧令・関市令（附補亡令）・医疾令（付仮寧令）・獄官令・営繕令・喪葬令・雑令の前五一一条（うち天聖令二八九条、唐令二二二条）が残されている。この発見により、これまでの復原に対する確認・補訂が可能となり、さらに新しい唐令条文が見いだされることになった。だが、残念なことに発見された天聖令は唐令編目の三割ほどに止まるという限界がある。それゆえ、これらの編目に見えない令文については、これまで通りの逸文収集という伝統的な手法に頼らざるを得ない。そして、本章で検討する軍防令も、写本に残されていない編目なのである。

唐代史料に見える規則が令の逸文かどうか判断する場合、日本令の条文が重要な拠り所となる。日本令のなかでも、養老二年（七一八）に成立し天平勝宝二年（七五七）に施行された養老令は(10)、注釈書である『令義解』『令集解』に残されており、逸文も含めてその全体像を把握できる。養老令は唐令を中心に唐の格・式や礼を参考し、さらに日本固有の制度を勘案して立法されたと理解される。ゆえに、唐令の条文と対応することが多いのである。このことは、唐代史料のなかに日本令と対応する条文があれば、唐令として復原できる可能性が高いことを意味しよう。

さて、日本古代の勲位制度は、『続日本紀』大宝元年（七〇一）三月甲午条に「始めて新令に依り、官名位号を改制す。……勲位は正冠三位に始まって、追冠従八位の下階に終わる、合わせて十二等」と見えることから、大宝令成立時より存在していたことがわかる(11)。日唐軍防令の比較研究を行った菊池英夫氏によれば、養老軍防令第三〇～三五条は授勲規定として分類できるという。[12]その授勲規定のなかで、第三三応加転条（以下「応加転条」と略す）は勲位の昇進について、第三五犯除名条（以下「犯除名条」と略す）は勲位の降叙（刑事罰によって官爵を剥奪された者が、刑期を終えて再叙任されること）についての規則である。これらの条文は、唐の勲官の昇進・降叙の条文と対応し、唐令を復原するときに大いに参考となる。そのため、ここではまず、先行する研究を参考にしながら、日本古代の勲位における昇進・降叙の仕組みを整理しておこう。[13]

日本の勲位は軍事上の栄典と理解され、正三位に比等される勲一等を最高位とし、従八位下の勲十二等に及ぶ十二等級があった。散位と職事官の関係が、ほぼ同等の位階の高さに合わせる「官位相当制」なのとは異なり、勲位の比等品階は職事官と相当させる必要はなかった。また、唐の勲官と同様に勲功を転という独自の単位に換算し、それを積み重ねることで昇進していく構造であった。その叙任と昇進について、「応加転条」は次のように記す。[14]

凡叙勲、応加転者、皆於勲位上加。若無勲位、一転授十二等、毎一転加一等。六等以上、両転加一等。二等以上、三転加一等。其五位以上、加尽勲位外、仍有余勲者、聴授父子。若父子身亡、毎一転賜田両町。其六位以下及勲位、加至一等外、有余勲者、聴迴授、不在賜田之限。

凡そ勲を叙するに、応に転を加うべき者、皆勲位の上に加えよ。若し勲位無ければ、一転して十二等を授け、一転ごとに一等を加えよ。六等以上、両転して一等を加えよ。二等以上、三転して一等を加えよ。其の五位以上、加えて勲位を尽くすの外に、仍お余りの勲有れば、父子に授《たま》うことを聴せ。若し父子身亡わば、一転ごとに田両町を賜え。其の六位以下及び勲位、加えて一等に至るの外に、余りの勲有れば、迴らして授《たま》うを聴し、田を賜うの限りに在らず。

この条文によると、勲位の叙任は、

①勲功（転）を獲得すると、現在の勲位の上に加算する仕組みであった。
②勲位を帯びていない者が一転の勲功を得れば、勲十二等を授けられた。
③勲七等までは一転ごとに一等級、勲六等から勲三等までは二轉で一等級、勲一等と勲二等は三転で一等級昇進し、昇進に必要な転数に段階的な違いがある。
④散位五位以上の者で勲位が最高等級の勲一等に至り、さらに勲に余りがある場合は、その余剰分を父子に廻すことがゆるされた。また、父子がいないときには、一転ごとに賜田両町を与える。
⑤散位六位以下あるいは勲位のみの所有者が勲一等に達し、さらに余勲がある場合は、勲の余剰分を父子に迴授することができた。しかし、賜田を与える制度は適用されない。

と解することができる。すなわち、①②③の内容を含む「凡叙勲～三転加一等」は勲位の初授とそれ以後の昇進の構造を述べ、「其五位以上」以下の部分は④⑤にあるように勲の父子への分与とその代価としての賜田を記述しているといえよう。①②③から考えて、勲一等に至るには、二十転の勲功が必要だった。

それに対して降叙を記した「犯除名条」は、

凡勲位犯除名、限満応叙者、一等於九等叙、二等於十等叙、三等於十一等叙、四等以下於十二等叙。其官当及免官・免所居官、計降卑於此法者、聴従高叙。
凡そ勲位除名を犯し、限満して叙すべき者、一等は九等に叙し、二等は十等に叙し、三等は十一等に叙し、四等以下は十二等に叙せ。其れ官当及び免官・免所居官は、降を計りて此の法より卑くければ、高きに従いて叙するを聴せ。

とある。この条文は除名などの罰を受け官爵を剝奪された者が、六年の刑期を終えて再び叙任される場合の規定である。[15]すなわち、罪を犯す前、勲一等を帯びていた者は勲九等に叙され、勲二等以下勲四等までは、一段階低くなるごとに再叙任の勲位も一等級ずつ下されることになる。そしてつぎに、官当（徒・流刑の代わりに位階・勲等を剝奪、一年後に一等級下して再叙任）、免官（位階・勲等ともに剝奪、三年後に二等して再叙任）免所居官（位階か勲等を剝奪、一年後に一等降して再叙任）による再叙任は、この除名に関する降叙と比較してより高い叙任方法に従うことを記す。すなわち、官当などの刑によって勲十二等より低く再叙任される場合も、「犯除名条」にあるように勲十二等が保障されたのである。[16]

以上のような日本古代の勲位の叙任制度をふまえて、仁井田陞氏は、唐代の史料より唐令の逸文を収集し、軍防令第十七条・第十九条を復原した。だが、その復原には問題があるとの指摘がある。次にそれらの見解を整理・検討するなかで問題の所在をあきらかにしてみよう。

第三節　唐令研究における勲官の昇進・降叙問題

仁井田陞氏の『唐令拾遺』による唐軍防令第十七条と第十九条の復原に対し、[17]軍防令第十七条には菊池英夫氏の研究があり、同第十九条については日本令への継受という視点から高塩博氏の発言があった。ここで、それぞれの条文ごとに先行研究の論点を整理し、残された問題を探ることとしたい。

まず、唐軍防令第十七条について順を追ってまとめてみよう。仁井田氏は『旧唐書』巻四二・職官志の勲官の十二等級を定めた記事に「武徳七年定令」とあり、また、『資治通鑑』巻一九〇・武徳七年三月条に「令を定めて……上柱国より武騎尉に至る十二等を勲官と為す」とあることから、勲官が令によって規定されていたと理解した。そして、養老軍防令第三三応加転条には、前述の『唐六典』巻二・吏部・司勲郎中員外郎条が対応するとして、以下のように唐軍防令第十七条（開元七年令）を復原した。

諸勲十有二等、十二転為上柱国、比正二品、十一転為柱国、比従二品、十転為上護軍、比正三品、九転為護軍、比従三品、八転為上軽車都尉、比正四品、七転為軽車都尉、比従四品、六転為上騎都尉、比正五品、五転為騎都尉、比従五品、四転為驍騎尉、比正六品、三転為飛騎尉、比従六品、二転為雲騎尉、比正七品、一転為武騎尉、比従七品。

しかし、この令条は勲官の名称と等級の関係を表すのみであり、内容的にみても養老軍防令応加転条と対応しない。このことが、次の菊池英夫氏の批判に繋がる。

菊池氏は、『唐令拾遺』の唐軍防令第十七条は、勲と昇進を記した「応加転条」と規定する内容とに距離があり、対応条文とは考えられない。もし『唐六典』巻二・吏部・司勲郎中員外郎条が令文であるならば、官品令に属す規定であろうとした(18)。さらに、『唐六典』巻六・兵部・兵部郎中「勲獲之等級」条の本注に見える勲功に酬いるための具体的な叙勲加転規定が、開元軍功格の一部であろうと推測した(19)。菊池氏は、この軍功格に加え、すでに述べた李慈芸の昇進の実態と、上記の『唐六典』司勲員外郎条とを勘案し、勲官を得る手続き規定として、唐軍防令第十七条を次のように復原できると推定した。

凡叙勲者……皆勲位（品）上加、若無勲品、一転授十二等、毎一転加一等。

凡そ勲を叙する者……皆勲位（品）の上に加え、若し勲品なければ、一転して十二等を授け一転毎に一等を加えよ。

つぎに唐軍防令第十九条に関する研究をみてみよう。仁井田氏はこの条文を復原するにあたって、勲官の除名後の再叙任について述べた『唐律疏議』巻三・除名者条の疏議にある「軍防令云う」に続く以下の一文に注目した。

諸勲官犯除名、限満応叙者、二品於驍騎尉叙、三品於飛騎尉叙、四品於雲騎尉叙、五品已下武騎尉叙。

諸そ勲官除名を犯し、限満して応に叙すべき者、二品は驍騎尉に叙し、三品は飛騎尉に叙し、四品は雲騎尉に叙し、五品已下は武騎尉に叙す。

そして、この条文が養老軍防令第三五犯除名条と字句・内容とも合致することから、この条文を唐軍防令第十九条（開元二五年）として復原したのである。上記の条文を養老令「犯除名条」と比べると、発見された唐令逸文は後半の「其官当〜聴従高叙」の条文を欠くものの、前半部分は官名を除いて全くの同文である。このことから、唐代の勲官も日本勲位制度と同じ降叙の構造を持っていたことが明らかとなった。

これに対して、高塩博氏は養老軍防令「犯除名条」の成立について、前半部分は唐軍防令第十九条から継受したとする一方、後半の「其官当〜聴従高叙」は唐名例律第二一・除名者条の本注に基づき、唐選挙令を参考にして立法したとする見解を提示した[20]。すなわち『唐律疏議』巻三・名例律第二一条の本注に、

若勲官降一等者、従上柱国削授柱国、降二等者、削授上護軍之類。即降品卑於武騎尉者、聴従武騎尉叙。

若し勲官一等を降さば、上柱国従り削りて柱国を授け、二等を降さば、削りて上護軍を授くるの類なり。即ち品を降して武騎尉より卑ければ、武騎尉に叙するに従うを聴す。

とあるなかの「即降品於武騎尉者、聴従武騎尉叙」に注目した。この注文は、勲官はいかに降叙されても最下級の武騎尉（一転・比従七品）に叙されるという意味である。高塩氏はこの条文をもとに、官人（散官・職事官）の降除について規定した唐選挙令第二五条の一部である「若有出身品高於此法者、仍従高。（若し出身の品此の法より高き者有れば、仍りて高きに従え）」という文言を参考にして[21]、日本で「犯除名条」の後半部分が立法されたと考えたのである。なお、

高塩氏はこのことをもって『唐律疏議』を養老令の依拠資料に位置づける。日本令の立法を考える上で重要な条文なのである。

以上のように勲官の昇進・降除の規定に関する先行研究を整理できるとすると、次の二つの課題が残る。

1仁井田氏による唐軍防令第十七条の復原に対する菊池氏の批判は妥当である。しかし、菊池氏の「応加転条」相当条文の復原は、傍証のみから形づくられており、推測の域を出ない。さらに一歩踏み込んで令文に迫ることが求められる。

2高塩氏は「犯除名条」の一部が『唐律疏議』の注の取意文をもとに立法されたとする。だが、この条文以外に唐律や唐律の注が養老令編纂の典拠となった例はない。本当に「犯除名条」は『唐律疏議』の注の取意文をもとに立法されたといえるのだろうか。

これら二つの課題は、従来ほとんど注目されなかった『唐会要』の条文を分析することで、一定の答えを提示できるのである。

第四節　勲官の昇進・降除をめぐる唐令条文の復原について

上に示した二つの疑問を解消する記事が『唐会要』巻八一・勲・開元十七年（七二九）十月条（以下「開元十七年条」と略す）の記事に残されている。その検討にあたって、はじめに『唐会要』の該当条文を原文のまま抜き出すことにする（原注は〔　〕であらわした）。

『唐会要』巻八一・勲・開元十七年十月条（原文）[22]

開元十七年十月諸叙勲応加転者皆於勲官上加若無勲官一転驍騎尉叙三品於飛騎尉叙四品於雲騎尉叙五品已下於武騎尉叙其官当及免官免所居官計降卑於此法者聴従高叙司勲格加累勲須其小勲攤銜送中書省及門下省勘会并注毀小勲甲然許累加〔授武騎尉毎一転加一等諸勲官犯除名応叙者二品於驍騎尉叙〕

原文のまま史料を提示したのは、条文をより深く理解するために史料操作を必要とするからである。

現在我々が利用できる『唐会要』は、蘇冕『会要』四十巻と崔鉉『続会要』四十巻とを基礎として、宋の王溥が唐末の記事を付け加えて編纂し、建隆二年（九六一）に奏上した『唐会要』百巻である。蘇冕の『会要』と崔鉉の『続会要』は現存せず、王溥の『唐会要』も欠損や錯入があることが知られている。(23)古畑徹氏は、『唐会要』の各種抄本や現行本の底本（武英殿聚珍版）の史料系統を整理し、清代に四庫全書本や武英殿聚珍版を版行した際に、諸抄本のほか『冊府元亀』などに収録された唐代史料を利用した対校も行われたことをあきらかにした。(24)現行本『唐会要』は、後代多くの対校・補訂を加えられた史料であることがわかる。上記の「開元十七年条」は、そのような『唐会要』の史料としての性質を端的にあらわしている条文なのである。

「開元十七年条」の末尾の注に注目したい。結論から先にいうと、『唐会要』の流伝の過程で本文から欠落した文言を、この注文で補った可能性が高い。なぜならば、この注をある特定の場所にそのまま挿入すると、この条文の意味が矛盾なく解釈できるからである。

「開元十七年条」の原文のなかでも、まず注目すべき個所は、注文の最後の四文字「驍騎尉叙」である。実は、この四字は「開元十七年条」の本文にも見え、本文をそのまま解釈すると、その「驍騎尉叙」の前後で文意が通らない個所なのである。仮にそのまま読んでみれば、「若無勲官一転驍騎尉叙（若し勲官なければ、一転して驍騎尉に叙す）」となり、初授の者が一転の勲功で驍騎尉（四転）に叙されることとなってしまい、先に示した表一−1「唐の勲官の品階」に見える階級と合致しない。この文意の乱れを解消するためにこの注が付されたと考えられるのである。つまり、「開元十七年条」の注文は、条文の欠落を指摘したものであり、注と本文の「驍騎尉叙」を重ねるように挿入することで本来の姿を復原せよ、と指示していると想定できる。

それでは、注文の「驍騎尉叙」の四文字を、本文のそれと重なるように「一転」の語の後に挿入して復原文を作成してみよう。なお、説明の都合上、内容に応じて条文をⓐⓑⓒに分類した。また、復原案の〔　〕は挿入した注文を、傍線は本文と注の重複部分をあらわしている。

『唐会要』巻八一・勲・開元十七年十月条（復原案）

開元十七年十月、ⓐ諸叙勲応加転者、皆於勲官上加、若無勲官、一転〔授武騎尉、毎一転加一等。ⓑ諸勲官犯除名、応叙者、二品於驍騎尉叙〕、三品於飛騎尉叙、四品於雲騎尉叙、五品已下於武騎尉叙。其官当及免官・免所居官、計降（降㉕）卑於此法者、聴従高叙。ⓒ司勲格、加累勲、須其小勲攤銜、送中書省及門下省勘会、并注毀小勲甲、然許累加。

開元十七年十月、ⓐ諸そ勲を叙するに応に転を加うべき者、皆勲官の上に加う。若し勲官無ければ、一転は〔武騎尉を授け、一転毎に一等を加う。ⓑ諸そ勲官除名を犯し、応に叙すべき者、二品は驍騎尉に叙し〕、三品は飛騎尉に叙し、四品は雲騎尉に叙し、五品已下は武騎尉に叙す。其れ官当及び免官・免所居官は、降を計り此の法より卑ければ、高きに従りて叙することを聴せ。ⓒ司勲格、勲を加え累ねるは、須く其の小勲を銜に攤《わりあ》て、中書省及び門下省に送りて勘会し、并びに毀を小勲の甲に注すべし、然る後累加するを許せ。

以上のように復原すると、本条は、叙勲と加転に関する規定（ⓐ条）と、勲官の降除規定（ⓑ条）と、勲官の昇進や降除の事務手続きを示した開元十七年十月当時の司勲格（ⓒ条）とに区分できる。さて、この「開元十七年条」から復原できたⓐ条・ⓑ条を養老軍防令と比較すると、ⓐ条が「応加転条」の前半部分に対応し、ⓑ条が「犯除名条」とほぼ同文であることがわかる。その関係を抜き出すと、以下の表七―1「養老軍防令と復原勲官規定の比較」として整理できる。これをふまえてさらに、養老軍防令とこのたびの復原条文の内容を比較してみたい。

まず、「応加転条」の前半部分とⓐ条の関係である。ⓐ条は、勲功を取得し等級を加える場合について述べる。すでに勲官を所有している者はその勲官の上に新しく取得した転を重ね増して昇進した。そして勲官未取得者は、一転の勲功ならば武騎尉を授けられ、そこから転を増すごとにその転の数だけ高い勲官に叙されるというものである。この昇進規定は上述の菊池英夫氏によって確認された勲官昇進の実態や、前掲表一―1「唐の勲官の品階」の官品と合致し、さらに菊池氏が推測した唐令条文とほぼ同じ内容となっている。また、いうまでもなく、ⓐ条と仁井田氏の復原した唐軍防令第十七条に対応関係は認められない。その一方で、ⓐ条と「応加転条」との間には、内容・文言ともに明らかな対応を見て取れる。特に、ⓐ条と「応加転条」は、転を重ねることで等級が上昇する構造を規定していることで共通する。(26) このことは、仁井田氏の復原条文よりもⓐ条の方が「応加転条」に対応する唐軍防令第十七条に相応しいことを物語っていよう。したがって、養老軍防令第三三応加転条の前半部分は唐令条文を継受して成立したと見なせるのである。(27)

つぎに「犯除名条」とⓑ条の関係について考察するために、ⓑ条の内容を検討したい。ⓑ条は二つの内容に分けることができる。前半は除名の罪を犯した者が（六載の後に）再叙任される勲官に関する規定で、除名以前に勲官二品（上柱国・柱国）を所有していた者は驍騎尉に、三品（上護軍・護軍）は飛騎尉に、四品（上軽車都尉・軽車都尉）は雲騎尉に、五品以下の勲官だった者は武騎尉に叙されることを規定する。続く後半部分では、除名より軽い官当・免官・免所居官の罰で降叙される場合、この条文と比較してより高い再叙任官に就くことが許されることを記す。(28) 計算上、降除が武騎尉より低くなってしまっても、この条文によって武騎尉の地位は保障されたのである。

「犯除名条」とⓑ条を比べてみれば、官名以外の違いはない。したがって、ⓑ条は犯除名条に対応した唐令と認定することができる。このⓑ条は仁井田氏の復原条文のほぼ全てを含み、なおかつ、仁井田氏の復原に欠けていたために高塩氏が検討した「其官当～聴従高叙」の文言を全て内包している。このことから、従来の説とは違い、養老軍防令第三五犯除名条は、唐軍防令条文をそのまま引き写し、官名部分のみを日本独自のものに変更した条文と理解することができる。

このように『唐会要』巻八一・勲・開元十七年条から復原したⓐ・ⓑ両条を唐令と認められるならば、それは開元十七年当時通用していたものと考えて、開元七年令として復原することができるであろう。[29] 養老令に規定されることを考慮すると、その条文は養老令の祖法とされる永徽令まで遡って存在していた可能性が高い。しかしながら現在はその確証は無く、いましばらくは、開元七年令として復原しておきたい。

表七―1　養老軍防令と復原勲官規定の比較

養老軍防令	「開元十七年条」からの復原
三三応加転条 凡叙勲、応加転者、皆於勲位上加。若無勲位。一転授十二等、毎一転加一等。六等以上、両転加一等。二等以上、三転加一等。 （以下省略）	ⓐ条 諸叙勲応加転者、皆於勲官上加、若無勲官、一転授武騎尉、毎一転加一等。
三五犯除名条 凡勲位犯除名、限満応叙者、一等於九等叙、二等於十等叙、三等於十一等叙、四等以下於十二等叙。其官当及免官・免所居官計降卑於此法者、聴従高叙。	ⓑ条 諸勲官犯除名、応叙者、二品於驍騎尉叙。三品於飛騎尉叙。四品於雲騎尉叙。五品已下於武騎尉叙。其官当及免官・免所居官、計降卑於此法者、聴従高叙。

小結

以上の考察から、『唐会要』巻八一・勲・開元十七年条の記事を利用して、養老軍防令第三三応加転条に対応する唐軍防令第十七条の新復原案を提示し、養老軍防令第三五条に対応する唐軍防令第十九条の復原を補足することができた。その条文をまとめ直してみると次の通りになる。

唐軍防令第十七条の新復原案

一七〔開七〕諸叙勲応加転者、皆於勲官上加、若無勲官、一転授武騎尉、毎一転加一等。

唐軍防令第十九条の復原補足（傍点が補足部分）

一九〔開七〕諸勲官犯除名、応叙者、二品於驍騎尉叙、三品於飛騎尉叙、四品於雲騎尉叙、五品已下於武騎尉叙。其官当及免官・免所居官、計降卑於此法者、聴従高叙。(30)

さらに付け加えると、この第十九条の復原補足により、養老軍防令第三五条犯除名条が、官名以外の全文を唐令から継受して立法されたことを確認できた。

以上の結果、勲官の独自性の拠り所となる叙勲と昇進の構造に関する規定を、より一歩明らかにすることができた。これらの条文は、勲官制度を考察するうえで基幹となるものである。次章では応加転条の後半部分と関係すると考えられてきた転の分与制度について考察することにしたい。

注

（1）西村元佑「唐代敦煌差科簿を通じてみた唐均田制時代の徭役制度」（同著『中国経済史研究――均田制度篇』東洋史研究会、一九六八年、初出は一九六〇年）六一二～六六三頁、大庭脩「唐代告身の古文書学的研究」（同著『唐告身と日本古代の位階制』学校法人皇學館出版部、二〇〇三年、初出は一九六〇年）、中村裕一『唐代官文書研究』（中文出版社、一九九一年）三九～六九頁・一五七～一六八頁等を参照。

（2）松永雅生「唐代の勲官について」（『西日本史学』一二、一九五四年）、西村元佑「唐代前半期における勲官の相対的価値の消長と絶対的価値」（『愛知学院大学文学部紀要』八、一九七八年）、および日野開三郎『唐代租調庸の研究』Ⅲ課輸篇下（私家版、一九七七年）三七六～四一三頁を参照。

（3）詳しくは本書第二章参照。

（4）なお、『旧唐書』巻四三・職官志二・吏部・司勲郎中条にほぼ同文がある。

（5）菊池英夫「日唐軍制比較研究上の若干の問題――特に「行軍」制を中心に――」（唐代史研究会編『隋唐帝国と東アジア世界』、汲古書院、一九七九年）四一四～四一五頁。

（6）「開元四年李慈芸告身」については、近年、小田義久「徳富蘇峰記念館蔵「李慈芸告身」の写真について」（『龍谷大学論集』四五二、二〇〇〇年）によってその全体像が明らかにされた。また、その内容については、注（1）所掲大庭論文六三～七一頁。菊池英夫「節度使制確立以前における『軍』制度の展開」（続編）（『東洋学報』四五―一、一九六二年）六五～六七頁、小田義久「唐代告身の一考察――大谷探検隊将来李慈芸および張懐寂の告身を中心として――」（『東洋史苑』五六、二〇〇〇年）四～四一頁参照。

（7）「転」を勲功の単位とする解釈は、勲官制度を継承した日本古代勲位制にも共通するものであった。それは、まず、『令集解』軍防令「応加転条」の逸文に、

転、古記云、謂う級也。仮寇賊二人為一転、授一階耳。

転、古記云う、級を謂うなり。仮に寇賊二人を一転と為し、一階を授くるのみ。

とあり、また、『令義解』同条の義解に、

転謂是不定之意也。仮令、元年行軍、十級為一転、二年行軍、五級為一転之類。依其無定例故、云之為転也。

転とは是れ不定の意を謂うなり。かりに、元年の行軍、十級を一転と為し、二年の行軍、五級を一転と為すの類なり。その定例無きに依る故、之を云いて転と為すなり。

とあることからわかる。このように古代日本では、「一転」分の功績が一定していないため、「転」という単位が使われたと理解したのである。ただし、日本勲位制では勲位の位階を「転」で表すことはなかった。このことは、日本勲位が「転」の数と勲位の等級に対応関係を持たなかったことによると考えられよう。

(8) 仁井田陞著『唐令拾遺』(東方文化学院、一九三三年。東京大学出版会、一九六四年覆刻)および仁井田陞著・池田温編集代表『唐令拾遺補』(東京大学出版会、一九九五年)参照。

(9) 戴建国『天一閣蔵明抄本『官品令』考』(同著『宋代法制初探』黒龍江人民出版社、二〇〇〇年)四五〜五四頁。その後、『天一閣蔵明鈔本天聖令校証　附唐令復原研究』(中華書局、二〇〇六年)で全文が公開された。

(10) 中田薫「養老令の施行期について」(同著『法制史論集』第一巻、岩波書店、一九三八年)、井上光貞「日本律令の成立とその注釈書」(『律令』日本思想体系3、岩波書店、一九七六年、以下、岩波『律令』と略す)七七一〜七七九頁参照。

(11) 勲位の成立については、渡辺直彦「上代勲位小考」(上)(『歴史教育』九-七、一九六一年)六〇頁、および岩波『律令』六二五頁参照。

(12) 菊池英夫「日唐軍制比較研究上の若干の問題――特に「行軍」制を中心に――」(唐代史研究会編『隋唐帝国と東アジア世界』、汲古書院、一九七九年)三三九〜四〇二頁の表を参照。

(13) 日本勲位制度については、野村忠夫「律令勲位制の基本問題――その性格と機能を中心に――」(同著『律令官人制の研究』増訂版、吉川弘文館、一九七〇年)三五六〜三七〇頁、および渡辺直彦「律令官人勲位制の研究」(同著『日本古代官位制度の基礎的研究』吉川弘文館、一九七二年)七九〜九一頁を参考にした。以下、勲位制の研究成果を利用する際、特に言及しない場合は両氏の研究による。

(14) 養老令条文は、新訂補増国史大系本『令義解』と岩波『律令』の軍防令を参考にして書き下した。以下の令文も同様である。

(15)『唐律疏議』巻三・名例律第二一・除名者条に、
諸除名者、官爵悉除、課役従本色、六載之後、聴除依出身法（疏議は省略）。

諸そ除名する者、官爵は悉く除き、課役は本色に従い、六載の後、出身の法に依りて除するを聴す。

とある。また、滋賀秀三氏による「除名」に対する定義が、律令研究会編『訳註日本律令』五（東京堂出版、一九七九年）一三三〜一三六頁にみえる。ここでは、滋賀氏の定義を参考にした。

(16) 勲位の降叙までの期間と降除の等級については、名例律二一・除法条に見える。また、勲位の官当・免官・免所居官の定義は、岩波『律令』二六〜二九頁を参考にした。

(17) 注（8）所掲『唐令拾遺』三七五〜三七七頁。

(18) 注（12）所掲菊池論文四一一〜四一五頁参照。

(19)『唐六典』巻五尚書兵部・兵部郎中員外郎条「勲獲之等級」には以下のような原注が付されている。
勲獲之等級（謂軍士戦功之等級、若牢城苦戦、第一等酬勲三転、第二・第三等、差減一転。凡破城・陣、以少撃多為「上陣」、数略相当為「中陣」、以多撃少為「下陣」、転倍以上為「多少」、常拠賊数以十分率之、殺獲四分已上為「上獲」、二分已上為「中獲」、一分已上為「下獲」。凡上陣上獲第一等、酬勲五転。上陣中獲・中陣上獲第一等、酬勲四転。上陣下獲・中陣中獲・下陣上獲第一等、酬勲三転。其第二・第三等、各逓降一転。中陣下獲・下陣中獲第一等、酬勲両転、第二・第三等、并下陣下獲、各酬勲一転。其雖破城・陣、殺・獲不成分者、三等陣、各酬勲一転。（以下略））
勲獲の等級（軍士戦功の等級を謂う。牢城苦戦の若きは、第一等勲三転を酬い、第二・第三等は、差して一転を減ず。凡そ城・陣を破るは、少を以て多を撃つを「上陣」と為し、数略ぼ相当するを「中陣」と為し、多を以て少を撃つを「下陣」と為し、転た倍以上を「多少」と為す。常に賊数の十分を以て之を率するに拠り、殺・獲四分已上を「上獲」と為し、二分已上を「中獲」と為し、一分已上を「下獲」と為す。凡そ上陣上獲の第一等、勲五転を酬う。上陣中獲・中陣上獲の第一等は、勲四転を酬う。上陣下獲・中陣中獲・下陣上獲の第一等は、勲三転を酬う。其の第二第三等は、各おの一転を逓降す。中陣下獲・下陣中獲の第一等は、勲両転を酬い、第二・第三等、并びに下陣下獲は、各おの勲一転を酬う。其れ城・陣を破ると雖も、殺・獲が分を成さざれば、三等の陣、各おの勲一転を酬う。〔以下略〕）

この条文については、注（12）所掲菊池論文四一一～四一五頁のほか、注（1）所掲中村書一九七～二〇〇頁および四四八～四五〇頁、さらには佐川英治「中国古代軍事制度の総合的研究」（宮宅潔編集代表『中国古代軍事制度の総合的研究』（平成二十～二十四年度科学研究費補助金）基盤研究（B）研究成果報告書、京都大学人文科学研究所、二〇一三年）一〇五～一〇九頁を参照。なお、「勲獲の等級」条の解釈については、佐川氏の解釈に従いたい。

（20）高塩博「大宝養老二律の異同について」（同著『日本律の基礎的研究』、汲古書院、一九八七年）二一三～二一四頁注⑪参照。また、これ以後に記す高塩氏の説は同氏が執筆に参加した『唐令拾遺補』第三部・唐日両令対照一覧の大宝令復原にも踏襲されており、通説となっているようである。『唐令拾遺補』一一六一頁参照。

（21）『唐令拾遺』一九九～二〇〇頁参照。

（22）ここでは、武英殿聚珍本『唐会要』を底本とし、同系統の上海古籍出版社本（上海古籍出版社、一九九一年）および異系統とされる四庫全書本で交合した。文字の異同はあるが、養老軍防令との対応を考慮して底本のまま引用した。

（23）『四庫全書』史部・政書類一・通制之属・唐会要の提要参照。

（24）古畑徹「『唐会要』の流伝に関する一考察」（『東洋史研究』五七―一、一九九八年）参照。なお、古畑氏には『唐会要』の諸本に関わる研究として、ほかに「『唐会要』の諸テキストについて」（『東方学』七八、一九八九年）、「『永楽大典』所引『唐会要』記事一覧」（『金沢大学教養部論集』）人文科学篇二九―一、一九九一年）がある。また、貝塚茂樹・平岡武夫「唐代史料の集成について」（「学術月報」七―六、一九五四年）、島田正郎「在台北・国立中央図書館蔵　鈔本・唐会要について」（『律令制の諸問題』汲古書院、一九八四年）、鄭明『『唐会要』初探』（『中国唐史学会論文集』三秦出版社、一九八九年）、「前言」（『唐会要』上海古籍出版社、一九九一年）を参照。

（25）この条文は、後述する通り日本軍防令第三十三条に対応している。「計隆卑於此法者」の「隆」字は、日本令では「降」につくる。「隆」字の使用は、当時の皇帝である玄宗李隆基の諱を避けておらず、疑問が残る。また、『唐律疏議』名例律二一・

除名者条の本注に、勲官の免官のこととして「勲官降一等者（勲官の一等を降す者）」や「即降品卑於武騎尉者（即《も》し品を降すこと武騎尉より卑《ひく》ければ）」とある。これらのことを考え合わせれば、「隆」は「降」の誤字である蓋然性が高い。以下「降」字として解することとする。

(26) ただし「応加転条」とⓐ条とでは、勲功と昇進の構造に大きな違いが見られる。すなわち、日本令では、勲位の昇進に必要な転数に段階的な違いも受けられていた。そしてその差は、非通貴（六位以下）・通貴（四・五位）・貴（三位以上）の別に対応して増加する。それに対して、唐の規定では、最高位の上柱国に昇進するまで、一貫して一転ごとに一等級昇進するという制度であった。そのことは表一―1「唐の勲官の品階」に、最高等級の上柱国が十二転に位置づけられていることからも確認できる。この叙勲の仕組みの違いについては、すでに渡辺直彦氏や野村忠夫氏によって、日本の勲位制と唐の勲官制の相違点であることが確認されており、両条文の対応を否定するものではない。岩波『律令』六二五頁および注（13）所掲渡辺論文八二頁、野村論文三六〇～三六一頁参照。

(27) 応加転条の後半部分の規定の祖法については、本書第九章を参照。

(28) 唐の官当・免官・免所居官も、降叙までの期間と降格する等級は日本律と同じであった。『唐律疏議』巻三・名例律二一・除名者条に見える。劉俊文『唐律疏議箋解』上（中華書局、一九九六年）二三七～二四二頁参照。

(29) 朱雷氏は、この開元十七年に始めて勲を重ねますようになったととらえている（朱雷「跋敦煌初出「景雲二年張君義勲告」――兼論「勲告」制度淵源」、同著『敦煌吐魯番文書論叢』、甘粛人民出版社、二〇〇〇年、二二七～二三八頁）。しかし、『唐会要』の「開元十七年条」が令文であった場合、律令の編纂時期を考慮に入れなければならない。編纂時期を考慮すれば、少なくともこの制度は直前の律令編纂である開元七年まで遡ることができよう。

また、唐の律令編纂時期については池田温『唐令』（滋賀秀三編『中国法制史　基本資料の研究』東京大学出版会、一九九三年）二〇四～二一三頁、および堀敏一「中国における律令法典の形成」（同著『律令制と東アジア世界――私の中国史学（2）』汲古書院、一九九四年）八五～九二頁、さらには、滋賀秀三著『中国法制史論集　法典と刑罰』（創文社、二〇〇三年）、七二～八八頁参照。

（30）『唐会要』巻八一から復原した原文には「限満」の二字が見えないが、仁井田陞氏の復原に従って附加した。『唐会要』の編纂・書写過程で脱落したものと推測される。

第八章　勲官の上番規定と迴授規定の関係

はじめに

本章では従来勲官の増加の原因とされてきた、上番勤務と改授の仕組みについて考察する。通説では、勲官の増加に起因して制度が変化すると考えられていた。問題を明確にするために、ここで再度、通説の理解を確認しておきたい。唐官品令では、勲官は、上柱国以下の十二等級が流内の正二品から従七品に位置づけられていた(1)。尚書省の実質的な長官で宰相の一人となる尚書左右僕射が従二品であり、中書省の長官で同じく宰相となる中書令が正三品であったことを考えれば、上柱国の官品がいかに高位であったかがわかる。また、勲官は税役免除や勲田の賜与などの特権を有していた(2)。法令上は一般民より遙かに高い身分に位置づけられていた勲官だが、「胥吏」以下の「僮僕」と異ならない存在であったとする『旧唐書』巻四二・職官志二・勲官条の記述が存在する。

咸亨五年三月、更下詔申明、各以類相比。……自是已後、戦士授勲者動盈萬計。毎年納課、亦分番於兵部及本郡。当上省司、又分支諸曹、身応役使、有類僮僕。拠令乃与公卿斉班、論実在於胥吏之下、蓋以其猥多、又出自兵卒、所以然也。

咸亨五年三月、更めて詔を下して申明し、各おの類を以て相い比す。……これより已後、戦士の授勲する者は動もすれば盈ちて萬もて計う。毎年課を納め、また兵部及び本郡分番す。まさに上るべきの省司、また諸曹に分支し、身は役使に応じ、僮僕に類する有り。令に拠ればすなわち公卿と班を斉しくするも、実を論ずれは胥吏の下に在り。蓋しその猥多にして、また兵卒に出自するを以って、然りとする所以なり。

右の史料は、咸亨五年（六七四）以後、戦士の授勲者が万単位になったと記し、続けて、毎年課を納めるか、京師の兵部や郡（州）の役所に輪番制の任務に当てられたり、そこからさらに従属機関に配属され、僮僕のように役使されたりしたと記す。さらに、令の規定では高位にあっても実態は胥吏以下の地位にあり、その原因は勲官所有者の多さと兵卒から出身者することにある。

また、天宝年間の敦煌差科簿（P三五五九、P二六五七、P三〇一八v）に大量の勲官が記載されることが注目を集めてきた(3)。差科簿とは県が力役に徴発するために作成した帳簿で、勲官は全記載者五九一人中一一一人を占め、そのさらに半数近くが一般民と同じような色役を課せられていたことも判明している。この色役を負担する勲官の姿は、上述の『旧唐書』の役使される勲官像と合致し、税役免除の特権が形骸化した証拠と見なされた。これらのことから、勲官は、唐初においては法規定通り大きな特権を有しながら高位に位置づけられていたが、所有者の増加にともなって徐々に特権が削減され、ついには一般百姓と同じ負担を強いられる地位に転落したと考えられた(4)。すなわち、所有者の増加が勲官変質の主因であると考えられたのである。

一方、軍功による授勲の増大だけでなく、則天武后以後の人心収攬策としての官爵濫授も勲官激増の一因として注目された。なかでも松永雅生氏・日野開三郎氏は、濫授の具体的な手段の解明を試みた(5)。この問題をもっとも詳細に研究した日野開三郎氏の見解を要約してみよう。日野氏は、玄宗治世までの濫授の手段について、①国慶行事に陪席した「職掌人」に慶賜として勲官が与えられたことを挙げる。そして②勲官は上番を続けるだけで勲を獲得して自動的に最高位に達する仕組みがあり、それが余分な勲を親族に分け与える迴授制度と結びついて勲官を再生産したと考えた。日野氏は②番上による勲官の自動昇進と再生産の制度の存在を前提に、職掌人と勲官の同一化が進んだとし、さらに、③職掌人の一般的な労働奉仕の見返りとして勲官が授与される仕組みができたことで、職掌人の勲官化がより一層促進したと想定する。(6)

すでに本書の検討で、日野氏の考えの前提とした勲官数の推移に関する通説が成立しえないことは明らかであるが、上番と勲官の昇進の間に密接な関わりがあったとの日野氏の説は、制度を理解するために再検討する必要がある。そこで本章では、玄宗期までの上番制度と勲の迴授制度について考察し、迴授制度と勲官の増加との関係について明らかにしたい。

第一節　勲官の上番任務と勲官の増加に関する問題

まず、勲官の上番に関わる史料を確認し、その後、勲官の上番による自動昇進の仕組みを取り上げた研究についてまとめることにする。勲官の上番に関する規定は、以下の二条がある。解釈を問題とするので、当面A条は原文のみを提示することとしたい。

A　『新唐書』巻三六・百官志・吏部司勲郎中条（傍線およびⓐ等の記号と句読点は筆者による。以下同じ）

凡勲官九百人、無職任者、番上兵部、視遠近為十二番。以強幹者為番頭。留宿衛者為番、月上。外州分五番、主城門・倉庫・執刀。上柱国以下番上四年、驍騎尉以下番上五年、簡於兵部、授散官。ⓐ不第者、五品以上復番上四年、六品以下五年、簡如初、再不中者、十二年則番上六年、八年則番上四年。勲至上柱国有余、則授周以上親、無者賜物。

B 『唐六典』巻五尚書兵部・兵部郎中条（括弧内は原注を表わす）

凡勲官十有二等（並載於司勲之職）、皆量其遠近、以定其番第（五百里内五番、一千里内七番、一千五百里内八番、二千里内十番、二千里外十二番、各一月上、毎上或分配諸司。上州及都督府、番別各聴留六十人、中州四十五人、下州三十五人、分配監当城門倉庫。亦量於数内通融配給、当州人少者、任取五十已上、五十九已下、及軽疾丁充、皆一月上）、五品以上四年、七品以上五年、多至八年、年満簡送吏部、不第者如初、無文聴以武選。

凡そ勲官十有二等（並びに司勲の職に載す）、皆その遠近を量り、以てその番第を定む。（五百里内五番、一千里内七番、一千五百里内八番、二千里内十番、二千里外十二番、各おの一月上り、上る毎に或いは諸司に分配す。上州及び都督府は、番別に各おの六十人を留め、中州は四十五人、下州は三十五人、分配して城門倉庫を監当せしむるを聴す。亦た量りて数内において通融配給し、当州の人少なければ、任せて五十已上、五十九已下、及び軽疾の丁を取りて充て、皆一月上る）。五品以上四年、七品以上五年、多くは八年に至り、年満ち簡して吏部に送る、第せざる者は初めの如し、文無ければ武選を以てするを聴す。

これら両条文は勲官の上番任務について記しており、その内容は以下の通りである。勲官の上番任務には、京師の兵部への上番（京上）と地方州郡への上番（州上・郡上）の二種類があり、京上の場合は居住地からの距離によって年間の上番回数に差が設けられた。他方、郡上は五番制で一定していた。そして、上番の具体的な任務として宿衛や門の監督などがある。さらに、勲官の品階による散官選考までの上番年数の違いがあったことなどがわかる。

これまでの勲官研究では、A条が重視されることが多かった。なかでも西村元佑氏はⓐ部分の「不第者……八年則番上四年、勲至上柱国、有余……」を一文と理解し、番上と上柱国昇進について以下のような因果関係があったとす

る。(7)

1勲官を五品以上（上柱国から騎都尉）と六品以下（驍騎尉から飛騎尉）に分け、両者とも一定年数上番することで散官選考を受ける資格を得た。

2五品以上は番上の四年目・八年目に、六品以下は五年目・十年目に試験を受けた。合格すれば、散官を授けられて勲官として上番する必要はなくなるが、落第した場合は、次の試験資格を獲得するまでふたたび上番を続ける。

3二度の散官選考に落第しても、五品以上は合計十二年間（四年＋四年＋四年）、六品以下は十六年間（五年＋五年＋六年、西村氏は「十二年」の「二」を衍字と考えた）番上を続けることで、自動的に最高位の勲官である上柱国に達した。

すなわち西村氏は、一度勲官となれば十六年間の番上をするだけで自動的に最高位の上柱国に昇進する仕組みであったと考えたのである。

日野開三郎氏は、西村氏の見解を受け、これと勲の「迴授制度」が組み合わされて勲官を再生産させる仕組みになっていたとみる。日野氏は、『新唐書』の「有余則授周以上親」という記述に着目した。日野氏は文中の「有余」の語を上柱国に到達した後も番上を続けている者を指す用語と定義し、「有余」の番上によって得る勲は周親より近い親族に与えることができたと読み解いた。周親とは期親のことで、玄宗即位以後、その諱「隆基」の基の音を避け周親と記される。(8)迴授の対象は男性のみに限定されたと考えられるので、父・祖父・長子・嫡孫・諸子・兄弟・叔父・甥が含まれたことになる。そして日野氏は、この勲官再生産の仕組みを「勲官の濫増が新たな勲官の濫増を呼んだ」と表現した。勲官は上番を続けると自動的に最高位の上柱国に達し、その後も上番を続けることで周親の勲官化を導いたと考えたのである。(9)

この見解に立てば、勲官の長年の上番に報いるためにその品階を昇進させた、と考えることができるだろう。勲官は最下位の武騎尉でも租調庸の免除が認められており、その昇進だけなら国家の税収に与える影響は少ない。また、上位の勲官の子供たちは上柱国子・柱国子・品子として租調庸の一部を免除される身分となったので、彼らが勲の迴授によって勲官となり租調庸全免になったとしても、白丁が新たに勲官になるのと比べれば、税収の減少を抑制できた。この想定が正しいのならば、勲官の上番による昇進と迴授による周親の勲官化は、昇級させることで勲官に報いながらも、実質的な収入はそれほど減少しないという、国家にとって理想的な政策だったと言うことができる。

しかしながら、この想定には問題がある。それは同内容を伝えた『唐六典』のB条が、番上継続による勲官の自動昇進について何ら記すところがないことである。『唐六典』のB条では落第者の再選考までの上番期間を「初めの如し」とのみ記す。条文の比較のみで判断すれば、B条が後文を欠落させたと解することもできる。おそらく、西村氏と日野氏も、この部分に関してはA条の方が詳しい内容を伝えているととらえて、考察の対象としたのだろう。しかし、ⓐ部分の勲の迴授規定に注目すると、従来とは異なる見解にたどり着くのである。

第二節　勲の迴授制度

唐初より勲の迴授が存在したことについては、既に日野開三郎氏の指摘がある。[10] しかし、その規定を深く考究したわけではない。そこで、本節では、勲の迴授に関わる史料を取り上げ、その制度について考察することにしたい。勲の迴授規定は少し異同のある二つの史料が伝わっている。

C 『冊府元亀』巻六〇帝王部・立制度

天宝三載九月詔曰、頃叙功労、累増勲級、上柱国外、許及周親。是謂賞延、載栄宗族。廻充賜物、匪厚朝恩、其准格上柱国外、有余勲廻授周親。

天宝三載（七四四）九月詔して曰く。頃ろ功労を叙するに、累ねて勲級を増し、上柱国の外、周親に及ぼすを許す。是れを賞延と謂い、栄を宗族に載す。賜物を廻充するは、朝恩を厚くするに匪ず。其れ格に准じ上柱国の外、余勲有れば周親に廻授すべし。

D　『唐会要』巻八一用蔭

天宝三載九月二十七日詔。頃叙功労、累増勲級、上柱国外、許及周親。是謂賞延、載栄宗族。廻充賜物、匪厚朝恩。其准格上柱国外、有余勲無周親、折給賜物、宜停、仍永為常式。

天宝三載九月二十七日詔す。頃ろ功労を叙するに、累ねて勲級を増し、上柱国の外、周親に及ぼすを許す。是れを賞延と謂い、栄を宗族に載す。賜物を廻充するは、朝恩を厚くするに匪ず。其れ格に准じ上柱国の外、余勲有りて周親無ければ、賜物を折給するは、宜しく停めるべし、仍って永く常式と為せ。

この二首の詔は同時期（天宝三載の九月と、九月二十七日）に発布され、部分的に同じ文言を含むことから考えて、もともと一つの詔勅であり、それが内容ごとに分割されて伝わったものと考えられる。Cの『冊府元亀』の文では、格の規定によって、獲得した勲功が上柱国に至ったうえで余りがある者には、余った分を周親に分け与えることを許し、その措置を今後も継続するよう指示している。一方で、Dの『唐会要』の文では、勲を獲得した上柱国に周親に当たる親族がいない場合、格の規定による本人への賜物は、今後その制度を廃止すると述べている。

Dの史料を理解する助けとなるのが、『唐会要』巻三九定格令・景龍三年（七〇九）八月九日条である。

景龍三年八月九日、勅。応酬功賞、須依格式、格式無文、然始比例。其制勅不言自今以後・永為常式者、不得攀引為例。

景龍三年八月九日、勅す。応に酬いるべき功賞は、須らく格・式に依るべし、格・式に文無ければ、然して始めて例に比せよ。其れ制勅に「今自り以後・永く常式と為せ」と言わざるは、攀引して例と為すを得ず。

この詔勅は、まず功賞に酬いる場合、必ず格・式の規定に拠らなければならないと述べる。次に、格・式に規定が無い場合は、「例」に依拠すべきことを確認する。「例」とは、「今自り以後・永く常式と為せ」と謂う文言を含む制勅のことで、現行の制度を改変し、以後の基準となるものであった[11]。この景龍三年の詔勅の記述を前提とすれば、天宝三載九月の詔勅には、「永く常式と為せ」の文言があることから、それまで通用していた勲の迴授規定を一部改定し、改定部分を「例」としたものだと理解できる。

視点を反転すれば、天宝三載九月二十七日以前には「勲官が上柱国に至って周親がいる者は、余った勲をその周親に迴授し、周親が存在しない場合には、その余った勲功に相当する物を給付する」という制度が存在し、その条文が格として規定されていたことになる。そして、この制度は内容から見て、勲官の自動昇進と再生産の論拠とされたA条ⓐの末尾と合致する。その部分を抜き出してみよう。

勲至上柱国有余、則授周以上親、無者賜物。
勲の上柱国に至りて余り有れば、即ち周以上の親に授け、無ければ物を賜う。

この両条文の類似をもって、A条の「勲至上柱国」以下の記述は、その文言だけで独立した迴授の規定だったと見るべきなのである。実はこの見方を補強する記述が、日本養老軍防令三三応加転条にある（①・②の分類は筆者）[12]。

E　日本養老軍防令三三応加転条

①凡叙勲、応加転者、皆於勲位上加。若無勲位、一転授十二等、毎一転加一等。六等以上、両転加一等。二等以

上、三転加一等。②其五位以上、加尽勲位外、仍有余勲者、聴授父子。如父子身亡、毎転賜田両町。其六位以下及勲位、加至一等外、有余勲者、聴廻授、不在賜田之限。

①凡そ勲を叙し、応に転を加うべき者は、皆勲位の上に於いて加う。若し勲位無ければ、一転して十二等を授け、一転するごとに一等を加う。六等以上は、両転して一等を加う。二等以上は、三転して一等を加う。②其の五位以上は、勲位に加え尽くすの外、仍お余りの勲有る者は、父子に授けるを聴す。父子身亡きの如きは、一転するごとに田両町を賜う。其の六位以下及び勲位、加えて一等に至るの外、余りの勲有る者は、廻授を聴すも、田を賜うの限りに在らず。

この条文は、唐の勲官を継承して日本で成立した勲位制に関する規定で、その前半①部分で勲位の昇進の構造について記し、後半②部分で廻授について定めている[13]。②部分を少し詳しく見てみると、散位の高低によって勲位の廻授の規定に違いがあったことがわかる。散位五位以上で勲一等に至った者で父子が健在の場合は余った勲功を父子に廻授することが許されるが、父子が死亡している場合には、勲一転につき賜田両町を受けられる規定であった。それに対して、散位六位以下と勲位のみを所有して勲一等に至った者は、父子が居る場合は、五位以上と同様に余った勲功を父子に廻授できたが、父子が存在しない場合には賜田を与えないという違いがあった。

これまでの論証で明らかになった勲官の廻授制度と勲位の廻授規定を比較すると、以下のような異同が見いだせる。

1唐では格によって規定されていたが、日本では軍防令に規定されていた。

2唐の規定では、廻授の規定が一定であるのに対し、日本令では、帯勲者の散位の高低によって賜田に差が設けられている。

3唐では廻授の範囲が周親まで及ぶのに対して、日本では父子に留まる。

4周親がいない場合、唐では本人に賜物されるに対し、日本では五位以上に限り賜田が与えられる。以上のような細かな相違点があるとはいえ、大枠としては唐の勲の迴授制度が日本軍防令の勲位条文に受け継がれたことは間違いない。日本令の制定者が唐格の規定を国内の実情に合わせて改変し、勲位の昇進規定と合わせて一つの令文としたことによって、このような違いができたと想像できる。このことから、日本養老軍防令三三応加転条は唐令と迴授に関する格文を組み合わせて作った条文であることが判明する。

ここで注目したいのは、勲位の迴授は、上番や軍功という個別の条件ではなく、昇進規定そのものと結びついていることである。このことも、唐代勲官の迴授規定が昇進そのものに関係し、上番制度とは無関係に存在していたとの見解を補強するのである。

以上のように、唐では独立した迴授規定が格に規定されていたことは明らかとなった。そして、それは『新唐書』の「勲至上柱国有余、則受周以上親、無者賜物」とほぼ同内容であったことも確認した。しかしながら、『新唐書』の文言は格の取意文にすぎず、格文そのものではない。もともとの格文は、天宝三載九月二十七日詔に近い「上柱国外、有余勲廻授周親、有余勲無周親、折給賜物」という文言であったことが推測される。

さて、『新唐書』のAの後半部分が迴授を記した格の取意文で、前文の上番規定からは独立した条文であったとすると、この格文と上番と結びつけることから導き出された、西村・日野両氏の勲官の上番による自動昇進と自己増殖という想定は、その拠り所を失うことになる。さらには、日野氏がこの想定をもとに想起した③色役人の一般任務による授勲も、前提が崩れたため、その根拠を喪失することとなる。

では、上番と迴授を切り離して考えた場合、『新唐書』のA条に見える上番の規定はどのように解釈すべきなのだろうか。ここで筆者なりの書き下し案を提示し、B条の内容とともに考えてみたい。

凡そ勲官九百人、職任無き者、兵部に番上し、遠近を視て十二番と為す。強幹なる者を以て番頭と為す。宿衛に留まる者は番を為し、月ごとに上る。外州は五番に分け、城門・倉庫・執刀を主る。上柱国以下番上すること四年、驍騎尉以下番上すること五年にして、兵部に簡し、散官を授く。ⓐ第せざる者は、五品以上復た番上四年、六品以下五年にして、簡すること初めの如し。再び中らざる者は、十二年なれば則ち番上六年、八年なれば則ち番上四年。勲の上柱国に至りて余り有れば、則ち周以上の親に授け、無き者は賜物す。

A条を素直に読めば、勲官の京上と郡上の形態と任務について記した後、散官選考参加に必要な番上年数を述べた文であることがわかる。その年数については、B条との間に若干の違いがあるため確たることはいえないが、両条を考え合わせれば以下のように考えることは許されよう。勲官二品～五品の者は最短四年の上番で最初の散官選考を受験し、勲官六品・七品の者は最短五年の上番で最初の散官選考を受験する。落第した場合は再度四～八年の再上番で再び散官選考を受け、さらに落第した場合も最長八年の番上後に散官選考を受けることができた。あるいは、二度目以降は、通算番上年数の半分を再上番し、最長でも八年を過ぎることはないという制度だったかもしれない。一度目の散官選考の場合、五品を基準に差がもうけられていたことは両条文で共通する。このように見れば、A条とB条とは、ほぼ同じ内容の番上規定を伝えていることになる。そして、両条文から、勲官の上番任務は散官選考と強く結びついていたことが確認できる。

小　結

以上、勲官の上番規定と迴授規定との関係について考察し、勲官の上番規定と迴授規定との間には因果関係がないことを論証した。このことは上番による勲官の自動昇進構造が存在したという従来の見解が成り立たないことを意味する。また、その考察の過程で、日本の勲位規定である養老軍防令三三応加転条が、唐軍防令条文と迴授を定めた唐格とが結びつけられて立法された条文であることを明らかにした。

勲の迴授規定が上番から切り離されていたのなら、軍功による勲官獲得と結びつくことも可能であった。開元年間当時、兵士は比較的容易に受勲できたようである。それは、兵士の従軍長期化に対する酬勲の制度化や、『唐六典』巻五尚書兵部「勲獲之等級」条の規定などから推測ができる。兵士の長期従軍に対する酬勲については、能田敬氏が武后朝から断続的に行われ、開元十六年（七二八）に制度化されたことを明らかにしている。[14]また、「勲獲之等級」条は、佐川英治氏が戦闘に参加した兵士には勲一転が保証されたことを読み取っている。[15]このような兵士に対する酬勲の弛緩が迴授制度と結びつけば、当然、勲官の激増に帰結する。なぜなら、軍功によって兵士が獲得した勲功が余ると、周親に迴授され、彼らも勲官になったと考えられるからである。

このように考えると、冒頭で掲げた『旧唐書』の「戦士授勲する者は動もすれば盈ちて萬もて計う。……蓋しその猥多にして、また兵卒に出自するを以って、然りとなすなり」という記述が、勲官の増加の原因そのものを説明していたことに気づかされる。すなわち、制度的に見れば、勲官の増加は軍事任務による授勲と迴授規定が結びついて引き起こされたものと考えられるのである。

注

（1）唐の官職の官品を記した史料は多数有るが、勲官とその他の官職の品階を比較するには、開元二十五年の制度と注記されている『通典』巻四〇・職官典二二・秩品五・大唐官品流内条が有用である。

（2）勲官の特権については西村元佑「唐代敦煌差科簿を通じてみた唐均田制時代の徭役制度」（同著『中国経済史研究』東洋史研究会、一九六八年。初出一九六〇年）六一九～六三〇頁参照。

（3）差科簿に見える勲官の色役服務については、注（1）所掲西村論文六一六～六三〇頁および、王永興「敦煌唐代差科簿考釈」（『歴史研究』一九五七年第四期）の「郡上・納資」の項、さらには王永興「唐天宝敦煌差科簿研究――兼論唐代色役制和其他問題」（北京大学中国中古史研究中心編『敦煌吐魯番文献研究論集』一九八二年、中華書局）一二九～一三〇頁および一四七～一五〇頁、池田温『中国古代籍帳研究――概観・録文』（東京大学出版会、一九七九年）一〇八～一一二頁参照。

（4）西村元佑「唐代前半期における勲官の相対的価値の消長と絶対的価値」（『愛知学院大学文学部紀要』八、一九七八年）は、勲官の価値と特権の変遷を詳細に跡づけた業績である。参照されたし。

（5）日野開三郎『唐代租調庸の研究　Ⅲ　課輸篇下』（私家版、一九七八年）三九六～四一三頁、松永雅生「唐代の勳官について」（『西日本史学』一二、一九五四年）四四～四七頁参照。

（6）ほかに勳官濫授の方法として、金錫佑氏は「唐代百姓勳官考論」（『東方論壇』二〇〇四年六期、『復印報刊　魏晋南北朝隋唐史』二〇〇五年代三期再録）を記し、国慶行事に際して勳官を「（古）爵」の名称で一般民に与えたとの意見を提出したが、金氏の見解は成り立たない。そのことは、第六章参照。

（7）注（1）所掲西村論文六一四頁参照。

（8）期親については『唐律疏議』第二名例律・第九条「応議者期以上親及孫」の疏に以下のようにある。

期親者、謂伯叔父母、姑、兄弟、姉妹、妻、子及兄弟子之類。

期親とは、伯叔父母、姑、兄弟、姉妹、妻、子及兄弟子の類を謂う。

（9）注（5）所掲日野書四〇一～四一二頁参照。

（10）注（5）所掲日野書四〇五～四〇六頁参照。

（11）判例としての「例」については、岡野誠「唐律疏議における「例」字の用法（続）」（『明治大学社会科学研究所紀要』三七―二、一九九三年）一四二～一四四頁、および中村裕一『唐代公文書研究』（汲古書院、一九九六年）四九〇～四九六頁参照。

（12）養老軍防令の条文については、井上光貞ら校注『律令』（日本思想体系、岩波書店、一九七六年）三二七～三二八頁および六二五～六二六頁の注解（笹山晴生担当）によった。
（13）前半①部分の基となった唐令条文の復元については、本書第七章を参照。
（14）能田敬「唐代前半期に於ける従軍長期化対策と酬勲――「景雲二年張君義勲授告身」をめぐって――」（『東洋史苑』六八、二〇〇七年一月）、特に一一四～一一六頁の【関係年表】を参照のこと。
（15）佐川英治「中国古代軍事制度の総合的研究」（宮宅潔編集代表『中国古代軍事制度の総合的研究』（平成二十～二十四年度科学研究費補助金）基盤研究（B）研究成果報告書、京都大学人文科学研究所、二〇一三年）一〇五～一〇九頁。「勲獲之等級」条については、本書第七章注（19）を参照。

第九章　勲官内の分類と納資額

はじめに

前章において勲官の上番勤務について考察し、上番勤務は身分上昇試験と結びつくことを明らかにした。一方で、実際に任務を行わない場合は、資課という代納銭を納めることで上番に代えることがあった(1)。従来の研究によれば、資課の金額は、白丁の年額二千五百文を起点に、品子すなわち散官六品以下および勲官三～五品の子供は一千五百文、勲官が六百～一千文、散官が〇～一千文と理解される。このことから、資課額は身分が高くなるに従って減少すると考えられた。そのため、納資額が地位の高低を測る指標とされたのである(2)。そして、勲官の納資額は、勲官数の増加のため、開元年間（七一三～七四一）に増額されたと考えられてきた。勲官の数は、則天武后期（七世紀中葉）に増加傾向が見え始め、開元年間に大赦などの一環として白丁（一般成年男子）や賤民にも勲官が賜与されたことと(3)、色役の対価としての授勲が開始されたこととが、その増加に拍車をかけたとされてきた。勲官の増加はその地位の低下につながり、白丁と同等の負担を課されるに至り、後述するように開元十九年（七三一）ごろに、勲官の資課額が白丁と同程度に引き上げられたと理解される(4)。こうして、資課の増額は勲官の価値減少の証拠と看なされるに至った。

しかし、勲官の増加が制度に影響を与えたという考え方自体が成り立たないことはすでに述べた。また、それを差し引いたとしても、第一章で整理したように、勲官の資課は先行研究ごとに算定方法が異なり、算出された金額は一致しない。その上、身分低下の証拠となった資課の増額については、史料解釈に曖昧な点があり、再検討の余地がある。すなわち、地位を測る際の基準である資課額と、その増額の事実が明らかになっているとは言い難いのである。それでは、唐代官制の中で勲官を正確に位置づけることはできない。そこで本章では、勲官の地位を考えるために、まず、勲官の資課の金額について再考し、次いで、勲官の資課の増額について考察する。

第一節　勲官の資課をめぐる研究とその課題

唐代には任務の代納銭を資課と言い、それを納入することを納資・納課といった。[5] 資課の金額は、身分や任務によって異なり、勲官の納資もその任務の代替として納めるものであった。[6] 勲官の負担には、京師・地方州郡での輪番制の任務である番上と、そこから派生したと考えられる色役への差科があり、それらの任務に従事する代わりに納資することがあった。古賀登氏が説くように、勲官は資課を納めることで任務を遂行したものと見なされ、一定期間の番上か納資のあと散官選考を受けることができたと考えられる。[7]

勲官の納資を考察する場合、次に示す『新唐書』巻四八・百官志一・吏部条を基本的な史料として利用することが多い。

自四品、皆番上於吏部。不上者、歳輸資銭。三（五）[8]品以上六百、六品以下一千、水・旱・蟲・霜減半資。有文芸楽京上者、毎州七人、六十不楽簡選者、罷輸。勲官亦如之。以征鎮功得護軍以上者、納資減三之一。

〔文散官〕四品より、皆吏部に番上す。上らざる者は、歳ごとに資銭を輸す。五品以上は六百、六品以下は一千、水・旱・蟲・霜あれば半資を減ず。文芸有りて京上を楽う者は、州毎に七人、六十にして簡選を楽わざる者は、輸を罷む。勲官も亦た之くの如し。征鎮の功を以て護軍以上を得たる者は、納資は三の一を減ず。

この条文は、文散官と勲官の不番上者が払うべき納資の規定を記す。職事官を持たない文散官は、四品以下の者が上番しない時に資課を納めた。規定には五品以上の納資額が六百文とあるが、先に番上は四品以下の文散官の義務であると記されているので、三品以上は納資の対象にならない。ゆえに、六百文は文散官四・五品の納資額だと考えられる。そして、一千文が六〜九品の文散官の納資額であり、災害による金額の軽減や入老による納資の停止などが付記される。

つづいて、勲官の納資について「勲官亦如之……」と記されるが、研究者によってこの条文の解釈が異なり、それ諸氏の考える納資額の差異に結びつく。そこで、勲官の資課額に言及した日野開三郎氏・松永雅生氏・古賀登氏が、どのようにこの条文を読み解いたのか、その論拠に踏み込んで整理してみたい。

日野開三郎氏は、勲官の地位は品階より三品低い散官に相当するという独自の基準に照らし合わせて、上柱国（正二品）・柱国（従二品）が散官五品と同等の義務を負うものと考えた。その結果、勲官資課は、二品が六百文、三品以下が一千文を課せられたとした(9)。

では、勲官の品階が散官よりも三品低く位置づけられるという、日野氏の前提は成り立つのだろうか。日野氏は、散官や勲官など系統が異なる階官の貴賤を測る尺度として、「子」の出身階を用いた。規定によると、散官従五品の子は正九品上で出身し、勲官正二品の子である上柱国子は従九品上で出身する。そこで、日野氏は、散官の五品と六品の間に二品の勲官を位置づけたのである(10)。しかし、この解釈には賛成できない。もともと唐代の品階は、散官・職事官・勲官・封爵の各系統の階官が独立し、同品階に並べられても階官の種類によって価値が異なるという複雑な構造を有していた。かりに日野氏の見方を採用すれば、子の出身階という一つの基準で官僚の貴賤を比較することができる。しかしながら、子孫の出身階は、出身する時に初めて意味を持つものであり、就官する前に地位の上下を表すものではない。その上、日野氏は勲官自体にも出身階が設定されていたことには言及しない。もし、子供の出身階が官人身分の高低を表す指標だとするならば、子供が従九品下で出身する六品以下の散官と三品以下五品以上の勲官は、全て同じ地位だったことになってしまう[11]。これでは、品階の身分序列としての機能はまったく意味をなさない。日野氏の見解に従うと、品階自体は身分秩序として機能しないにも関わらず、子供の出身階だけが機能するという自家撞着に陥ってしまうのである。やはり、子孫の出身階だけでは官人の地位は表すことはできないと考えるべきであろう。

また、日野氏は、二品の勲官だけが資課額を減らされた理由として、散官の三品以上・四〜五品・六品以下という三区分のうち、五品と六品の段差が勲官二品と三品の間にあてはまると想定した。しかし、すでに西村元佑氏によって、勲官も散官と同じく三品と四品との間と五品と六品との間に格差が設けられていたことが明らかにされている[12]。すなわち、散官の五品と六品の格差を、勲官の二品と三品の間に当てはめる必要はないのである。よって、二品の勲官だけが納資額を優遇されたとする日野氏の考えには従うことはできない。

これに対して、松永雅生氏と古賀登氏は、勲官三品以上の納資額が六百文であり、四品以下が一千文であったとする[13]。ただし、松永・古賀両氏とも、三品以上の納資額を六百文とした理由を明記しない。用いられた史料から推測すれば、両氏はおそらく『新唐書』巻四八・百官志の条文の「三品以上六百文」と「以征鎮功得護軍以上者、納資減三之一」と言う文言に注目したと想定できる。低官品の勲官が納める一千文から三分の一を差し引いた額が六百文で、それが護軍（従三品）以上の勲官が納めた金額であるとしたのだろう。この条文に関する松永氏と古賀氏の解釈の問題点は、散官の納資では「三品以上六百文」の「三品」を「五品」の誤字として解釈したにも関わらず、勲官の場合は「三品」のまま読んだことである。かりに松永・古賀両氏に従って、資課額六百文が従三品の護軍にとどまるものとして同条文を解釈すると、ほかに「六品以下一千」と記載されるのみなので、四・五品の勲官の納資額は記されていないことになる。それにもかかわらず、両氏とも一千文の範囲を四品まで広げている。こちらも整合的な見解とは言い難い。

以上のように、諸氏の納資額は一致せず、その論証過程にも疑問が多い。このことが、勲官の納資を考える上での第一の問題となる。

さて、勲官の納資額については意見を異にする三氏であるが、開元年間に納資額が増加したとの見解では一致する。そして、全員が納資増額の社会的背景には勲官の激増があったと考えた。ここで、従来考えられてきた勲官納資の変遷について、史料を交えながらまとめてみよう。まず勲官激増を表す史料は、『旧唐書』巻四二・職官志・勲官条である。

咸亨五年三月、更下詔申明。……自是已後、戦士授勲者動盈萬計。毎年納課、亦分番於兵部及本郡当上省司、又分支諸曹。

咸亨五年三月、更めて詔を下し申明す。……これより已後、戦士の勲を授かる者動もすれば萬計に盈つ。年ごとに課を納め、また兵部及び本郡の当に上るべき省司に分番し、また諸曹に分支す。

松永氏は、この史料から咸亨五年（六七四）の詔勅以後、戦士で勲官を授かる者が激増し、その結果として毎年の納課が始まったとみる。さらに松永氏は、『新唐書』巻五五・食貨志五の光宅元年（六八四）条に、勲官と納課に関係する記述が見えることにも注目した。

諸司・諸使有守当及庁子、以兵及勲官為之、……後皆納課。

諸司・諸使は守当及び庁子有り、兵及び勲官を以て之と為し、……後に皆納課す。

この記事は、光宅元年に兵士と勲官が諸司・諸使下の下働きである守当と庁子に配備されていたことを記し、その後、実際の役使から納課に移行したことを示す。松永氏によれば、この記述に見える実務から納課への変化が、『旧唐書』の条文に見える勲官の激増と納課の始まりに符合する。他方、日野氏と古賀氏とは、これらの条文を勲官の納資が盛行した証拠として取り上げるが、勲官の納資の始まりを示すものとしては位置づけていない。

従来の研究では、このような勲官納資一般化の過程のなかで、その金額が変化したとみる。それは、『冊府元亀』巻六三・帝王部・発号令門・開元十九年（七三一）二月乙酉条の以下の文言に基づく（以下、開元十九年二月乙酉詔と表記する(14)）。

比者天下勲官、加資納課、……

このごろ天下の勲官は、資を加え課を納め、……

すなわち、この詔勅によって、開元十九年（七三一）の直前に勲官の資課額が増やされたと推定された。その上で、資課の増額について、松永雅生氏と日野開三郎氏は、全ての勲官が白丁と同じ二千五百文を負担するようになったと考えた。一方、古賀登氏は、独自の負担算定式にもとづいて勲官二品・三品が一千五百文、四品から七品が二千文に増加したとした。

そして、帯勲者の増加と資課の一般化および納資の増額は、玄宗の開元中葉に行われた兵制・力役制改革の影響だと考えた。帯勲者の増加は、租庸調免除の特権を持つ不課口の増加を意味し、不課口の増加は国家収入の減少に繋がる。そこから、勲官の増加による国家財政への影響が問題視されたのである。そして、資課納入の一般化と納資の増額が、勲官増加による税収減少に歯止めをかける政策であったと位置づけられた。要約すれば、武后以後の官爵濫授を契機に勲官の納資者が増加し、その財政的打撃を押さえるために開元十九年ごろに納資の増額があったということになる。諸氏の考える資課額の変化を整理したのが表九−1「先行研究における勲官資課の増加額」である。

しかしながら、この納資額の変化については、いくつかの問題点がある。まず問題となるのは、先行諸氏は開元十九年二月乙酉詔を用いる際、詔のごく一部分だけを抜き出して利用したことである。そのために、はたして詔勅の本来の意図を正しくつかめているか検討する必要がある。さらに、三氏の考え方にも問題がある。三氏はごく少数だった勲官が増加したことに起因する財政破綻を回避する必要があったとの前提を共有している。そしてその前提に史料を当てはめて解釈している。本書ですでに述べたように、勲官は制度設立当初から大量に存在しており、唐初の希少性という前提は成り立たない。また、開元十九年の詔勅で実際に勲官の納資が増額されたのかどうかは判然としない。したがって、勲官の納資は正規の法律改定によって増やされたのか、という第二の問題が浮上する。

以上、先行研究の問題点を二つあげた。第一は、勲官の納資額が確定されていないことであり、第二は、開元十九年頃に勲官の納資額が改定されたのかはっきりとしないことである。以下、それぞれの問いについて考察を試みたい。

表九−1　先行研究における勲官資課の増加額

松永説

品階	納資額		品階	納資額
2・3品	600文	⇒	2・3品	2500文
4〜7品	1000文		4〜7品	

日野説

品階	納資額		品階	納資額
2品	600文	⇒	一律	2500文
3〜7品	1000文			

古賀説

品階	納資額		品階	納資額
2・3品	600文		2・3品	1500文
4・5品	1000文	⇒	4・5品	2000文
6・7品	1000文		6・7品	2000文

第二節　勲官の納資額

一　「征鎮勲」と「余汎勲」の違いについて

勲官の納資額を考える場合には、取得の理由によって待遇差が設けられていたことが重要な手がかりとなる。そこで少し回り道になるが、まずは勲官の取得条件と待遇差についてまとめてみたい。勲官の取得条件による待遇差に注目したのは、野村忠夫氏と渡辺直彦氏による古代日本勲位制度の研究であった。ここで、野村・渡辺両氏の成果に基づきながら、勲官の獲得条件による待遇差について整理してみよう(15)。同品階の勲官の待遇差を考える際には、『唐六典』巻二・吏部・司勲郎中員外郎条が利用される（括弧内は原註を表す）。

凡有功効之人、合授勲官者、皆委之覆定、然後奏擬。（凡征鎮勲未授身亡者、其勲依例加授、其余汎勲未授身亡者、不在叙限）。

凡そ功効有るの人、合に勲官を授くべき者は、皆之を覆定に委せ、然る後に奏擬せしむ。（凡そ征鎮の勲未だ授けずして身亡せし者は、其の勲は例に依りて加え授く、其の余の汎勲の未だ授けずして身亡せし者、叙するの限りに在らず）。

本文では、勲官を授ける時の官庁側の手続きを記す(16)。そして原註では、勲官を授官する前に対象者が死亡した際の対応について説明する。仁井田陞氏は、この原註にもとづいて唐軍防令第十八条（開元七年令）を復原した(17)。

原註によれば、勲功は「征鎮勲」と「余汎勲」に分けられる。勲功を挙げた者が授官する前に死亡した場合、「征鎮勲」による授勲ならば、功績に見合った勲官が死亡した本人に授与された。一方、「余汎勲」の場合は、与えられるはずの勲功は取り消される。

原註に見える「征鎮勲」は、文字通り征行・鎮軍などの軍功によって取得した勲功、と理解できる。対して、「余汎勲」は、軍功以外の理由で与えられた勲功、と考えるのが妥当であろう。そう考えると、人赦の一部として与えられた勲功が「余汎勲」に該当する。「余汎勲」は、「上尊号」「立后」「立太子」「東宮元服」「改元」「行幸」などの際に与えられたことが明らかにされている。

一見、「征鎮勲」を死者本人に授与することは無意味なことのように思えるが、残された親族への勲の廻授や、恩蔭の適用などの規定の存在によって、遺族にとって有益であった。(18) このことから、「余汎勲」よりも「征鎮勲」による授勲が優遇されていたことがわかる。以上のように、野村・渡辺両氏は、勲官制度には「征鎮勲」と「余汎勲」が区別されていたこと、そして「征鎮勲」が重視されていたことを指摘したのであった。

両氏が提示した記事以外でも、「征鎮勲」と「余汎勲」に格差があったことが分かる例を挙げることができる。それは、『唐会要』巻三四・論楽・雑録にみえる開元二十三年勅である。(19) 征鎮勲と関係する部分を抜き出してみよう。

二十三年敕。……又音声人、得五品已上勲、依令応除簿者、非因征討勲、不在除簿之列（例）。

二十三年敕。……また音声人、五品已上の勲を得て、令に依りて応に簿より除くべき者、征討の勲に因るに非ざれば、簿より除くの例に在らず。

この勅に見える「征討功」は「征鎮勲」と、「非征討功」は「余汎勲」と対応することは一目して明らかであろう。音声人とは、太常音声人のことである。(20) 太常音声人は、太常寺の太楽署と鼓吹署へ上番する官賤民であった。この敕によって、もともと太常音声人は五品（騎都尉）以上の勲官を獲ることで、「簿」すなわち官賤民の戸籍から除かれて良民となれたことが分かる。しかし、この勅令以後、たとえ五品以上の勲官を得ても、それが「征討功」によるものでなければ、良民になることができなくなった。太常音声人の勲官獲得による放良に一定の制限が設けられたのである。

ただし、官賤民で音楽の演奏に従事した太常音声人が、そう頻繁に征鎮功を得られる環境にあったとは考えにくい。開元年間以降には、式典に参加した太常音声人に勲官を与えている赦文が散見する。すなわち、太常音声人は比較的容易に「余汎勲」を獲得できる立場にあり、短期間で勲官五品に到達する可能性があった。勲官取得による放良を無条件に認め続ければ、音声人は激減し儀式などへの影響が懸念される。そうならないように、「征鎮勲」と「余汎勲」の格差を利用して太常音声人の放良に制限を加えたのであろう。この勅文からは、余汎勲の価値の低さが読み取れる。

以上、二種の史料だけではあるが、勲官の獲得に「征鎮勲」と「余汎勲」の違いがあり、「征鎮勲」の方が優遇されていたことを確認した。なぜ勲官は、獲得の理由によって格差が設けられたのだろうか。もともと勲官は、兵士有功者に対して与えられるものであった。貞観年間の高句麗遠征では、勲官の獲得を目的として従軍した例もみられる(21)。のちに、兵士以外の一般民にも勲官が与えられるようになると、勲官獲得が兵士の従軍意欲をかき立てるものではなくなった。そのような状況下で、唐政権は、従軍意欲を保つために、本来の武に関係する勲官を保護しようと努力したと看ることができよう。また逆に、「余汎勲」で獲得した勲官が多数を占め、国家の身分秩序に影響を与えかねない情況となり、特権を制限してより名目化したとも考えられる。

ここまでみてきた取得条件による待遇差は、勲官の納資額の仕組みにも取り入れられた。それどころか、この待遇差を前提としなければ、勲官の納資額を正確に理解できないのである。次に、勲官の資課額と「征鎮勲」との関係について考えてみたい。

二 「征鎮勲」と資課額

「征鎮勲」の優遇は、どのように勲官の資課額と関係するのだろうか。それは、本章の冒頭で提示した『新唐書』

巻四八・百官志・吏部条の記述に立ち返ることで明らかになる。勲官に関係する一部分を原文のみ再掲出すれば以下の通りである。

自四品、皆番上於吏部。不上者、歳輸資銭。……勲官亦如之。以征鎮功得護軍以上者、納資減三之一。

「征鎮勲」と「余汎勲」との格差を前提とすれば、勲官に関する部分は、まず、その納資が文散官と同じ構造であったと記され、そこに「征鎮功」で護軍（従三品）を得た者は特別に三分の一を減額するという付帯事項が添えられたと解釈できる。すなわち、三品以上の場合のみ、「征鎮勲」による優遇措置が適用されたのである。

この条項によれば、一般的な勲官の納資額は、二品~五品が六百文、六品・七品が一千文と解釈できる。そして、「征鎮勲」による三品以上の勲官だけは、六百文から特別に三分の一を減らされて、四百文を納めればよいと考えられる。このように理解すれば、「三の一を減ず」という文言も合理的に解釈できる。この考察にもとづいて、勲官の資課額を表九-2「勲官の資課額」として整理した。この表を見れば、軍功によって減額される可能性がある三品以上、資課額六百文の四・五品、一千文の六・七品と三段階の区分が存在したことがわかる。勲官の納資額にも、三品以上、四・五品、六品以下という品階の格差が適用されていたのである。

表九-2　勲官の資課額

官名	品階	資課額	
		余汎勲	征鎮勲
上柱国	正二品	600文	400文
柱国	従二品	600文	400文
上護軍	正三品	600文	400文
護軍	従三品	600文	400文
上軽車都尉	正四品	600文	600文
軽車都尉	従四品	600文	600文
上騎都尉	正五品	600文	600文
騎都尉	従五品	600文	600文
驍騎尉	正六品	1000文	1000文
飛騎尉	従六品	1000文	1000文
雲騎尉	正七品	1000文	1000文
武騎尉	従七品	1000文	1000文

第三節　納資の増額について
——開元十九年勅の解釈をめぐって——

本節では、第二の問題として示した勲官の納資の増額を取り上げて考察する。まずはじめに、開元十九年頃に勲官の資課が増額されたとの考えに抵触する史料を提示したい。それは、敦煌から出土した天宝年間（七四二～七五六）の「兵部選格断片」と考えられる文書（P四九七八）である。[22]この文書には、開元七年（七一九）に定められた上柱国子と柱国子の納資額が記されている（先頭の数字は文書の行数）。

16一、准開元七年十月廿六日勅、上柱国及柱国子
17　年廿一已上、毎年徴資一千五百文。准本色
18　宿衛人、至八年満聴簡。其及第者、随文武□（以下欠）

一、開元七年十月廿六日勅に准り、上柱国及び柱国の子の年廿一已上は、年ごとに資一千五百文を徴す。本色に准りて宿衛する人は、八年の満ちるに至りて簡ぶを聴す。其の及第する者、文武に随いて……（以下欠）

この条文では、上柱国子と柱国子の納資額を一千五百文と記す。上柱国子と柱国子は、両柱国の子供に蔭として与えた身分で、勲官よりも低い地位だったと考えられる。前述のように、役務の代納銭である資課は、負担日数の多少と比例し、白丁から身分が高くなるに従って少額になった。ところが、先行研究が算出した増加後の勲官の資課は一千五百文から二千五百文であり、同時期の柱国子の納資額と同額かそれ以上になってしまう。身分の高い勲官が柱国子と同額、さらに身分が降る一般民と同じ負担にまで資課を増額したとは想像し難い。両柱国子の特権は、父である勲官の身分的特典から派生したと考えるべきもので、そう考えると、子が父を超える特権を享受するはずがない。先行研究の見解に沿って兵部選格を解釈すると、身分の低い者がより多くの特権を持つという、身分秩序に反する結果となってしまうのである。

この矛盾を解消するために、先行諸氏が資課増額の根拠とした開元十九年二月乙酉詔に立ち返って考えてみたい。先行研究では「比者天下勲官、加資納課」という文言のみが注目され、詔勅全体の内容は考慮されていなかった。そ

こで、『冊府元亀』巻六三・帝王部・発号令門・開元十九年二月乙酉条をもとに詔の全文を読み直し、その内容を確認することにする（傍線筆者）。

十九年二月乙酉、詔曰、令式条流、科制明具、行之已久、亦便於人。比者天下勲官、加資納課、又因犯入罪、罰鎮配州。言念於茲、有乖寛恤。宜各依令式処分。其先罰鎮及配隷人未帰者、並即放還。

〔開元〕十九年二月乙酉、詔して曰く、令式の条流、科制明らかに具わり、之を行うこと已に久しく、亦た人に便たり。このごろ天下の勲官は、資を加え課を納め、又た犯に因りて罪に入れ、鎮に罰し州に配す。言に茲を念うに、寛恤に乖《そむ》くこと有り。宜しく各おの令式に依りて処分すべし。其の先に罰鎮及び配隷せるの人の未だ帰らざる者は、並びに即ち放還せしめよ。

詔は、「最近勲官に〔規定以上に〕資課を増額させて収めさせたり、また、〔規定では免官・官当などで免除されるはずなのに〕犯罪の罰として鎮や州に配流させている。これは〔皇帝の〕寛恤の方針にそむくものである。これからは令式の条文に基づいて勲官の罰を決定せよ。勲官であるにもかかわらず、さきに流罪によって軍鎮で防備に当てられたり遠方の州で役使させられている者は、直ちに放免帰郷させるように[23]」という意味であろう。

こう解釈すると、当時の「勲官に資を加え課を納め」させていた状態は違法であり、この詔勅によって本来の規則通りに運用することを命じたことになる。すなわち、唐朝は勲官の資課の増額を命じたのではなく、逆に勝手に増額されている現状を憂い、規定の厳守を命じたのである。想像をたくましくすれば、資課の増加は、臨時的・地域的なものであり、その不統一な対応を改めさせるべく、この詔勅が発布されたとも考えられる。いずれにせよ、開元十九年二月乙酉詔は、勲官の身分を落としめるどころか、勲官の待遇を保護する意図から発布されたととらえるべき詔勅なのである。

このように解釈できるならば、規定の上で勲官の資課が増額したことにはならない。なぜならば、それが令式に背くことであり、詔文で改善が求められているからである。そして、勲官の資課額が増加しなかったとすれば、兵部選格の条文との関係も、子供よりも親の特権が大きくなり、身分秩序に沿ったものとして問題なく解釈できるのである。

以上の考察により、開元十九年頃に勲官の資課額が増加した、というこれまでの見解が成り立たないことが明らとなった。現存する史料に即した場合、官僚の毗加減一つで勲官の資課額が増減した状況を伝えているが、規定の変更は行われなかったと言ってよいだろう。

小結

本章の考察によって明らかにした結果を列挙してみよう。

1すでに勲位制度研究で明らかにされているように、勲官はその獲得した理由によって待遇に格差があり、「征鎮勲」が「余汎勲」よりも優遇されていたことを確認した。

2勲官は本来軍功によって取得されるもので、本来の勲官を保護する措置が「征鎮勲」の優遇であったことを明らかにした。

3勲官の資課額は、「余汎勲」の場合、二品～五品が六百文であり、六品・七品は一千文であった。それに対して「征鎮勲」の場合、二品・三品は四百文、四・五品は六百文、六品・七品は一千文であった。

4勲官の資課の構造にも、「征鎮勲」によって金額が減少する三品以上、六百文を納める四・五品、一千文を納める六品以下という、唐代品階特有の三段階の格差が設けられていた。

5開元十九年二月乙酉詔は、従来の研究で勲官の納資増額の根拠とされたが、実際は納資規定の変更を表すものではなかった。

6ただし、開元十九年ごろに納資の増額など勲官の特権が無視される現実があり、そのような状況から勲官を保護するために開元十九年二月乙酉詔が出された。

以上の考察によって、曖昧なままであった勲官の資課額を確定することができたのではなかろうか。わずかな訂正ではあるが制度上の勲官の位置づけを再検討する手がかりを得たことになる。

勲官の資課額が開元年間以後も変更されなかったことは、規定の上では勲官に特権が残されていたことを意味する。これまで、勲官が色役を課されることは、勲官受領者に白丁と同等の負担が課せられたことであると考えられてきた。しかし、資課額においては勲官本来の規定を守ろうという力が働いていた。そこには勲官と白丁との格差を残そうという意図が存在したのである。濫授以後の勲官の姿を考える場合、勲官の地位の低下、白丁への同化という見方が強かったが、その前提に囚われず勲官自体に焦点を当てて考察して見ると、実は異なる実情が浮かび上がるのである。

注

（1）本書第一章第四節参照。

（2）宮崎市定氏は、力役の負担日数を基準として、身分の高低や力役の軽重を算定した。負担日数は資課額に換算され、資課の多寡によっても身分の高低を考察できることになった（宮崎市定「唐代賦役制度新考」『東洋史研究』一四―四、一九五六年）。しかし、本稿では、主題を明確にするため対象を資課額に絞り、勲官の負担日数についてはふれない。また、本文では、白丁より高い身分の資課の構造だけに触れたが、白丁より低い身分も、身分が低くなるに従って資課額が減少した。

（3）賤民への授勲については、濱口重國著『唐王朝の賤人制度』（東洋史研究会、一九六六年）一五一～一五二頁参照。

（4）勲官の増加と色役人化については、松永雅生「唐代の勲官ついて」（『西日本史学』一二、一九五二年）四二～四七頁。勲官納資の財政的利用については、日野開三郎著三郎著『唐代租調庸の研究Ⅲ・課輸篇下』（私家版、一九七八年）三一九頁、四二八～四三〇頁、四五一～四五九頁参照。

（5）資課の語義については、松永雅生「両税法以前における唐代の資課」（『東方学』一四、一九五七年）、および唐耕耦「唐代的資課」（『中国史研究』一九八〇年第三期）、李春潤「唐開元以前的納資納課初探」（『中国史研究』一九八三年第三期）等を参照。これらの論文では、官人身分を持つ者が「資」を納め、官人以外の者が「課」を納めるとした。その後李錦繍著『唐代財政史稿』上（北京大学出版社、一九九五年）では、納める者の身分のみならず、徴収後の用途の違いによって資と課が区別されたとする。なお、李氏によれば、官人だけではなく官賤民等も「資」を納めた（五三二～五四二頁）。

また、唐代の資課の研究整理については、胡戟他主編『二十世紀唐研究』経済巻・第三章 賦役・四 資課（三七一～三七二頁、陳明光執筆）を参照。本章では、一般に勲官は「資」を納め「課」を納めないとの見解に従い、勲官の身分的負担の代納を納資と表記する。また、代納銭の総称として資課の語を用いる。

（6）日野開三郎氏によれば、唐代の人々は身分に関係なく一定の負担を担っていたことになる（日野注（4）書四三～四六頁、および六四一～六五八頁参照）。だが、古賀登氏の批判のごとく、身分によって負担が異なっていたと考えるのが妥当であろう（古賀登「品子・蔭免子孫・勲官・散官の負担」（同著『両税法成立史の研究』雄山閣、二〇一二年、前編緒論第二章、初出は一九八六年）、とくに四五～四六頁参照。なお、身分と負担の階層性については、山田勝芳著『中国のユートピアと「均の思想」』（汲古書院、二〇〇一年）一〇～二四頁および、一三八～一四三頁が参考になる。

（7）注（6）所掲古賀論文三八～四一頁参照。

（8）ここでは、松永雅生氏・古賀登氏らの見解に従って「三品」を「五品」の誤字として解釈する。注（4）所掲松永論文四二頁、および注（6）所掲古賀論文四一頁参照。

（9）注（4）所掲日野書六四～六七頁および七六～七七頁参照。

（10）日野開三郎著『唐代租調庸の研究』Ⅱ課輸篇上（私家版、一九七五年）一一〇～一一五、一二九～一三四頁参照。

(11)勲官と散官の出身階については、池田温「中国律令と官人機構」(『前近代アジアの法と社会——仁井田陞博士追悼論文集』第一巻、勁草書房、一九六七年)表三「階・散官・勲官・爵及諸出身階対照表」一六〇～一六三頁)を参照。史料としては『唐六典』巻二・尚書吏部・吏部郎中条および『新唐書』巻四十五・選挙志下およびペリオ将来敦煌文書「天宝令式表」(P二五〇四)を参照。

(12)西村元佑「唐代前半期における勲官の相対的価値の消長と絶対的価値」(『愛知学院大学文学部紀要』八、一九七八年)二二七～二二八頁参照。

(13)以下、特にことわらない場合、松永氏の勲官資課に関する見解は注(4)所掲松永論文八～一三頁および注(5)所掲松永論文四二～四四頁により、古賀氏の見解は注(6)所掲古賀論文三八～四一頁による。

(14)『全唐文』巻三十・元宗に「放還罰鎮配隷人詔」として採録されている。後に考察するように、この詔勅は、全ての「罰鎮配隷人」を方還することを目的としたものではなく、命名と内容が一致しない。そこで、本論文中では「開元十九年二月乙西詔」と表記する。

(15)野村忠夫著『律令官人制の研究』増訂版(吉川弘文館、一九六七年)三七八～三八三頁、および渡辺直彦著『日本古代官位制度の基礎的研究』(吉川弘文館、一九七二年)八六～九一頁参照。また、頼亮郡「唐代勲官与汎勲在軍功的作用」(『唐宋律令法制考釈』元照出版社、二〇一〇年)、特に二六三～二七二頁参照。

(16)同様のことを『新唐書』巻四八・百官志・吏部・司勲郎中条では以下のように伝える。

凡以功授者、覆実然後奏擬。

凡そ功を以て授く者、実を覆し然る後奏擬せよ。

(17)仁井田陞著『唐令拾遺』(東方文化学院、一九三三年。東京大学出版会、一九六四年覆刻)三七六頁参照。

(18)西村元佑「唐代敦煌差科簿を通じてみた唐均田制時代の徭役制度」(同著『中国経済誌研究——均田制度篇』東洋史研究会、一九六八年、初出一九六〇年)六一九頁参照。

(19)『唐文拾遺』巻三・元宗に「免教坊博士雑徭勅」として採録。

(20)『唐会要』の条文と同じ詔勅を略録したと考えられる『新唐書』巻四八・百官志一・吏部条がある。

太常音声人、得五品以上勲、非征討功不除簿。

太常音声人、五品以上勲を得るも、征討の功に非ざれば簿より除かず。

この記述では『唐会要』の「音声人」を「太常音声人」に作る。そのため、この敕文の対象が太常音声人であったことは間違いない。また、太常音声人およびその授勲については、注(3)所掲濱口書一四八～一五九頁を参照。

(21) 注(12)所掲西村論文一七～一九頁参照。

(22) 兵部選格断片について、図版はTatsuro Yamamoto, On Ikeda, Makoto Okano,Tun-Huang and Turfan Documents concerning Social and Economic History TOYOBUNKO,1978-1980.(B) Plates七七頁を利用した。また、録文は同書(A) Introduction & texts,p.39(逆頁)を、同文書の性格については、同書(A)四三、および池田温・岡野誠著「敦煌・吐魯番発見唐代法制文献」(『法制史研究』二七、一九七八年)二一六～二一七頁、さらに劉俊文著『敦煌吐魯番唐代法制文書考釈』(中華書局、一九八九年)三〇一～三〇六頁を参照。

(23) 唐代の配隷の語義については、辻正博「宋初の配流と配軍」(『東洋史研究』五二―三、一九九三年)二頁参照。また、唐代の配流先の役使については、辻正博「唐代流刑考」(梅原郁編『中国近世の法制と社会』京都大学人文科学研究所、一九九三年)八六頁および八八～九〇頁参照。

第十章　勲官の負担と報酬
――唐代の律令官制における勲官の位置

はじめに

勲官の基本任務である上番任務とその代納銭である納資について、それぞれ第八章と第九章で検討した。従来の研究において、番上任務と納資以外で注目された勲官の負担は色役である。「敦煌出土唐天宝年間敦煌県差科簿」（P三五五九、P二六五七、P三〇一八v）に白丁と同じ色役に就く勲官が見える。(1)勲官は課役免除の特権を有していたため、色役に従事する勲官の存在が、『旧唐書』職官志などの記述とともに、勲官の価値低下の象徴とされた。いわゆる勲官の色役人化との見方である。(2)ここでの色役人化とは、ほぼ白丁化に等しい。しかし、従来の議論には、重大な見落としがある。それは、任務遂行後の報酬である。

従来の研究の多くは、暗黙のうちに口分田や官人永業田・勲田などの給田を、全ての任務遂行の報酬と位置づける。(3)玄宗の開元・天宝年間には勲田は有名無実化して、勲官も白丁と同程度の給田額であったと考えられた。(4)そのため、報酬は同等と考えられ特に問題とならなかったのである。しかし、本当に玄宗期に勲田は賜与されなかったのであろうか。ロシア・サンクトペテルブルグ蔵「開元二三年？・甘州張掖県□□郷戸籍」(5)（ＤＸ三八二〇＋三八五一・ＤＸ一一〇六八）には、五行目に「(上欠)」頃勲田　城東南捌拾里　東魯土　西馬繼文　南□(下欠)」と一頃を超える勲田の記載が見える。この勲田額は、敦煌の一般的な受田額である五十畝をはるかに超えるものである。[6]この記載から、地域によっては、開元年間でもある程度の面積の勲田が賜与された可能性が高い。

また、従来の考え方では、一般民の課役負担は給田の反対給付であるとの前提がある。しかし、最近の研究では、租・力役・調・雑徭のうち、租こそ土地に対する税目であるが、雑徭は給田と無関係であることが明らかとなり、力役も人頭税として掛けられたものと考えられている。[7]このような研究状況を踏まえれば、当時の制度のなかに勲官を位置づけるために、今一度、玄宗期における勲官の色役就任について検討する必要がある。勲官の色役就任について検討する場合、まず、勲官が基本任務を遂行することと、その目的を明らかにする必要があろう。そのためには、勲官の基本的な義務およびその目的と近接する身分のそれとを比較することが有益である。そして、身分の異なる勲官と白丁とが同じ色役に就く理由を解明するために、異身分同任務について考察する。これらの考察に使用する主な史料は、『唐六典』・『唐律疏議』・「開元二五年水部式」「天聖令」[8]と「唐代敦煌差科簿」であり、これらは、開元・天宝年間の規定と実態を伝えるものである。したがって、この考察により、玄宗期の勲官の制度的な位置づけが明らかとなるだろう。

第一節　勲官の基本任務とその目的——近接身分との比較から

一　課口の基本的義務と色役等の関係

勲官の基本任務およびその目的を考えるために、近接する諸身分の基本的義務または任務およびその目的との比較を行う。その際、税役の全部あるいは一部を負担する課口と、税役を免除される不課口とに大別して、個々の身分について整理する。まずは、全体の基準となる一般成年男子たる白丁から見ていくこととしよう。

1　白丁の基本的義務と色役などの関係

（1）　基本的負担と給付

白丁は税役である租・調・役・雑徭を全て負担する身分である。(9) その税役については、『唐六典』巻三、尚書戸部・戸部郎中条に、

凡賦役之制有四。一曰租、二曰調、三曰役、四曰雑徭。

凡そ賦役の制は四有り。一は租と曰い、二は調と曰い、三は役と曰い、四は雑徭と曰う。

と端的に示されている。(10) その税役負担に対する給付は規定には見えない。給田をその恩典とする見方もあるが、(11) 先述したように、給田と雑徭と相関関係は否定され、(12) 力役についても戸等によって振り分ける人頭税と見る説が出されており、(13) 給田と相関関係がある税目は田租のみと考えたい。そうであれば、それ以外の税目に対する給付は設定されていなかったと考えざるを得ないのである。そもそも、税役という性質を考えた場合、その納入は国家に対する義務であり、その納入により報酬が設定される必要はない。白丁が色役につく場合には、その任務の軽重によって負担すべき税役の一部または全部が免除されたと考えられる。(14) 通常の負担の代納と位置づけられたのである。

2　品子の基本的義務と色役の関係

（1）　品子の基本負担と給付

品子とは、職事官・散官の六品以下九品以上の者の子、および勲官三品以下五品以上の者の子のことである。(15) その

ことは、『新唐書』巻四五・選挙志下の武選の納課品子の条文に「凡そ納課の品子は、歳ごとに文武六品以下・勲官三品以下五品以上の子の、年十八以上を取る（凡納課品子、歳取文武六品以下・勲官三品以下五品以上子、年十八以上）」とあることから明らかである。また、天聖厩牧令唐第二条の牧長の任用と考課を示す部分に（傍線・波線は筆者）、

長、取六品以下及勲官三品以下子・白丁・雑色人等、簡堪牧養者為之。品子経八考、白丁等経十考、各随文武依出身法叙。

長（＝牧長）、六品以下及び勲官三品以下の子・白丁・雑色人等を取り、牧養に堪うる者を簡びて之と為す。品子は八考を経、白丁等は十考を経、各おの文武に随いて出身法に依りて叙す。

とあり、任用規定で「六品以下及勲官三品以下子」としている者達を、考課規定では「品子」と言い替え、「白丁・雑色人等」を「白丁等」と言い替えて対応させているのを見れば、散官・職事官の六品以下の子および勲官三品以下の子を品子とすることは間違いない。この品子の範囲は、後述する天聖賦役令唐一六条や天聖賦役令唐一七条の税役減免の範囲に合致する。

品子の税役負担については、先に触れた天聖賦役令唐一六条に以下のように定められている。

諸文武職事六品以下九品以上・勲官三品以下五品以上父子、若除名未叙人及庶人年五十以上、若宗姓、並免役輸庸。〈願役身者聴之〉其応輸庸者、亦不在雑徭及点防之限。其皇宗七廟子孫、雖蔭尽、亦免入軍。

諸そ文武職事の六品以下九品以上・勲官の三品以下五品以上の父子、若しくは除名せられて未叙の人及び庶人の年五十以上、若しくは宗姓のもの、並びに役を免じ庸を輸す。〈身を役するを願う者は之を聴す〉其の応に庸を輸すべき者、亦た雑徭及び点防の限に在らず。其の皇宗の七廟の子孫は、蔭尽くと雖も、亦た入軍を免ず。

本条文に拠れば、品子にあたる「諸文武職事六品以下九品以上・勲官三品以下五品以上父子」は、庸を納めることで

力役と雑徭と辺境防備とを免除された。そして、天聖賦役令唐一七条では、散官の親属の課役減免が、職事官と同様であると定める。

　諸蔭親属免課役者、其散官、亦依職事例。其守官依本品。

　諸そ蔭親属の課役を免ずる者は、其の散官は亦た職事の例に依れ。其の守官は本品に依れ。

以上の記事を総合すれば、職事官・散官六品～九品の子と勲官三品～五品の子が品子とされ、租調を納めなければならないが、力役は庸で代納することを許可し、雑徭と辺境防備の任務は免除されたことになる。税役減免の範囲には父も含まれているが、史料上、品子の語で一括されるので、本稿でも品子として使用する。やはり、税役の納入に対応する給付の規定は見えない。

（2）　親事・帳内

親事と帳内とは高位高官の従者であり、従来の研究では、品子特有の任務に位置づけられてきた。その任務と納資額は、品子の負担額とみなされる。親事は十八歳以上の六品・七品の子がとられ、帳内は十八歳以上の八品・九品の子がとられた。すなわち中男をも含むものであった。親事・帳内は、天聖賦役令唐一五条に「品子の雑掌・親事・帳内に任ずるもの……並びに課役を免ず。（品子任雑掌・親事・帳内……並免課役）」とあり、税役が免除されていた。

親事と帳内とについては、『唐会要』巻九三・諸司諸色本銭上・貞観一二年（六三八）の記事に依拠して、早くから実質的な勤務はなく納資するものであったと考えられている。

　又令文武職事三品以上、給親事・帳内。以六品・七品子為親事、以八品・九品子為帳内、歳納銭千五百、謂之品子課銭。凡捉銭品子、無違負者、満二百日、本属以簿附朝集使、上於考功。兵部、満十歳、量文武授官。

　又た文武職事三品以上に令して、親事・帳内を給わしむ。六品・七品の子を以て親事と為し、八品・九品の子を以て帳内と為し、歳ごとに銭千五百を納め、之を品子課銭と謂う。凡そ捉銭品子、違負無き者は、二百日を満ちれば、本属は簿を以て朝集使に附し、考功に上す。兵部、十歳を満ちれば、文武を量りて官を授く。

そして、『唐六典』巻五尚書兵部・兵部郎中員外郎条も基本的な史料となる。

凡王公已下皆有親事・帳内（六品・七品子為親事、八品・九品子為帳内）、限年十八已上（挙諸州、率万人已上充之。親王・嗣王・郡王・開府儀同三司及三品已上官帯勲者、差以給之。並本貫納其資課、皆従金部給付）、皆限十周年則聴其簡試、文・理高者送吏部、其余留本司、全下者退還本色。

凡そ王公已下は皆親事・帳内有り、（六品・七品の子は親事と為し、八品・九品の子は帳内と為す）年十八已上を限り（諸州を挙げて、率そ万人已上之に充つ。親王・嗣王・郡王・開府儀同三司及び三品已上の官の帯勲者は、差して以て之を給す。並びに本貫に其の資課を納め、皆な金部に従りて給付す）。皆十周年を限り則ち其の簡試を聴し、文・理高き者は吏部に送り、其の余は本司に留め、全て下の者は退きて本色に還す。

これらの史料を勘案すれば、親事・帳内となった品子は、十年間の期間勤務すれば、散官選考試験を受けることが許された。勤務の代納銭である納資の額は、毎年一千五百文であった。しかし、考課において全てが下考であったものは、一般的な品子に戻された。このことから、親事と帳内とはただの品子よりも身分の高い職掌であったことがわかる。[16]

（3）　武選における納課品子

武選の納課品子に選ばれたものは、十三年間の納課で散官選考試験受験資格を得た。[17] 納課の金額は明らかではない。税役免除の記録はないが、先に見た親事・帳内の納資を踏まえれば、「品子任雑掌」と同様に扱われ課役が免除されていたと推定してよいだろう。武選の納課品子に関わる条文は『新唐書』巻四五・選挙志下に見える。

武選、凡納課品子、歳取文武六品以下・勳官三品以下五品以上子、年十八以上、毎州為解上兵部、納課十三歳而試、第一等送吏部、第二等留本司、第三等納資二歳、第四等納資三歳、納已、復試、量文武授散官。若考滿不試、免當年資、遭喪免資。無故不輸資及有犯者、放還之。

武選、凡そ納課品子、歳ごとに文武六品以下・勳官三品以下五品以上の子、年十八以上を取り、州毎に解を為し兵部に上し、課を納めること十三歳にして試し、第一等は吏部に送り、第二等は本司に留め、第三等は資を納めること二歳、第四等は資を納めること三歳にして、納め已れば、復た試し、文武を量りて散官を授く。若し考滿ちて試さざれば、當年の資を免じ、喪に遭えば資を免ず。故無くして資を輸さず及び犯有る者は、之を放還す。

武選における納課品子は、十八才からと中男を含むが、十三年間納課（金額不明）を続けることで、散官選考試験を受ける資格を得た。第一等は吏部で、第二等は兵部で、文武散官を授与された。また、第三等と第四等はそれぞれ再度二年、三年納資を続けた後、再び受験資格を得ることができた。さらに、十三年間資を納めたが簡試を望まない場合は、その年の納資を免除した。一方で、理由なく資を納めなかった者と罪を犯した者は放還する。これは、懲罰のため、ただの品子に戻すと言うことであろう。そう考えれば、散官選考試験につながる納課品子は、租調庸を負担していた一般の品子よりも高い地位に位置づけられ優遇されていたといえよう。

親事・帳内および武選のために納課した品子の例では、選ばれた者が、一定期間、任務を遂行するか資課を納めることで、散官選考試験の受験資格を得る点で共通し、考課の低い者や、犯罪を侵した者が、懲戒処分として一般的な品子に戻されることも、共通する。一度、通常の品子に戻れば、負担は租・調・庸の納入となり、いくら税役を納入しても身分の上昇に結びつかない。簡試に結びつく勤務が貴く、それに従事することに価値があったと言うことができよう。親事・帳内および納課品子が、官人の予備員として、通常の品子よりもさらに官人に近い者とされた結果で

あろう。(18)

二　不課口の基本的義務

不課口には、職事官や封爵所有者なども含まれるが、ここでは、勲官とそれに近い身分である両柱国子・翊衛・文武散官を取り上げて比較検討する。まずは、参考とするために不課口や勲官の負担義務に対する代表的な見解を紹介することにしたい。

1　不課口の「負担義務」に関する先行研究の見解

従来の研究のなかで、不課口の義務について発言した代表的な研究者として濱口重國氏・日野開三郎氏・古賀登氏の三氏の見解を取り上げて参考としたい。(19)濱口重國氏は、散官・勲官等は、免課役とされるが、毎年京師や地方州庁に上番勤務する義務を有し、上番しないときには納資する。また、諸役に使役されるときには、賦役免除を前提として、別に賜勳や賜物を以てその労苦に報いたとする。(20)

それに対して、日野開三郎氏は、四品以下の散官・勲官・蔭免親属・品子等は実質的に白丁と同じ、租・調・庸・雑徭に相当する義務負担を課せられたとする。高級な職掌や、各身分については応じた上番任務によって差を設けていたとする。(21)そして、古賀登氏は、身分によって、職掌の貴賤のほか、年間に負担すべき日数に差が設けられていたとする。その場合、身分の高い方が負担すべき日数が短くなることになる。(22)これらの諸研究を参考にしながら、不課口の負担と給付についてその概略を整理することにしたい。

2　上柱国子・柱国子の義務

不課口の義務については、品子に最も近い身分として、上柱国（勲官正二品）および柱国（勲官従二品）の蔭免親族である上柱国子および柱国子の義務について整理することから始めたい。両柱国子の税役負担については、天聖賦役令唐一四条に、

諸文武職事官三品以上若郡王父祖兄弟子孫、五品以上及勲官三品以上有封者若国公父祖子孫、勲官二品若郡県公侯伯子男父子、並免課役。

諸そ文武職事官の三品以上若しくは郡王の父祖兄弟子孫、五品以上及び勲官三品以上の有封者若しくは国公の父祖子孫、勲官二品若しくは郡県公侯伯子男の父子は、並びに課役を免ず。

とあり、傍線部の記述から、勲官二品の父子である両柱国の父子が免課役、すなわち、租調役雑徭が免除される身分であったことが分る。一方で、両柱国子には納資に関する規定が残されている。敦煌出土天宝年間（七四二～七五六）「兵部選格断片」（P四九七八、先頭の数字は文書の行数）はそのことを以下のように伝える。

16一、准開元七年十月廿六日勅、上柱国及柱国子
17　年廿一已上、毎年徴資一千五百文。准本色
18　宿衛人、至八年満聴簡。其及第者、随文武□（以下欠）

一、開元七年十月廿六日勅に准り、上柱国及び柱国の子の年廿一已上のものは、毎年資一千五百文を徴す。本色の宿衛の人に准じ、八年に至りて満ち簡するを聴す。其の及第せし者は、文武に随い……。

この文書には、開元七年（七一九）に定められた上柱国子と柱国子の散官選考に関わる規定が記されている。後部が欠落しているが、両柱国子は、年間一千五百文の納資を八年間継続すると、散官選考参加が許され、及第すれば文武

に随って官が授けられたとみてよいだろう。この条文で散官選考までの基準となる「本色宿衛人」とは、次の翊衛のことであると考えられる。

3　翊衛の義務

翊衛とは親衛・勳衛とともに三衛の一つで、中央諸衛に番上する親衛隊の一種である。唐の三衛は、流内官に位置づけられるが、官人の入仕経路の一つでもあった。[23]三衛は、それぞれ任用基準と簡試までの期間とを異にしていたが、翊衛については、『唐六典』巻五尚書兵部・兵部郎中員外郎条に以下のように見える（括弧内原注）。

……又次者為諸衛及率府之翊衛（五品已上並柱国若有封爵兼帯職事官子孫為之）。……諸衛及率府之翊衛考以八。考満、兵部校試有文、堪時務、則送吏部、無文、則加其年階、以本色遷授。

……又た次なる者は諸衛及び率府の翊衛と為す（五品已上並びに柱国、若しくは封爵有りて職事官を兼帯するものの子孫を之と為す）。……諸衛及び率府の翊衛の考は八を以てす。考満ちて、兵部校試し、文有りて時務に堪うれば、則ち吏部に送り、文無ければ、則ち其の年の階を加え、本色を以て遷授す。

この文の翊衛の任用母体には柱国の子孫とあるが、古賀氏の研究で明らかにされているように両柱国子を指していると考えてよい。[24]翊衛の場合、両柱国子などから選抜し、八年の勤務で散官選考試験を受ける資格を得たのである。これは、両柱国子の散官選考までの納資期間と符合する。このことからも、両柱国子の納資と散官選考とが結びついていたことがわかる。

4　勲官の義務

勲官が流内正二品～従七品に位置づけられることは、『通典』巻四〇職官二二・秩品五・大唐条などから明らかである。流内官の不課については、復旧唐戸令第七条[25]に定められている。

七〔開二五〕諸視流内九品以上官、及男年二十以下、老男・廃疾・妻・妾・部曲・客女・奴・婢皆為不課。

諸視流内九品以上の官、及び男年二十以下、老男・廃疾・妻・妾・部曲・客女・奴・婢皆不課と為す。

この令が適用されて、勲官は租調庸免除となる。

勲官の基本任務は上番任務である。勲官の上番については、第八章ですでに詳述しており、ここでは煩を避けるため、考察結果を要約することにする。勲官の上番任務は首都で輪番勤務する京上と地方州郡で勤務する郡上に区分されていたが、ともに一番は一ヶ月であった。京上は京師までの距離に応じて年間五～一二番にわけられ、郡上は一律五番である。勲官二品～五品の者は最短四年の上番を継続することで最初の散官選考を受け、勲官六品・七品の者は最短五年の上番で最初の散官選考を受ける。再度落第した場合は、更に四～八年の再上番で再び散官選考を受けることができた。勲官にとって、上番任務は散官選考参加への必要条件となっていた。言いかえれば、散官選考が勲官上番勤務の到達点であったのである。

勲官の上番代納銭である納資についても第九章で検討しており、その結果を要約することに止めたい。勲官の納資は品階と取得理由によって格差が設けられていた。軍功によって獲得した勲官二品・三品の場合は年額四百文、それ以外の理由で獲得した勲官二品・三品は年額六百文であった。勲官四品・五品も六百文であったが、軍功で獲得したものでも優遇措置はない。勲官六品・七品の納資は年額一千文と規定されていた。納資することで、一年分の上番勤務の遂行と同等に扱われたと考えられる。

5　文散官の義務

文散官の場合も、勲官同様流内官だったため不課となり、租調庸はすべて免除された。その基本任務は番上である。文散官の番上については、『唐六典』巻三・尚書吏部・吏部郎中員外郎条と『新唐書』巻四六・百官志一・尚書吏部条に記述がある。まず『唐六典』巻二・尚書吏部・吏部郎中員外郎条の記述は以下の通りである。

凡散官四品已下・九品已上、并于吏部当番上下。（其応当番四十五日。若都省須使人送符及諸司須使人者、並取兵部・吏部散官上。経両番已上、聴簡入選、不第者依番、多不過六也）

凡そ散官の四品已下・九品已上、并びに吏部に当番上下す。（其の応に四十五日当番すべし。若し都省の須らく人を使いて符を送るべき、及び諸司の須らく人を使うべき者は、並びに兵部・吏部の散官の上りしものを取る。両番已上を経れば、簡してを選に入るを聴し、第さざる者は番に依り、多くは六を過ぎざるなり）

そして、『新唐書』巻四六・百官志一・尚書吏部条は、

自四品（＝散官四品）、皆番上於吏部、不上者、歳輸資銭、三〔五〕品以上六百、六品以下一千、水・旱・蟲・霜減半資。有文芸楽京上者、毎州七人。六十不楽簡選者、罷輸。

〔文散官〕四品より、皆吏部に番上す。上らざる者は、歳ごとに資銭を輸す。五品以上は六百、六品以下は一千、水・旱・蟲・霜あれば半資を減ず。文芸有りて京上を楽う者は、州毎に七人、六十にして簡選を楽わざる者は、輸を罷む。勲官も亦た之くの如し。

これらの条文から、文散官の上番任務は四品以下に限られ、毎年、吏部に四五日上番し、最短二回の番上で職事官任用試験を受け、落第者は、再度二～六回番上することで再び簡試受験資格を得たと考えたい[26]。文散官の納資額については、『新唐書』の記述より、四品・五品は年額六百文、六品～九品は年額一千文であったことがわかる。

6　武散官の義務

最後に武散官の義務について整理する。武散官も流内官に位置づけられており、文散官と同様に復旧唐戸令第七条に依拠して課役が免除された。基本任務は番上で、こちらも文散官と共通する。武散官の番上については、『唐六典』巻五・尚書兵部・兵部郎中員外郎条にその規定が見える。

凡懐化・帰徳将軍、量配於諸衛上下、其余、並兵部定其番第。（五百里内七番、一千里内八番、二千里内十番、二千里外十二番、并一月上。四品已下、九品已上、於兵部上下。五百里内四番、一千里内五番、二千里内六番、二千五百里内七番、三千里内八番、各一季上。三千里外免番、随須追集也）番満者、六品已下並聴預簡選、量其才能、或留本司、或送吏部、五品已上者則奏聞。凡叙階之法、一如文散官之制。

凡そ懐化・帰徳将軍は、量りて諸衛に配して上下す、其の余は、並びに兵部其の番第を定む。（五百里の内は七番、一千里の内は八番、二千里の内は十番、二千里外は十二番、并びに一月ごと上る。四品已下、九品已上は、兵部に上下す。五百里の内は四番、一千里の内は五番、二千里の内は六番、二千五百里の内は七番、三千里の内は八番、各おの一季ごと上る。三千里の外は番を免じ、随いて須く追集すべきなり）番満つる者は、六品已下並びに簡選に預るを聴し、其の才能を量り、或いは本司に留め、或いは吏部に送り、五品已上の者は則ち奏聞せよ。凡そ叙階の法は、一に文散官の制の如くせよ。

とあり、さらに『新唐書』巻四六・百官志一・尚書兵部条に、

武散階四十有五。……自四品以下、皆番上於兵部、以遠近為八番、三月一上。三千里外者免番、輸資如文散官、唯追集乃上。

武散階は四十有五あり。……四品自り以下、皆兵部に番上し、遠近を以て八番と為し、三月ごと一たび上る。三千里の外の者は番を免じ、資を輸すること文散官の如し、唯だ追集あれば乃ち上るのみ。

ここでは、『唐六典』冒頭にある外族に与えられる懐化・帰徳将軍の上番については割愛し、『唐六典』の原註と『新唐書』に見える四品〜九品の武散官の上番について検討する。武散官は兵部に上番し距離に応じて年間四〜八番の輪番制勤務を担った。番が満ちれば簡選の受験資格を獲得し、合格すれば文武の適性を判断して職事官となった。その除階の構造は文散官と同じであった。納資も、文散官と同じであったことが『新唐書』の記述からわかる。すなわち、武散官の四品・五品は年額六百文、武散官の六品〜九品は年額一千文となる。

7 不課口の負担に対する給付

ここまで整理した不課口の基本的な負担と到達点についてまとめてみたい。両柱国父子・勲官・文散官・武散官は不課口であったため、全課役免除が法律で規定されていたことが確認できた。その勲官等の身分は、課役免除を前提として、輪番制の上番任務を基本任務としていた。そして、一定期間の任務遂行後、身分上昇試験の参加に到達する。この点が、課口で税役負担を課せられていた白丁や品子とは異なっていた。

白丁や品子からなる衛士は上番勤務を基本的な義務としていたが、その勤務だけでは身分上昇試験に到達しなかった。身分上昇には軍功や赦宥などの別の要因が必要であった。品子は、選ばれて親事・帳内、納課品子となり、納資等で散官選考を受けることができたが、これらは不課口の上番勤務に近い性質を持ち、通常の品子よりも高い地位に位置づけられていた。

では、各身分による違いは何か。それは、一度目の身分上昇試験に到達するまでの上番期間である。品子は最短で十年、両柱国子は八年、勲官六品・七品が五年、勲官二品～五品が四年、散官は最速二年で身分上昇の試験を受ける資格を得た。この結果、より身分の高い者は、短期間で身分上昇試験に到達したことが判明する。これは、身分による待遇差であったと考えられよう。

三　不課口の種々の役務就任とその待遇

先の整理により、勲官などは税役を免除された不課口であったが、基本義務の上番勤務があり、その任務の到達点が身分上昇試験であったことを明らかにした。では、法令で税役を免除されるべき者が、なぜ徭役の一種である色役に従事したのだろうか。白丁が色役につく場合には、その任務の軽重によって負担すべき税役の一部または全部が免除されたと考えられる。通常の負担の代納と位置づけられていたのである。一方、勲官などの色役従事について、当時の法律がどのように定めていたのか、「開元二十五年水部式残巻」（P二五〇七）と「天聖厩牧令」の条文を、任務と待遇とに注目して整理することにしよう。

1　番上任務に換算される種々の役務

（1）　萊州の海師・拖師

「開元二十五年水部式残巻」に勲官および散官が就く色役の規定が残されている。先ず取り上げたいのが萊州（山東省掖県）の海師と拖師である。萊州の海師と拖師とについては「開元二十五年水部式残巻」の第七四行～第七七行に見える。

74　……安東都里鎮防人粮、令萊州召取

75　当州渡海得勲人、暗知風水者、置海師弐人、拖
76　師肆人、隷蓬莱鎮、令候風調海晏、併運鎮粮。
77　同京上勲官例、年満聴選。

安東都里鎮の防人の粮は、莱州の令して当州の渡海して勲を得たる人の、風水を暗知せし者を召し取り、海師弐人・拖師肆人を置き、蓬莱鎮に隷し、風調《やわ》らぎ海晏《やす》らかなるを候ち、併びに鎮の粮を運ばしめよ。京上勲官の例と同じく、年満ちれば選を聴せ。

莱州の海師と拖師は勲官が就任する色役で、渤海海峡を越えて対岸の安東都護府の都里鎮（旅順近郊）まで食料を運ぶ任務を課されていた。任務を遂行すると「京上勲官の例と同じく年満ちれば選を聴」された。番上任務の代替に位置づけられていたことになる。本条に見えるの都里鎮は遼東の地である。太宗の高句麗親征（六四五～六四六）以来、遼東の地に至った者には勲官一転が与えられる慣例となっていた。本条文に見える「渡海勲人」とは、従軍などの理由で渤海湾を往復したことによって勲官を得た者を指す、と考えることができよう。[27]

（2）灞橋・永済橋の検校者

灞橋・永済橋の守当の責任者も勲官と散官とが充てられる任務であった。そのことは、「水部式」の第一〇七行～第一〇九行に以下のように記される。

107　京兆府灞橋・河南府永済橋、差応上勲官并兵部
108　散官、季別一人折番検校、仍取当県残疾及中男
109　分番守当。灞橋番別五人。永済橋番別三人。

京兆府の灞橋・河南府の永済橋は、応に上るべき勲官并びに兵部の散官を差し、季別に一人番を折して検校せし

む。仍お当県の残疾及び中男を取り、番を分けて守当せしめよ。灞橋は番別に五人、永済橋は番別に三人なり。

勲官・散官ともに京師番上すべき者を派遣した。本条の散官とは兵部に上番することから武散官だと考えられる。「折番」とあるので、就役を番上に割り当てたとみるべきである。就役期間は「季別」とあり九十日であった。武散官の通常の番上は唐六典に依れば「季別」であり、両者は対応する。それに対して勲官の場合は、通常一番三十日であった。おそらく三番分に換算したのだろう。

「水部式」に残る両種の色役規定から、不課口が色役に取られた場合、番上の代替勤務と位置づけることがあったことがわかる。これを色役としてみれば、勲官・散官が担当すべき色役であったと考えることができよう。

2　番上任務に換算されない種々の役務

（1）　勝州転運水手

次に、先の二種の色役とは違い、番上のと関わりの無い役務とそれに就任した際の待遇について検討したい。まず、「水部式」に見える勝州転運水手である。勝州転運水手については、「水部式」の六二～六六行に以下のように見える。

62　勝州転運水手一百廿人、均出晋・絳両州。取勲官充、
63　不足兼取白丁。並二年与替。其勲官毎年賜勲一
64　転、賜絹三疋・布三端、以当州応入京銭物充。其白
65　丁充者、応免課役及資助、並准海運水手例。不願
66　代者聴之。

勝州の転運水手は一百廿人、均しく晋・絳両州より出せ。勲官より取りて充て、足らざれば兼ねて白丁より取れ。

並びに二年ごとに替わるを与えよ。其の勲官は毎年勲一転を賜い、絹三疋・布三端を賜え。当州の応に京に入るべき銭物を以て充てよ。其の白丁の充てらるる者は、応に免ずべき課役及び資助は、並びに海運水手の例に准れ。代るを願わざる者は之を聴せ。

勝州の転運水手は先ず勲官より取り、不足した場合は白丁から取った。勲官の報酬は「毎年賜勲一転、賜絹三疋・布三端」とあり、勲官は晋州と絳州から京師に納めるべき税物の中から、絹と布が与えられた。白丁の報酬については「免課役及資助、並准海運水手例」とある。白丁の報酬の基準となった海運水手とは、次の滄州等の海運水手のことであろう。

57 滄・瀛・貝・莫・登・萊・海・泗・魏・徳等十州、共差水手五千
58 四百人。三千四百人海運、二千人平河。宜二年与替、不煩
59 更給勲賜、仍折免将役年及正役年課役。兼准
60 屯丁例、毎夫一年、各帖一丁。其丁取免雑徭人、家道
61 稍殷有者、人出二千五百文資助。

滄・瀛・貝・莫・登・萊・海・泗・魏・徳等の十州は、共に水手五千四百人を差せ。三千四百人は海運、二千人は平河たり。宜しく二年ごとに替を与え、更めて勲・賜を給うを煩わさず、仍お将役年及び正役年の課役を折免するは兼ねて屯丁の例に准れ。夫一年毎に、各おの一丁を帖し、其の丁は免雑徭人の、家道の稍や殷有なる者を取り、人ごとに二千五百文の資助を出させしむ。

日野開三郎氏によれば、海運水手の仕事は長上形式の二年勤務で、その報酬は徴発される二年間とその前年の都合三年間の課役を免除し、一人一年二千五百文の資助（生活費、二年で五千文）が給付されたとする。(28) この海運水手の報酬

が勝州の転運水手に徴発された白丁にも適応されたのである。白丁と勲官の報酬の違いについては、後段で改めて考えることとしたい。

勝州転運水手の場合、白丁は二年にわたって課役を免除することになっていたが、勲官には「課役」に関する文字がないことには注目すべきである。これは勲官は課役の免除が前提とされているため、書く必要が無かったと考えられる。

一方で、転運水手の勲官の規定には、橋の検校者の場合の「折番」や、萊州の海師・拖師の場合の「同京上勲官例、年満聴選」という上番任務を連想させる文言も見えない。勲官による転運水手の就任は、上番任務とは切り離されていたのである。そのため、かりに転運水手を何年勤めたとしても、労や考を貯めることができず、散官選考を受けることはできなかったと考えられる。勝州の転運水手は、勲官の上番任務とは質の異なる労働であったとみるべきであろう。おそらくそれは、水手が「毎夫」とされるように、雑徭から発達した役務であることに起因する。[29] 転運水手は先に勲官から取り、足らなければ白丁から取ると記すため、勲官が充当されるべき役務とみなしがちである。しかし、先んじて十州の海運・平河水手の詳しい規定があり、それに準じる形で転運水手の規定が記されている。[30] すなわち、水手という役種としてみれば、白丁の任用されるべきものであったと考えられる。そして、本来は白丁の役務であった水手が、勝州の転運水手の場合には、なんらかの理由で勲官を先に取ることとなった。おそらくそこには、「渡遼海人賜勲一転」の慣例が影響していたと想定できる。先に勲官を取るのであるが、元々は白丁の任務であったため、任務遂行に対する給付が税役と結びつき異身分への上昇とは結びつかなかった。その代わりに、白丁の税役免除と資助に対応する絹・布の賜与があったのであろう。そう考えれば、身分の質的な上昇が見込めない水手の任務は、勲官の番上任務に比べて低級な任務であったということになる。

（2） 牧尉（八品以下の散官が就任）

待遇が判明する散官が就任する色役として牧尉を挙げることができる。牧尉については天聖厩牧令所附唐令第二条にその任用と考課の規定が見える。(31)

諸牧畜、群別置長一人、率十五長置尉一人・史一人。尉、取八品以下散官充、考第・年労並同職事、仍給仗身一人。

諸そ牧畜、群別に長一人を置く、率そ十五長ごとに尉一人・史一人を置く。尉は、八品以下散官より取りて充て、考第・年労は並びに職事と同じ、仍お仗身一人を給す。

牧尉は八品以下の散官が充てられた。職事官と同じ考課を受けることができ、駆使人である仗身一人（後に納課六百四十銭を主の給金化）が給された。任務の形態は不明であるが、待遇から職事官と同じく長期従事であったと見るのが妥当である。そのほか、天聖賦役令唐十五条に「牧尉・史……並免課役」とあり、課役を免じられた。そして天聖倉庫令唐六条によれば、五人分の食料を供給された。(32)

また、考課等が職事官に準じることから、散官本来の任務である番上やそれに関連する簡試の規則から独立した任務であったことがうかがえる。これらの待遇を勘案すれば、散官の番上任務よりも職事官に近く、より高級な役務であったと位置づけられる。

以上、二種の役務について検討した。勝州の転運水手と牧尉に任じられた不課口は、それぞれの身分の基本任務である上番と恩典の関係とは異なる論理によって勤務し報酬を受けていた。両種とも長上の任務と推測され、番上勤務とは拘束期間や仕事量に格段の差があった。一年間で一～三ヶ月程度の負担である番上を基準として設定された制度の枠を超えてしまうのである。この任務の質と量の違いが報酬の違いに反映されたといえよう。すなわち、勝州の転運水手の場合、一般的な勲官の任務より重い負担であったが、その役務が低級であったため、上番の報酬である散官選考試験受験資格との関係が絶たれていた。一方で、牧尉は一般の散官に比べて高級な任務であったため、通常の散官の任務と給付の関係から逸脱してしまったのである。

四　まとめ

以上の考察の結果、不課口の基本的任務は上番勤務であり、その勤務の到達点には身分上昇試験が設けられていたことが分った。番上任務と同質の色役に従事する場合は、番上任務に読み替えることになっていた。言ってみれば、これらの色役は、もともと不課口を充当する方針で設定されていた色役であったと言えるのであろう。

このような不課口の上番勤務はどのような性質のものであったのだろうか。勲官の基本任務が散官昇進に繋がり、散官の任務遂行が職事官就任に繋がっていた。すなわち、最終的な到達点に職事官就任が設定されていたのである。番上は長期にわたる官人選考試験の一部と言うことができるかも知れない。言いかえれば、蔭免親属・勲官・散官は官人の予備員であり、上番という実際の任務を通して、彼らの中から官人に登用すべき人物を選出する仕組みであったといえるのではないだろうか。

一方で、勝州の転運水手のように白丁が負担することを想定した色役も存在し、そのような色役に勲官が就くこともあった。その場合は、白丁を基準として設定された待遇を勲官に合うように調整した。また、牧尉のように身分よりも高級な役務に就く場合には、本来の基本任務の遂行よりも、よい待遇が用意されていた。

このように、身分丁が色役に従事する際、その色役本来の性質を基準として、各人の身分を勘案して待遇を調整することで、想定された身分を超えた色役従事が許容されたのである。ただし、その際は、身分丁は本来の基本任務のために設定されていた待遇から切り離されることになる。したがって、水手に取られた勲官は番上任務とその到達点である散官選考から遊離し、牧尉となった散官は京上任務とその到達点の簡選から分立したのである。

第二節　異身分同任務の中の差異

本章では、ここまで、各身分の基本任務とその給付及び到達点とについて整理した。そして、不課口である身分丁が色役に従事することの意味について考えた。不課口は、課役免除の前提に立って、官吏の予備員として上番義務を負っていた。それに対して、白丁の色役就任は税役負担の変形と考えられる。両者の負担は質が異なっていたのである。しかし、不課口と課口両方が就く色役が存在したことは、勝州転運水手の項で触れた。

課口と不課口が同じ役務に就くことは、質の異なる負担を義務付けられていた者達が、同じ役務に従事したということになる。従来の研究では、課口も不課口も一日の労働は同じ一日の労働として考えることが多く、身分の違いが考慮されることはなかった。しかし、勝州転運水手のように、勲官と白丁が同じ役務に就いた場合、それぞれの給付が異なっていた。その意味するところについては保留しておいたが、ここで、異身分同役務について検討し、身分と負担の関係を明らかにしたい。その際、これまでも取り上げた、勝州の転運水手、灞橋・永済橋の守当の責任者のほか、牧長の事例を取り上げる。これらの三種の役務は、任用者の身分が異なるだけでなく、その任務終了後の評価の規定が残されているからである。まずは、牧長の例を考察し、その後、灞橋・永済橋の守当の責任者、勝州の転運水手の順に検討することにしたい。

一　牧長の規定に見える異身分同役務とその待遇差

牧長は監牧において家畜の群ごとに一人ずつ設置され、その名前から牧子による馬などの飼育を監督した職掌と推測できる。勤務形態は不明であるが、上司である牧尉、部下と推測される牧子がともに長上であることから、牧長も長上任務であったと想定できる。牧長は免課役（天聖賦役令唐十五条）で就任期間中は四人分の食料を供給された（天聖倉庫令唐六条）。天聖厩牧令唐二条には先述した牧尉の規定に続けて、牧長の任用および考課の規定が記されている。牧長に関する条文を抜き出すと以下のごとくである。

諸牧畜、群別置長一人、率十五長置尉一人・史一人。……長、取六品以下及勲官三品以下子・白丁・雑色人等、簡堪牧養者為之。品子経八考、白丁等経十考、各随文武依出身法叙。品子得五上考・白丁得六上考者、量書・判授職事。其白丁等年満無二上考者、各送還本色。其以理解者、並聴続労。

諸そ牧畜、群別に長一人を置く、率そ十五長ごとに尉一人・史一人を置く。……長は、六品以下及び勲官の三品以下の子・白丁・雑色人等より取りて、牧養に堪うる者を簡びて之と為す。品子は八考を経、白丁等は十考を経れば、各おの文武に随がい出身法に依りて叙す。品子の五上考を得・白丁の六上考を得る者、書・判を量りて職事を授く。其の白丁等、年満ちて二上考無き者、各おの本色に送還す。其の理を以て解かれし者、並びに労を続くるを聴す。

牧長の出身身分を記した規定のうち、「六品以下及び勲官三品以下の子」が品子を指していることは、先に述べた。そして白丁とともに見える「雑色人」とは、天聖厩牧令唐二十一条に見える「雑色丁」と同じく邑士・駕士等を指すと考えられる(33)。そして、その邑士と駕士は、白丁から取られるものであった(34)。すなわち、雑色人も白丁を母体としていたのである。そうだとすれば、牧長は、品子と白丁を母体としていたと整理することができる。

任用規定の次には、勤務評価に関する規定が記される。勤務評価は品子と白丁・雑色人（白丁等）とで区別された。まず、散官授与までの就任期間が異なっていた。品子は八年の勤務でよいのに対し、白丁等は十年の勤務が必要であった。品子の方が優遇されていたといえる。職事官任用試験受験参加の条件では、品子は八年間に五回の上考（上考取得率六二・五％）が条件となるのに対し、白丁・雑色人は十年間のうちに六回の上考（上考取得率六〇％）を獲得する必要があった。僅かに白丁等が有利であるが、大きな差異とまでは言えない。

最も大きな違いは、解任に関する規則であろう。白丁と雑色人の牧長就任者は、十年の勤務期間内に、上考を二回獲得できなければ、牧長の任を解かれ、任用前の身分に戻されることになっていた。品子に関する解任規則が見えないことから、品子は、八年間の勤務中に上考を獲得できなかったとしても、解任されなかったと考えられる。

以上の如く解釈すると、牧長の場合、勤務による昇進の難易に、身分の貴賤が影響を与えていたことが判明する。たとえば、期間内に五上考を獲得した場合、品子は昇進試験を受けることができたが、白丁は選考に参加できなかった。また解任規定が白丁等のみに限定されたことも、品子の方が優遇された証拠となる。身分の貴賤が昇進に影響するのは、身分制社会においては当然の帰結である。では、同職役中における身分の影響はほかにどのように規定されていたのだろうか。次に、「唐水部式残巻」に見える異身分同任務の報酬について考察し、その普遍性を探ることにしたい。

二　水部式の規定に見える身分と待遇

まず、灞橋・永済橋の守当の検校者について異身分同役務の視点から整理する。この役務が、勲官および散官の上番勤務に代るものであったことは先述した。「折番」とのみあるため、その勤務に対する評価法は記されていないように思えるが、番上任務の評価法が適用されたと考えることが可能である。

同じ番上勤務の評価であっても、勲官と武散官とでは、簡試までの期間と簡試の内容が異なっていた。武散官は最短二年の番上勤務で職事官任官試験（吏部試）を受ける資格を得た。一方で、勲官は最短四年間の上番の後に、散官選考の受験参加が認められたに過ぎない。勲官の任務遂行の結果が散官昇進であり、散官の勤務の結果が職事官選考であることから、散官の方が職事官に近い。すなわち、勲官よりも、散官の方が官僚に近く地位も高かったのである。同様に、散官は任務遂行によってようやく職事官任用試験の受験資格を得た。このことから、散官よりも職事官の方が高位に位置していたと考えてよい。そうであるならば、同じ任務を遂行しても、短期間でより高い地位の任用試験参加できる散官の方が厚遇されていたことになる。

次に勝州転運水手の事例に移ろう。転運水手は勲官と白丁とから取られたが、その給付に違いがあったことはすでに述べた。ただし、その違いの意味については、保留したままであった。ここで、再度、その意味について考えてみたい。

転運水手は、勤務期間が二年と定められているため、二年間の給付で比較するべきであろう。まず、勲官の場合、二年間で賜勲二転、賜絹六疋・布六端の賜与があった。それに対して、白丁の場合は課役三年免除・資助五千文であった。勲官の賜与が絹と布であり、その換算額が品物の質と物価によって変動するため、一概に白丁に対する給付とどちらの価値が高かったのかは判断がつかない(35)。さらに賜勲二転を貨幣価値に直接換算することは、現在のところ不可能である。

しかし、勲転の賜与は場合によって、戸内の税役の減免に繋がる可能性があった。たとえば、六品の勲官が水手の任務を終えて二転すると、五品の勲官となる。そうすると、その子は、白丁から品子に変わり、税役における優遇が受けられた。また、それが、三品から二品への昇進であれば、子は柱国子となり、課役は全免されることになる。さらに、上柱国の場合は、賜勲二転分を父子に迴授することができたと考えられる。(36) そうすると、戸内に勲官が増えることとなり、さらなる税制面での優遇に繋がるのである。迴授の場合、親族がいなければ、賜物される可能性もあり、経済的な恩典も増した。このように、勲官に対する賜勲は、同身分内での昇進に過ぎず通常の上番任務よりも低位に位置づけられるものの、戸を単位として考えると、大きな経済的恩典に繋がる可能性を有していたのである。しかも、それは就役期間だけでなく永続的なものであった。期間が限定される白丁の給付に比して、大きな給付であったとみなさなければならない。なお、同じ役務を行うにもかかわらず、白丁に賜勲が行われないのは、やはり、白丁の色役従事が、あくまで課役負担に相当するものであるからであろう。白丁の色役従事は、身分上昇に繋がるものではなかったのである。

三　まとめ

以上、三種類の異身分同任務の考察の結果、全ての役務で身分の貴賤が評定や給付に比例していたことが確認された。また、身分による役務内容の違いを記した規定が残っていないことから、概念上は同じ仕事に従事することになっていたと想定される。同じ仕事に従事しても、評価や給付に差をつけることで身分の差異を表現していたのである。この原則が、この三種の役務に止まらず、唐代の色役全般を貫くものであったとすれば、同役務に就いているから身分は同等だったとは言えないのである。そして、白丁と勲官が同じ色役に従事することは、勲官の身分低下を表すものではないことになる。繰返しになるが、給付によって差をつけていた可能性が高いからである。すなわち、たとえ、勲官と白丁とが同じ色役に就いている情況が「敦煌唐天宝差科簿」に見えようとも、それだけでは勲官の価値の低下の表出であるとは言えないのである。

小　結

本章で明らかにしたことを再度まとめておきたい。まず、課口と不課口の負担について整理した結果、課口の基本負担が課役の納入で見返りがなかったのに対し、不課口の基本的任務は上番勤務であり、その勤務の到達点には身分上昇試験が設置されていたことが判明した。そして、身分の差は、簡試までの上番の期間や簡試の種類によって表されていた。また、不課口には不課口が就くべき色役があり、その色役に就く場合には、上番勤務を折番したと考えられる。一方で、上番勤務と釣り合わない役務に就く場合には、通常の役務と簡試との関係から独立した基準によって評価された。また、異身分同任務の問題を取り上げ、異なる身分の者が同じ任務に就いた場合、身分の高い者が有利な評価をあたえられたこと、身分の違いは、就任する役種だけではなく評価や昇進の違いに現れること、したがって、同役務に就いているから身分は同等だったとは決して言えないことを明らかにした。

以上の結果から、当時通用していた番上などの任務の規定に依拠すれば、勲官は、法令上、開元天宝年間においても官人の予備員として規定されていたと考えなければならない。制度の面から見れば、勲官は制度成立当時と何ら変更されいてなかったのである。

では、玄宗期の勲官の社会的地位はどうであったのか、そのことは、制度面ではなく、運用や評価の面からせまる必要があろう。そもそも、高宗の麟徳間にはすでに官人層は勲官ではなくその前身である散職名を名乗ることがあるなど、勲官の社会的な価値は低下していた。それは、戦地における待遇の悪さに起因するものであった。開元一九年には、すでに勲官の特権はかなり有名無実化していたようである。課役免除であるにもかかわらず課を納め、刑罰についての特権も蔑ろにされていたと詔勅は言う。玄宗は正常に戻そうとするのだが、おそらくそれは、徒労に終わっただろう。そして、この詔勅こそが当時の勲官の姿を端的にあらわしているのではないだろうか。ほとんど一般民と変わらない状況であったとみなさざるを得ないのである。

注

（1）唐代差科簿と各種役務の関係について研究したものに、西村元佑「唐代敦煌差科簿を通じてみた唐均田制時代の徭役制度」（同著『中国経済史研究――均田制度篇』東洋史研究会一九六八年、初出は一九六〇年）および、王永興王永興「敦煌唐代差科簿考釈」（『歴史研究』一九五七年第四期）、同「唐天宝敦煌差科簿研究――兼論唐代色役制和其他問題」、北京大学中国中史研究中心編『敦煌吐魯番文献研究論集』（中華書局、一九八二年）がある。

（2）松永雅生「唐代の勲官」（『西日本史学』一二、一九五四年）および日野開三郎『唐代租調庸の研究Ⅲ・課輸篇下』（私家版、一九七八年）参照。

（3）渡辺信一郎「古代中国の支配と身分」（広瀬和雄・仁藤敦史編『支配の古代史』学生社、二〇〇八年）参照。

（4）西村元佑「唐代前半期における勲官の相対的価値の消長と絶対的価値」（『愛知学院大学文学部紀要』八、一九七八年）。

（5）図版は Tatsuro Yamamoto, Yoshikazu Dohi, 〝Tun-huang and Turfan documents : concerning social and economic history Census registers〟TOYOBUNKO, 1984–1985（B）Plates P.137 により、録文と解説は同書（A）Introduction & texts. pp.96–97（逆頁）. pp.88–91. を参照した。

（6）土肥義和「唐天宝年代敦煌県受田簿断巻考――田土の還受問題に関連して」（『坂本太郎博士頌寿記念日本史学論文集』吉川弘文館、一九八三年）および同「唐代均田制下における敦煌地方の田土給授について――大英図書館所蔵「天宝載間敦煌県受田簿」を中心に」（唐代史研究会編『中国律令制の展開とその国家・社会の関係』（刀水書房、一九八四年）参照。

（7）濱口重國「唐に於ける両税法以前の徭役労働」、「唐における雑徭の開始年齢」、「唐に於ける雑徭の義務年限」（同著『秦漢隋唐史の研究』東大出版会、一九六六年、初出はそれぞれ一九三三年、一九三五年、一九四一年）、吉田孝「雑徭制の展開過程」（同著『律令国家と古代の社会』岩波書店、一九八三年）大津透『日唐律令制の財政構造』（岩波書店、二〇〇六年）参照。

（8）天聖令の条文については、特に断らない限り『天一閣蔵明鈔本天聖令校証　附唐令復原研究』（中華書局、二〇〇六年）に依拠した。また、天聖令については「天聖某令唐（宋）某条」の形で引用する。

（9）渡辺信一郎『中国古代の財政と国家』（汲古書院、二〇一〇年）では、白丁の負担を租・調・役・雑徭・防人とするが、防人まで含んでよいかどうか判断がつかない。今は便宜上租・調・役・雑徭を基本負担と考えておく。

（10）白丁の負担については、宮崎市定「唐代賦役制度新考」（同著『宮崎市定全集』八、岩波書店、一九九三年、初出は一九五六年）による充夫式の解読が画期となった。

（11）注（3）所掲渡辺論文。

（12）注（7）所掲濱口「唐における雑徭の開始年齢」、「唐に於ける雑徭の義務年限」および、大津透「唐日律令制下の雑徭について」（注（7）所掲大津書所収）二一九〜二三〇頁。

（13）大津透「唐律令制下の力役制度について」、同「課役制と差科制」（注（7）所掲大津書所収）。ただし、身分等も勘案されたと考えられ、戸等のみに拠るものとは言いがたいようにも思える。

（14）注（7）所掲「唐に於ける両税法以前の徭役労働」および、日野開三郎『唐代租調庸の研究Ⅱ・課輸篇上』（私家版、一九七五年）、特に五「末端公務服事による課原不輸」参照。

（15）品子の範囲については、注（1）所掲西村書六三一〜六三七頁。

（16）古賀登「品子・蔭免子孫・勲官・散官の負担」（同著『両税法成立史の研究』雄山閣、二〇一二年、前編緒論第二章、初出は一九八六年）二八頁〜三二頁参照。

（17）古賀氏は、親事帳内の納資と、武選の納資を同一のものととらえるが、ここでは、別のものとして扱う。注（16）所掲古賀論文二八頁～三二頁。

（18）品子の出身については、古瀬奈津子「官人出身法から見た日唐官僚制の特質」（池田温編『日中律令制の諸相』東方書店、二〇〇二年）一九八～二〇二頁参照。

（19）濱口重國「唐の白直と雑徭と諸々の特定の役務」（『史学雑誌』七八―二、一九六九年）（『史学雑誌』一九六九）、注（2）日野書、注（16）所掲古賀論文参照。以下、それぞれ身分の負担と色役とについて、特に断らない場合は、この三氏および注（1）所掲西村論文、王論文の研究に基づいて記述する。

（20）注（19）所掲濱口論文一五頁参照。

（21）注（2）日野書六五三頁

（22）注（19）所掲古賀論文二七頁～四六頁。

（23）三衛の入仕については愛宕元「唐代における官蔭入仕について――衛官コースを中心として」（『東洋史研究』三五―二、一九七六年）および、頼亮郡「唐代衛官制度的成立与衰落」（同著『唐宋律令法制考釈』元照出版社、二〇一〇年）参照。

（24）注（19）所掲古賀論文三二～三八頁参照。

（25）仁井田陞『唐令拾遺』（東方文化学院東京研究所、一九三三年）二二三頁および同著・池田温編集代表『唐令拾遺補』（東京大学出版会、一九九七年）五三二頁の補訂参照。

（26）古賀登氏は、両条文を勘案して職事官選考に落第した散官の上番について次のように考えた。散官が落第した場合、また二番を経た後、試験に臨むことができる。最多でも番上は六番までしか許されない。六番を過ぎた者は、納資に移行したとする（注（16）所掲古賀論文四二～四四頁）。しかし、勲官の番上の記述と『唐六典』の「経両番已上」の記述をふまえれば、問題の原注は、最少で二番、最多でも六番の再番上の後、受験資格を得たと考えるのが妥当であろう。文散官も官品や勤務評定に依拠して、簡試までの期間が決められたと推定できる。

（27）本書第五章第三節および第四節参照。

(28) 注(14)所掲日野書二七五～二七八頁参照。
(29) 「夫」が雑徭を指すことは注(10)所掲宮崎論文。
(30) 「水部式」の書式については、岡野誠「敦煌発見唐水部式の書式について」(『東洋史研究』四六―二、一九八七年)および、同「唐水部式紙背の陀羅尼について」(『明治大学社会科学研究所紀要』二六―一、一九八八年)を参照。
(31) この条文については、三橋広延「『天聖厩牧令』の所附唐令によって『唐六典』を訂す」(『法史学研究会会報』一六、二〇一二年)参照。
(32) 天聖倉庫令唐六条には、以下のようにある。
諸在京流外官長上者、身外別給両口糧、毎季一給。牧尉給五口糧、牧長四口糧。(両口準丁、余準中男給)。

諸そ在京の流外官の長上者は、身外に両口の糧を別に給い、季毎に一たび給う。牧尉は五口の糧を給い、牧長は四口の糧をたまう。(両口は丁に準り、余は中男に準りて給う)
(33) 「雑色人」については、天聖厩牧令唐二十一条に以下のようにある。
其伝送馬・驢主、於白丁・雑色(邑士・駕士等色)丁内、取家富兼丁者、付之令養、以供逓送。

其の伝送の馬・驢の主は、白丁・雑色(邑士・駕士等色)丁の内、家富みて兼丁ある者より取り、之に付して養わ令め、以て逓送に供せ。

雑色には様々な用例があるが、同じ厩牧令内で、同じく白丁と並列して記載されることから考えて、天聖厩牧令唐二条の「雑色人」も邑士・駕士などを指しているとしてよいだろう。
(34) 邑士・駕士の出身母体は天聖賦役令唐二条に、
諸習馭・翼馭・執馭・馭士・駕士……邑士、皆於白丁内家有兼丁者為之。

諸そ習馭・翼馭・執馭・馭士・駕士……邑士は、皆白丁の内に於いて家に兼丁有る者を之と為せ。

とあり、複数の丁男がいる家の白丁から選ばれた。
(35) 参考までに「天宝年間交河郡物価文書」(大谷三〇九七・三〇四四)の価格によって、勲官の賜物の価格を推定しておく。

「天宝年間交河郡物価文書」によれば、絹は「生絹一疋」の価格は上等四百七十文、中等四百六十文、下等四百五十文とされ、「雑州布一端」は上等四百五十文中等不明、下等三百八十文である。さしあたって、中等の布を四百文と仮定して勲官の賜物を計算すると、絹三疋・布三端で二千六百四十文となり、白丁に対する資助額二千五百文を僅かに上回る。ただし、品物の価格は、地域や時代によって異なっていたと考えるべきで、この推定は参考の域を出ないであろう。物価文書については、池田温「中国古代物価の一考察」「盛唐物価資料をめぐって」（同著『唐史論攷』汲古書院、二〇一四年、所収、初出は一九六八年と、一九九八年）、物価文書の研究史については片山章雄「大谷探検隊将来吐魯番出土物価文書断片の数点の綴合について」（土肥義和編『敦煌・吐魯番出土漢文文書の新研究』東洋文庫、二〇〇九年）三一六～三一八頁参照。

（36）　本書第八章参照。

終章

本書での考察の結果を要約してみよう。まず、第一章において先行研究を整理し、解決すべき課題を拾い出した。第二章では、勲官の成立について論じた。その結果、唐武徳七年に勲官制度は成立したことを明らかにした。その要因は、建国期の散職と散実官の大量授官による官人の激増にあり、その官人身分所有者の権限を削減したうえで、反発を抑えるための受け皿として勲官が創始されたと推定した。なかでも、散実官が持っていた本階の性質を勲官への移行時に消失させたことで、元の散実官所有者は勲官に改授される際に官人身分を剝奪されたことが一番の変更点であった。勲官所有者は準官人となったのである。そのように考えると、唐代の勲官と散職以前の諸官階との間の継承関係も問題となる。これまでは、西魏の統兵官から唐の勲官まで一括して広義の勲官ととらえられてきたが、勲官は統兵の実権もなく、本階の性質もない官である。また、その設置理由が、唐建国時の官人の準官人化であったとするならば、散職以前の諸官階とは大きく性質を異にする。確かに唐初に使用された散職・散実官とは所有者の面で直接繋がるが、制度の面では断絶があったと言わざるを得ない。

勲官が準官人の立場になったことが、その後のさらなる増加の原因となった。そう考えると、勲官の品階の高さと実質的な地位の格差という従来からの問題に一定の解決を与えることができた。

第三章では、勲官制度の成立期における官制の拠り所となる法律について考察した。その結果、武徳元年五月十四日に即位した唐の高祖李淵は、暫定的に隋煬帝が制定した大業律令を使用する。二十八日に至って、高祖は最初の律令編纂命令を発布するが、臣下の発言に促されて隋文帝期の開皇律令の復活を決意する。そして、六月一日、大業律令の廃止と開皇律令の復活を宣言、開皇の制度に則った組閣を行う。同時に格の制定を命じ、開皇律令の不備を修正することとした。その結果として五十三条格が成立し、十一月四日に発布されたと考えられる。唐初の法律は、従来通説となっていた「五十三条格」中心ではなく、隋開皇律令を使用し、「五十三条格」で補足する構造であったことが判明した。唐による開皇律令の使用は、令に基づく官職の使用状況から見て、武徳七年律令の制定まで続くことも明らかとなった。

第四章は、武徳年間の散階と属官の関係を考察し、武徳七年を境に、散階の属官の設置基準に変化があったことを明らかにした。武徳七年以前は隋の開皇律令の制度が使用されたため、属官の設置基準の中心は、散実官であったが、武徳七年以後、職実官を中心とした制度に変化する。府佐の設置の基準となった勲官は、法律の文言上を開府制度と深く関わるように記載されているが、実際には、副次的な基準となる。実質的な権限の変化から、武徳七年令成立が官制に与えた影響を証明した。

第五章では、武徳七年に成立した勲官について、勲官の新たな使用法を見いだした唐太宗高句麗親征と勲官授与の関係について考察した。その結果、則天武后期以後の兵士に対する大量授勲の起源は、太宗の高句麗親征の敗戦処理に見いだせることを明らかにした。その後、その制度が慣例化して従軍者中の勲官の比率が高まったため、一般兵士と差が無い存在として酷使された。勲官の酷使される姿によって、勲官の本来的な官制内での地位の低さが露呈してしまったのである。そのことで勲官の社会的地位は暴落した。勲官の価値の低下によって、散職・散実官から勲官に改授された者およびその子孫は、勲官よりも改授前の官名を名乗ることがあった。旧官名のなかには貞観十一年以後の散官と同じ名前の官があり、その地位は改授後の勲官に比べて格段に高かったためである。場合によっては、旧官名を名乗ることで、政府から現在の勲官よりも多くの特典を手に入れようとした者もいたと考えられる。旧官名を名乗った事例は墓誌等石刻史料に散見する。このような官名の錯雑した状態は、官制秩序、延いては身分秩序の崩壊につながるため、唐は唐初の散職・散実官と勲官の関係を明示した咸亨五年詔を発布して事態の収拾を図った。この詔により、事務方は官名詐称等の問題があった際の判断基準を確認することができたと考えられる。しかし、咸亨五年以後も、墓誌には多くの散職名・散実官名が見えることから、元散職・散実官所有者に対して、この詔が発揮した効力はそれほど大きくはなかっただろう。咸亨年間当時すでに勲官が官人にとって価値を持たない称号となっていたことがわかる。

第六章では、国家の祭典にともなって与えられた「古爵」を勲官の別名であるとする説を検討し、古爵は公士号のことで勲官とは関わりないことを明らかにした。百姓に対する古爵の賜与は年齢（成丁以上）や家父長制に基づく制限が加えられている。時には官僚にも与えられたが、その等級は百姓と同じく一等級であった。制度的にみれば、古爵は朝廷に認められた爵位で、そのほかの官爵体系から独立した存在であったが、相対的に最も価値の低いものであった。しかも、古爵を獲得するだけでは経済的な恩恵は無く、身分も上昇しなかったと考えられる。史料上特権を見いだせない古爵は等閑視され、天宝年間以後、石刻に古爵号が記録されなくなる。

第七章では『唐会要』巻八一・勲・開元十七年条の記事を利用して、養老軍防令第三十三応加転条に対応する唐軍防令第十七条の新復原案を提示し、また、養老軍防令第三十五条に対応する唐軍防令第十九条の復原を補足することができた。なお、唐軍防令第十九条の復原補足により、養老軍防令第三十五条犯除名条は、官名以外は全文を唐令から継受して立法されたことが確認できた。考察の結果、勲官の独自性の拠り所となる叙勲と昇進の構造が規定通りであったことが確認できた。

第八章では、勲官の番上規定と迴授規定との関係について考察した。従来の研究では番上と迴授の規定が結びついて勲官を増加させる仕組みとなっていたと考えられていたが、番上による勲官の自動昇進構造なく、勲官の番上規定と迴授規定との間に因果関係がないことを明らかにした。また、その考察の過程で、日本の勲位規定である養老軍防令三三応加転条が、唐軍防令条文と迴授を定めた唐格とが結びつけられて立法された条文であることを明らかにした。それよりも、兵士に対する酬勲の弛緩が迴授制度と結びつくことが、勲官の激増に帰結したと想定できる。

第九章では、勲官はその獲得した理由によって待遇に格差があり、「征鎮勲」が「余汎勲」よりも優遇されていたことを確認した。勲官が本来軍功によって取得されたもので、本来の勲官を保護する措置が「征鎮勲」の優遇であった。また従来曖昧であった勲官の資課額が、「余汎勲」と「征鎮勲」の別にしたがって違いがあり、それぞれの納資額を解明した。そして、勲官の資課の構造にも、三品以上・四・五品六品以下という、唐代品階特有の三段階の格差が設けられていたことがわかった。ただし、開元十九年ごろに納資の増額など勲官の特権が無視される現実があり、そのような状況から勲官を保護するために開元十九年二月乙酉詔が出されたのである。勲官の資課額が開元年間以後も変更されなかったことは、規定の上では勲官に特権が残されていたことを意味する。これまで、勲官をもつものが色役を課されるようになると、勲官受領者に白丁と同等の負担が課せられたと考えられてきた。だが、資課額においては勲官本来の規定を守ろうという力が働いていた。そこには白丁との違いを残そうという意図が看て取れる。

第十章では勲官の基本負担とその到達点の関係を考察した。もともと、白丁の場合は、基本的な負担は租調庸の納入であり、その見返りはない。勲官の基本負担は在京諸司および地方官衙への輪番勤務である番上であった。勲官は一定期間番上を継続することで、散官選考への参加資格が与えられた。従来は、玄宗の治世である開元天宝年間（七一三〜七五六）になると、勲官の特権は減少し白丁と変わらぬ役務につけられるようになったと考えられてきた。それが、地位低下の証拠とみなされたのである。しかし、北宋天聖令や唐水部式にみえる異身分同任務に関する規定の検討から、たとえ同じ任務を行ったとしても、身分によって昇進と給付が異なるこが明らかとなった。すなわち、勲官と白丁が同じ任務についても身分による格差が設けられていたと考えられるのである。この違いは、それぞれの基本負担を勘案されて設定されていたようである。また、勲官の勤務と昇進の規定とを他の身分と比較すると、勲官は、白丁と散官の中間的な存在と言うことができる。白丁は、多くの場合、従軍の褒賞として勲官を得、勲官は基本任務の遂行によって散官を得る。さらに散官から、職事官となれれば、官人身分に到達するのである。このように考えると、勲官は白丁と官人を繋ぐものに位置づけられていたと考えることができよう。規定のうえでは、これまで制度崩壊期と考えられてきた唐開元天宝年間に至っても制度成立時の目的と変わることなく、準官人として位置づけられていたことになる。

以上の考察によって明らかとなった唐の勲官制度の流れを概観しておきたい。唐の勲官制度は武徳七年令によって成立する。その成立の目的は、散実官から勲官に移行することで、大量に存在した唐建国時の協力者の身分を官人から準官人へと降格させることにあったと考えられる。おそらくは、国内の安定により、武から文への統治方針の転換が始まったことに対応したものであった。勲官は流内官に位置づけられるが、通常の任務で官人身分を得るためには、一定期間番上や色役などに従事した後、試験を受け合格する必要があった。勲官は、特権を比べると、取得がそのまま官人身分の獲得であった散実官や散職とは異なる。また、散実官が持っていたとされる統兵の特権は無く、開府の特権も散実官等と比べると限定的である。官職名は柱国・上柱国の官名を散実官から引き継いでいるが、最終的にはその二官に留まる。勲官の起源は散実官にあるが、勲官が散実官をそのまま継承したとは言いがたいのである。

唐建国期の散職や散実官から移行して勲官となった人々が多数存在したため、従来の研究で想定されていた、唐初の九百人の定員制は存在していたとは考えられない。したがって、唐初の勲官が少数であったとの想定から導き出された勲官の価値をその希少性に求める通説も否定せざるを得ない。唐初の勲官の価値の源泉は、移行前の散実官に備わっていた本階として機能の記憶であろう。そのため、唐の高句麗遠征で勲官の待遇が悪化したことで、準官人としての位置づけが顕わとなると、勲官の価値は下落したのである。価値の下落にともなって、勲官所有者が改授前の散職名や散実官を名乗ることによる官名の混乱が問題化する。唐朝はその問題に対応するために「咸亨五年詔」を出した。散実官や散職と同名の唐の散官との位置づけの違いを明らかにして、官制秩序を守るものであった。

本書では、勲官の成立まで遡って、勲官は準官人層を形成するために設置された後、律令制下において一貫して準官人として待遇されたことを明らかにした。そのため、勲官が白丁等の一般民と同じ色役に就任する場合には、給付面で優遇し、身分の格差を表現したのである。もちろん、勲官を所有した者がそのまま官人まで昇進することはまれであっただろう。しかし、勲官を得た者の子孫は、迴授や蔭の規定によって少しだけ官人に近い立場からスタートすることができる。概念上は世代を経るごとに徐々に官人身分に近づいていくことも可能だったのである。そのように考えると、一般民から見れば、勲官は官人へ昇格するための第一歩であったと考えることができる。白丁は主に軍功によって勲官を獲得し、勲官から散官、散官から職事官へは任務後の試験によって昇格した。この昇進の順序は、そのまま身分の秩序を表していると言えよう。

最後に残された課題について一言して結語としたい。本書は勲官を準官人と位置づけたが、そのように考えた場合、次に問題となるのは唐の文武散官である。すなわち、散官のみを持つ者は官人であったのかという問題である。散官の問題は、勲官よりも史料が多く、複雑な問題である。唐律令における諸官階の位置づけをより深く検討する必要があろう。また、本書では、勲官の制度自体を再検討した。ただし、この制度面での検討も、筆者の能力の限界から、規定面での考察に限定せざるを得なかった。西域出土文書等を活用した制度の運用の解明は今後の課題として残されている。他日を期することとしたい。

後　記

本書は、平成二十五年度に國學院大學に提出した同名の博士論文を大幅に改稿したものである。博士論文の審査の際には主査の金子修一先生をはじめ、お忙しいなか副査をお引き受けくださった鈴木靖民先生、石見清裕先生の心のこもったご指摘が、この度の出版で、私自身の意見を前面に打ち出す改稿を行う契機となった。深く感謝申し上げたい。

そもそも、國學院大學大学院の修士課程の夏期休暇に、当時の指導教授の土肥義和先生に「唐天宝年間敦煌差科簿」の分析を勧められたのが、勲官との本格的な出会いであった。以後、約十五年にわたって寄り道をしながら勲官について考えてきた。本書が勲官に関する私の現在の到達点である。勲官を官人と百姓の中間に位置づけることは新しい見解ではないが、なぜ、そのような存在として設定されたのかという理由については、一定の道筋をつけることができたと考えている。また、安史の乱までは、勲官の制度的な位置づけは変化しなかったとの見方を実証できたのではないだろうか。ただし、本書で論証できたことは、勲官の制度的な枠組みであって、実際の運用面の解明には、出土資料や詔敕などの同時代史料を用いた研究を続けていく必要があろう。

私は、普通より少しだけ長い大学院生生活を送った。その間、土肥義和先生、氣賀澤保規先生、金子修一先生の三人の指導教授のご指導を仰ぐことができた。当時は、ご指導に何とか追いついていこうと精一杯であったが、今振り返ると大変贅沢な大学院生活であった。先生方のご学恩のおかげで、何とか一書にまとめることができたと思う。心より感謝申し上げたい。また、在籍した國學院大學、明治大学のほか、留学先の蘭州大学では、多くの先生方のご助言や研究仲間の活躍が励みとなった。もちろん、これまでの研究生活を支えてくれた家族、特に両親には、感謝の念に堪えない。また、汲古書院社長の石坂叡志氏のご決断と編集部の柴田聡子氏の手助けがあったからこそ、本年度中に本書を出版することができた。記して感謝申し上げる。

最後になったが、本書は、「國學院大學課程博士論文出版助成金」の交付を受けた出版物である。

平成二十七年二月

速水　大

著者紹介

速水　大（はやみ　だい）

1975年　栃木県塩谷郡藤原町（現日光市）に生まれる。

2014年　國學院大學大学院文学研究科史学専攻東洋史専修博士後期課程終了。

現　在　國學院大學兼任講師・國學院大學大学院特別研究員・博士（歴史学）

本書所収以外の主要論文

「天聖厩牧令より見た折衝府の馬の管理」（『法史学研究会会報』15、2010年）

「開元22年の唐と契丹」（『明大アジア史論集』18、2014年）

「唐代の身分と職務の関係：天聖厩牧令からみた監牧制における身分と職務と給付」（『唐代史研究』17、2014年）

汲古叢書122

唐代勲官制度の研究

二〇一五年二月十九日　発行

著　者　速　水　　大

発行者　石　坂　叡　志

整版印刷　富士リプロ㈱

発行所　汲　古　書　院

〒102-0072 東京都千代田区飯田橋二-五-四

電　話　〇三（三二六五）九七六四

FＡＸ　〇三（三二二二）一八四五

ISBN978 - 4 - 7629 - 6021 - 5　C3322

KYUKO-SHOIN, Co., Ltd. Tokyo.

100	隋唐長安城の都市社会誌	妹尾　達彦著	未　刊
101	宋代政治構造研究	平田　茂樹著	13000円
102	青春群像－辛亥革命から五四運動へ－	小野　信爾著	13000円
103	近代中国の宗教・結社と権力	孫　　江著	12000円
104	唐令の基礎的研究	中村　裕一著	15000円
105	清朝前期のチベット仏教政策	池尻　陽子著	8000円
106	金田から南京へ－太平天国初期史研究－	菊池　秀明著	10000円
107	六朝政治社會史研究	中村　圭爾著	12000円
108	秦帝國の形成と地域	鶴間　和幸著	13000円
109	唐宋変革期の国家と社会	栗原　益男著	12000円
110	西魏・北周政権史の研究	前島　佳孝著	12000円
111	中華民国期江南地主制研究	夏井　春喜著	16000円
112	「満洲国」博物館事業の研究	大出　尚子著	8000円
113	明代遼東と朝鮮	荷見　守義著	12000円
114	宋代中国の統治と文書	小林　隆道著	14000円
115	第一次世界大戦期の中国民族運動	笠原十九司著	18000円
116	明清史散論	安野　省三著	11000円
117	大唐六典の唐令研究	中村　裕一著	11000円
118	秦漢律と文帝の刑法改革の研究	若江　賢三著	12000円
119	南朝貴族制研究	川合　　安著	10000円
120	秦漢官文書の基礎的研究	鷹取　祐司著	近　刊
121	春秋時代の軍事と外交	小林　伸二著	13000円
122	唐代勲官制度の研究	速水　　大著	12000円
123	周代史の研究	豊田　　久著	近　刊
124	東アジア古代における諸民族と国家	川本　芳昭著	12000円
125	史記秦漢史の研究	藤田　勝久著	14000円
126	東晉南朝における傳統の創造	戸川　貴行著	6000円

（表示価格は2015年３月現在の本体価格）

67	宋代官僚社会史研究	衣川　強著	品　切
68	六朝江南地域史研究	中村　圭爾著	15000円
69	中国古代国家形成史論	太田　幸男著	11000円
70	宋代開封の研究	久保田和男著	10000円
71	四川省と近代中国	今井　駿著	17000円
72	近代中国の革命と秘密結社	孫　江著	15000円
73	近代中国と西洋国際社会	鈴木　智夫著	7000円
74	中国古代国家の形成と青銅兵器	下田　誠著	7500円
75	漢代の地方官吏と地域社会	髙村　武幸著	13000円
76	齊地の思想文化の展開と古代中國の形成	谷中　信一著	13500円
77	近代中国の中央と地方	金子　肇著	11000円
78	中国古代の律令と社会	池田　雄一著	15000円
79	中華世界の国家と民衆　上巻	小林　一美著	12000円
80	中華世界の国家と民衆　下巻	小林　一美著	12000円
81	近代満洲の開発と移民	荒武　達朗著	10000円
82	清代中国南部の社会変容と太平天国	菊池　秀明著	9000円
83	宋代中國科擧社會の研究	近藤　一成著	12000円
84	漢代国家統治の構造と展開	小嶋　茂稔著	10000円
85	中国古代国家と社会システム	藤田　勝久著	13000円
86	清朝支配と貨幣政策	上田　裕之著	11000円
87	清初対モンゴル政策史の研究	楠木　賢道著	8000円
88	秦漢律令研究	廣瀬　薫雄著	11000円
89	宋元郷村社会史論	伊藤　正彦著	10000円
90	清末のキリスト教と国際関係	佐藤　公彦著	12000円
91	中國古代の財政と國家	渡辺信一郎著	14000円
92	中国古代貨幣経済史研究	柿沼　陽平著	13000円
93	戦争と華僑	菊池　一隆著	12000円
94	宋代の水利政策と地域社会	小野　泰著	9000円
95	清代経済政策史の研究	黨　武彦著	11000円
96	春秋戦国時代青銅貨幣の生成と展開	江村　治樹著	15000円
97	孫文・辛亥革命と日本人	久保田文次著	20000円
98	明清食糧騒擾研究	堀地　明著	11000円
99	明清中国の経済構造	足立　啓二著	13000円

34	周代国制の研究	松井　嘉徳著	9000円
35	清代財政史研究	山 本　　進著	7000円
36	明代郷村の紛争と秩序	中島　楽章著	10000円
37	明清時代華南地域史研究	松田　吉郎著	15000円
38	明清官僚制の研究	和田　正広著	22000円
39	唐末五代変革期の政治と経済	堀　　敏 一著	12000円
40	唐史論攷－氏族制と均田制－	池 田　　温著	18000円
41	清末日中関係史の研究	菅 野　　正著	8000円
42	宋代中国の法制と社会	高橋　芳郎著	8000円
43	中華民国期農村土地行政史の研究	笹川　裕史著	8000円
44	五四運動在日本	小野　信爾著	8000円
45	清代徽州地域社会史研究	熊　　遠 報著	8500円
46	明治前期日中学術交流の研究	陳　　　　捷著	品　切
47	明代軍政史研究	奥山　憲夫著	8000円
48	隋唐王言の研究	中村　裕一著	10000円
49	建国大学の研究	山根　幸夫著	品　切
50	魏晋南北朝官僚制研究	窪添　慶文著	14000円
51	「対支文化事業」の研究	阿 部　　洋著	22000円
52	華中農村経済と近代化	弁納　才一著	9000円
53	元代知識人と地域社会	森田　憲司著	9000円
54	王権の確立と授受	大原　良通著	品　切
55	北京遷都の研究	新 宮　　学著	品　切
56	唐令逸文の研究	中村　裕一著	17000円
57	近代中国の地方自治と明治日本	黄　　東 蘭著	11000円
58	徽州商人の研究	臼井佐知子著	10000円
59	清代中日学術交流の研究	王　　宝 平著	11000円
60	漢代儒教の史的研究	福井　重雅著	12000円
61	大業雜記の研究	中村　裕一著	14000円
62	中国古代国家と郡県社会	藤田　勝久著	12000円
63	近代中国の農村経済と地主制	小島　淑男著	7000円
64	東アジア世界の形成－中国と周辺国家	堀　　敏 一著	7000円
65	蒙地奉上－「満州国」の土地政策－	広川　佐保著	8000円
66	西域出土文物の基礎的研究	張　　娜 麗著	10000円

汲古叢書

1	秦漢財政収入の研究	山田　勝芳著	本体 16505円
2	宋代税政史研究	島居　一康著	12621円
3	中国近代製糸業史の研究	曾田　三郎著	12621円
4	明清華北定期市の研究	山根　幸夫著	7282円
5	明清史論集	中山　八郎著	12621円
6	明朝専制支配の史的構造	檀上　寛著	13592円
7	唐代両税法研究	船越　泰次著	12621円
8	中国小説史研究－水滸伝を中心として－	中鉢　雅量著	品　切
9	唐宋変革期農業社会史研究	大澤　正昭著	8500円
10	中国古代の家と集落	堀　敏一著	品　切
11	元代江南政治社会史研究	植松　正著	13000円
12	明代建文朝史の研究	川越　泰博著	13000円
13	司馬遷の研究	佐藤　武敏著	12000円
14	唐の北方問題と国際秩序	石見　清裕著	品　切
15	宋代兵制史の研究	小岩井弘光著	10000円
16	魏晋南北朝時代の民族問題	川本　芳昭著	品　切
17	秦漢税役体系の研究	重近　啓樹著	8000円
18	清代農業商業化の研究	田尻　利著	9000円
19	明代異国情報の研究	川越　泰博著	5000円
20	明清江南市鎮社会史研究	川勝　守著	15000円
21	漢魏晋史の研究	多田　狷介著	品　切
22	春秋戦国秦漢時代出土文字資料の研究	江村　治樹著	品　切
23	明王朝中央統治機構の研究	阪倉　篤秀著	7000円
24	漢帝国の成立と劉邦集団	李　開元著	9000円
25	宋元仏教文化史研究	竺沙　雅章著	品　切
26	アヘン貿易論争－イギリスと中国－	新村　容子著	品　切
27	明末の流賊反乱と地域社会	吉尾　寛著	10000円
28	宋代の皇帝権力と士大夫政治	王　瑞来著	12000円
29	明代北辺防衛体制の研究	松本　隆晴著	6500円
30	中国工業合作運動史の研究	菊池　一隆著	15000円
31	漢代都市機構の研究	佐原　康夫著	13000円
32	中国近代江南の地主制研究	夏井　春喜著	20000円
33	中国古代の聚落と地方行政	池田　雄一著	15000円